本书得到以下项目资助：
湖南省自然科学基金项目（2021JJ30582）
湖南省教育厅科学研究重点项目（22A0290）

制造业服务化背景下的外部组织整合与服务创新绩效

曾经莲◎著

CTS K 湖南科学技术出版社·长沙

图书在版编目（CIP）数据

制造业服务化背景下的外部组织整合与服务创新绩效 / 曾经莲著. -- 长沙 : 湖南科学技术出版社, 2025. 7.

ISBN 978-7-5710-2989-0

Ⅰ. F426.4

中国国家版本馆 CIP 数据核字第 20248ZN593 号

制造业服务化背景下的外部组织整合与服务创新绩效

著　　者：曾经莲

出 版 人：潘晓山

责任编辑：王　斌

出版发行：湖南科学技术出版社

社　　址：长沙市开福区芙蓉中路一段 416 号泊富商业广场

网　　址：http://www.hnstp.com

湖南科学技术出版社天猫旗舰店网址：

http://hnkjcbs.tmall.com

印　　刷：湖南省众鑫印务有限公司

（印装质量问题请直接与本厂联系）

厂　　址：湖南省长沙市长沙县榔梨街道梨江大道 20 号

邮　　编：410100

版　　次：2025 年 7 月第 1 版

印　　次：2025 年 7 月第 1 次印刷

开　　本：710 mm×1000 mm　1/16

印　　张：13.75

字　　数：221 千字

书　　号：ISBN 978-7-5710-2989-0

定　　价：98.00 元

前 言

当前世界经济已从工业主导经济转入服务主导经济，制造业已从以产品为中心转向以提供增值服务为中心，服务化发展或服务型制造成为制造业转型升级的重要方向，服务创新也已成为制造企业竞争优势的重要来源。中国制造业四十多年来持续快速发展，中国已成为世界制造大国。然而，中国制造业长期处于全球产业价值链的中低端，离制造强国尚有较大距离。近年来，随着中国工业化程度的深化，资源和环境约束不断加强。与此同时，东南亚国家和地区凭借其低成本优势逐渐加大其在全球分工中的参与程度。中国制造业发展所依赖的低成本优势逐渐丧失，主要依靠资源要素投入和规模扩张的粗放式发展模式受到严峻挑战，由快速发展转入高质量发展已成为必然选择。作为中国实施制造强国战略的十年行动纲领，《中国制造 2025》提出要加快制造与服务的协同发展，引导和支持制造企业增加服务环节的投入，由主要提供产品向提供“产品+服务”转化。国家“十四五”规划也明确提出，以服务制造业高质量发展为导向，推动生产性服务业向专业化和价值链高端延伸，推动现代服务业与先进制造业深度融合，发展服务型制造新模式。2023 年 12 月，工业和信息化部等八部门印发《关于加快传统制造业转型升级的指导意见》，再次提出要加快发展服务型制造。因此，制造业服务化或服务型制造是中国制造业转型升级的重要方向。然而，自身创新资源不足、服务创新落后是中国制造企业服务化转型升级中面临的严峻问题。因此，如何整合顾客、供应商等关键外部组织，广泛吸收外部资源并与已有资源进行创新性复合，进而提升服务创新绩效，是当前中国制造企业普遍关注的重要问题。

本书基于中国制造业服务化背景，围绕“制造企业如何通过外部组织整合来提升服务创新绩效”这一核心问题逐层深入地展开分析，深入剖析服务型制造企业外部组织整合对服务创新绩效的微观影响机理。具体而言，本书通过多案例探索、理论演绎和实证研究，对服务型制造企业的外部组织整合（顾客整合和供应商整合）、复合式能力和服务创新绩效（财务绩效和非财务绩效）的关系构建模型进行清晰阐述。同时，本书还从外部环境不确定性和内部服务导向两个方面分别对上述模型进行情景性研究。最后，根据上述研究过程和研究结论，对处于服务化转型升级关键时期的中国制造企业提出管理启示和操作建议。

本书共分为八章，第一章详细描述服务型制造企业外部组织整合与服务创新的实践背景和理论背景，在此基础上提出主要研究问题。同时，对研究中涉及的主要概念进行界定，并对本书的技术路线、研究方法和主要创新点进行介绍；第二章对制造业服务化和服务创新的涵义进行辨析，并归纳总结和评述制造企业服务创新的相关研究；第三章围绕研究问题，对相关领域的研究成果进行梳理和评价，为后续各章内容的展开进行理论准备；第四章基于本研究提出的问题，以三家中国服务型制造企业为研究对象，进行探索性多案例分析，归纳总结出外部组织整合对服务创新绩效的影响机理，并提出5个初始研究命题；第五章基于国内外已有相关研究，综合运用资源依赖理论、复合基础观和开放式服务创新理论，对服务型制造企业外部组织整合影响服务创新绩效的内在机理进行更深层次的理论探讨，补充和完善上一章提出的初始命题，提出更细化的研究假设，构建服务型制造企业外部组织整合对服务创新绩效作用机制的理论模型；第六章从问卷设计、变量测量、小样本测试和问卷修正、大样本数据收集和数据分析方法等方面来阐述本研究的实证研究方法和过程；第七章对所收集的大样本数据进行分析和处理，对量表的信度、效度和共同方法偏差等进行检验，然后通过层次回归分析、Bootstrap分析法和结构方程模型分析对本文的研究假设进行实证检验，最后对实证研究结果进行总结并展开详细讨论；第八章对整体研究内容和结果进行归纳和总结，阐明主要研究结论、理论贡献和实践启示，指出可能存在的研究局限和不足，并在此基础上提出未来的研究方向。

本书在撰写过程中得到了华南理工大学简兆权教授的指导和建议，在企业访谈和问卷调研过程中得到了企业界朋友的支持，在此深表感谢！

由于制造企业服务创新属于新兴研究课题，加之作者水平有限，书中难免存在一些不足之处，敬请广大读者指正，以便在后续的研究中改进和完善。

曾经莲

2023年12月

目 录

第一章 绪论

1.1 研究背景 …… 1
1.2 研究问题 …… 8
1.3 主要概念的界定 …… 11
1.4 研究方法和技术路线 …… 13
1.5 主要创新点 …… 16

第二章 制造业服务化与制造企业服务创新概述

2.1 制造业服务化的涵义 …… 18
2.2 服务创新的涵义 …… 19
2.3 制造企业服务创新的相关研究 …… 22

第三章 理论基础与文献综述

3.1 相关理论基础 …… 27

3.2 外部组织整合与服务创新研究综述 …… 34

3.3 复合式能力研究综述 …… 42

3.4 相关研究总体述评 …… 47

3.5 本章小结 …… 49

第四章 探索性案例研究

4.1 案例研究方法概述 …… 51

4.2 案例研究设计 …… 52

4.3 A企业案例描述与分析 …… 58

4.4 B企业案例描述与分析 …… 64

4.5 C企业案例描述与分析 …… 70

4.6 跨案例比较分析与命题提出 …… 73

4.7 本章小结 …… 77

第五章 研究假设和理论模型

5.1 外部组织整合与服务创新绩效 …… 79

5.2 外部组织整合、复合式能力与服务创新绩效 …… 90

5.3 服务导向的调节作用 …… 98
5.4 环境不确定性的调节作用 …… 100
5.5 研究假设汇总和理论模型构建 …… 104
5.6 本章小结 …… 107

第六章 问卷设计与数据收集

6.1 问卷设计 …… 108
6.2 变量测量 …… 111
6.3 小样本预测试 …… 116
6.4 大样本数据收集与数据分析方法 …… 131
6.5 本章小结 …… 135

第七章 数据分析与假设检验

7.1 描述性统计 …… 136
7.2 信度和效度检验 …… 139
7.3 偏差检验 …… 145
7.4 多元回归分析 …… 147
7.5 结构方程分析 …… 162
7.6 实证结果的稳健性分析 …… 164
7.7 结果与讨论 …… 167
7.8 本章小结 …… 177

第八章　结论与展望

8.1　主要研究结论 …………………………………………… 178
8.2　理论贡献和实践启示 ……………………………………… 181
8.3　研究局限与未来展望 ……………………………………… 186

参考文献

附录 1　访谈提纲 ………………………………………… 207
附录 2　调查问卷 ………………………………………… 209

第一章　绪论

1.1 研究背景

1.1.1 实践背景

（1）服务型制造已成为制造业转型升级的重要方向

当前世界主导经济已从工业经济转入服务经济，发达国家服务业增加值占GDP比重普遍达到70%以上，发展中国家的服务业也进入快速发展时期，中国服务业GDP占比逐年增加。自2015年以来，中国第三产业增加值占GDP比重均超过50%，2023年占比增加至54.6%。服务业的快速发展不仅体现在产业内部，还体现在服务业对其他产业的渗透和融合。制造业和服务业的融合发展日益深化，发达国家的生产性服务业占到了服务业的70%，即在总体GDP中的占比已达到50%左右。与发达国家相比，大部分发展中国家制造业与服务业的融合发展还处于初级阶段。

中国制造业近四十多年来持续快速发展，中国已成为世界制造大国。然而，中国制造业长期处于全球产业价值链的中低端，离制造强国尚有一定距离。近年来，随着中国工业化程度的深化，资源和环境约束不断加强。与此同时，东南亚国家和地区凭借其低成本优势逐渐加大在全球分工中的参与程度。因此，中国制造业发展所依赖的低成本优势逐渐丧失，主要依靠资源要素投入和规模扩张的粗放式发展模式受到严峻挑战，由快速度发展转入高质量发展已成为必然选择，服务型制造是其重要的转型升级方向。2015年5月，国务院印发《中国制造2025》并将其作为中国实施制造强国战略的十年行动纲领，其中的战略任务和重点之一就是要积极发展服务型制造和生产性服务业，明确提出要加快制造与服务的协同发展，引导和支持制造企业增加服务环节的投入，由主要提供产品向提供“产品+服务”转化、由提供产品向提供综合解决方案转变。为贯彻落实上述战略任务，促进中国制造业由生产型制造向服务型制造转变，工业和信息化部、国家发展和改革委员会和中国工程院于2016年7月联合发布《发展服务型制造专项行动指南》，进一步明确服务型制造是中国制造业转型升级的重要方向，提出中国发展服务型制造的总体要求、发展方向、目标任务和保障措施。2020年，工业和信息化部会同相关部门联合印发《关于进一步促进服务型制造发展的指导意见》，提出服务型制造是先进制造业和现代服务业深度融合的重要方向，并对推动服务型制造创新发展、夯实筑牢发展基础、营造良好发展环境等提出指导性意见。2021年3月，《中华人民共和国国民经济和社会发展第十四个五年规划和2035年远景目标纲要》也明确提出，以服务制造业高质量发展为导向，推动生产性服务业向专业化和价值链高端延伸，推动现代服务业与先进制造业深度融合，发展服务型制造新模式。2023年12月，工业和信息化部等八部门联合印发《关于加快传统制造业转型升级的指导意见》，再次提出要促进传统制造业与现代服务业深度融合，培育推广个性化定制、共享制造、全生命周期管理等新模式、新场景在传统制造业领域的应用深化，发展服务型制造。

（2）服务创新已成为制造企业构建竞争优势的重要战略手段

进入知识经济时代以来，信息与通信技术的快速发展和广泛应用促使信息在全球范围内广泛快速传播、生产全球化分工不断深化，知识的快速更新也促使产品市场寿命周期日益缩短。在此情境下，以技术创新为主，主要投入生产要素通过加工制造来创造价值的传统制造业发展模式难以获取竞争优势（Kowalkowski等，2017；李庆雪等，2023）。众多以产品为中心、聚焦于技术创新和产品开发的传统制造企业面临发展障碍，纷纷陷入“产品化陷阱”（Chesbrough，2011）。大批工业经济时代的大型制造厂商陆续被淘汰，一些行业巨头陷入低谷。例如，诺基亚依靠先进的技术水平和卓越的产品创新能力，从1996年起连续14年居全球手机市场占有率第一。然而，手机产品的更新换代频率日益加快，产品竞争越来越激烈，诺基亚在几年时间内走向衰落，其手机业务在2013年被微软收购。时任诺基亚公司首席执行官的约玛·奥利拉在同意微软收购的新闻发布会上最后说道：“我们并没有做错什么，但不知为什么，我们输了。”

与此同时，部分制造企业通过服务创新实现了企业规模扩张或转型升级，服务创新已成为这些企业构建和维持市场竞争优势、获取高于市场平均收益的重点战略手段。苹果公司将硬件、软件和服务融为一体，将智能硬件打造为内容丰富的服务平台，通过“iPhone+App store”“iPod+iTunes”模式为用户提供个性化的消费体验，通过持续的服务创新不断扩展产品的价值空间，实现了巨大的商业成功。GE公司通过服务创新，走出多年来的低绩效困境，其服务业务产值占公司总产值比重达到70%。IMB在20世纪90年代中期通过服务创新挽救了巨额亏损的不利局面，服务业务收入占比超过50%，并逐步实现由“信息技术设备制造商”向“信息技术和业务解决方案供应商”的服务化转型（解学梅等，2020）。国内也有部分制造企业率先开展服务创新实践并获得成功。例如，陕西鼓风机（集团）有限公司（以下简称“陕鼓”）在成立之后的30来年时间内将自己定位为纯产品制造商，在行业内并无明显竞争优势。2001年起，陕鼓开始由产品导向转向服务导向，积极推进服务创新，为顾客提供“产品+服务”并不断增加其中的服务比重，由提供单一产品逐渐转变为提供一体化的综合解决方案。服务创新和服务业务的开展为陕鼓拓展了新的市场，扩大了利润空间，其生产总值在转型后10年内增长超过10倍，净利润年增长率达到46%左右，服务收入占比超过50%（王绒，2018），企业从“鼓风机制造商”成功转型为“大型动力装备系统问题解决方案的集成商和系统服务商”，连续多年被评为“中国工业行业排头兵企业”和“中国品牌500强”。广州广电运通金融电子股份有限公司（以下简称“广电运通”）也通过服务创新获取了卓越绩效。广电运通从成立初期就注重产品与服务的复合，并通过持续的服务创新逐渐将服务业务从产品增值元素转变为主要的利润来源，并将“高端制造业+高端服务业”作为企业的战略定位。近年来，广电运通的服务业务收入复合增速超过了50%，服务业务收入占总营业收入的比重已超过50%，成为国内行业领先的人工智能解决方案提供商。

这些企业实践说明，服务创新已经成为制造企业竞争优势的新引擎，积极推进服务创新，由价值链上的生产制造环节向上下游的服务提供环节延伸和转型，已成为众多制造企业构建竞争优势、提升企业绩效的重要战略手段。

（3）企业服务创新呈现越来越开放的特征

在一些企业坚持封闭式创新造成高成本、低效率而难以真正从创新中获益（Chesbrough，2003）的同时，另有一部分企业基于开放思维，积极利用外部资源来推动内部创新，获取了卓越的创新绩效。例如，创立于互联网时代的小米科技有限责任公司（以下简称“小米公司”），充分利用了互联网生态环境，通过社会化媒体快速聚集一批高质量的“米粉”（小米的忠实顾客），引导顾客参与产品创新的每个阶段，不断挖掘、吸收和整合运用顾客知识。同时，小米公司内部资源聚焦于产品和服务的开发设计与销售环节，而零部件制造和产品组装环节则从全球范围搜索优秀供应商并与其协作完成。小米公司的这种“无缝开放式创新”（董洁林和陈娟，2014）构建了企业竞争优势，创造了远超同行业平均的增长速度，成立仅4年就占据了智能手机国内市场销量第一名。

互联网和物联网等新一代信息与通信技术的快速发展和广泛运用打破了社会互动的时间和空间限制，为企业跨界搜索和跨界协作提供了更大的便利性，企业创新模式更加开放。互联网时代，对企业来说，更多的资源来自外部、更低的成本来自外部、更大的利润来自外部。通过思想全球众智、资金全球众筹、业务全球众包，企业能够实现资源在全球范围内的优化整合（李海舰等，2014）。而且，技术快速发展和跨界融合使得创新过程日益复杂，对资源的数量和质量要求也越来越高。在此情境下，企业选择将资源和能力聚焦于自己擅长的领域，将自身优势做到极致，而在其他环节打破组织界限，从外界吸收互补的知识和资源，并与内部已有资源进行优化整合。“在优势领域集中资源突破，在非优势领域选择外部协作”成为企业经营和创新的新常态。因此，服务创新不再局限于组织内部，而来自开放式创新网络成员的联合行为（Lusch 和 Nambisan，2015；张培和李楠，2022）。

对顾客和供应商等关键外部利益相关者的整合是开放式创新的一种实现模式。相关调查发现企业的创新思想来源于多个渠道，其中顾客占50%，供应商占7%。对IBM关于创新来源的内部调查结果则表明，有83%的人认为IBM创新来源是企业合作伙伴，有36%的人则将顾客作为创新来源（张红琪和鲁若愚，2014）。与服务型企业相比，制造企业的已有资源和经验惯性等大都聚焦于技术创新和新产品开发，这些经验积累和创新知识无法满足服务创新的需要，其原有的产品主导逻辑和能力刚性甚至会制约服务创新（许晖和张海军，2016）。因此，相对于服务型企业，制造企业在服务创新过程中更加需要外部整合和跨界搜索（张文红等，2013；董海林和陈菊红，2023），而如何通过顾客和供应商等外部关键组织的高效整合，从外部广泛获取互补性资源，构建服务创新能力，并以此促进服务创新绩效提升，成为服务型制造企业普遍关注的问题。

综合上述实践背景可以发现，中国制造业正处于由生产型制造向服务型制造转型升级的关键时期，积极推进服务创新可以延伸制造企业价值链，构建持续竞争优势。然而，现阶段，自身服务创新资源不足和服务创新落后是中国制造企业服务化转型升级中面临的严峻问题，部分企业对开放式服务创新处于观望和犹豫阶段（彭本红和武柏宇，2016;）。究其原因，一方面，开放式服务创新是一种不同于以往惯用的创新模式，企业内部已有的技术创新经验和知识积累难以应付新的创新模式。对传统制造企业而言，开放式服务创新不仅涉及企业内部业务流程和资源配置的改变，还涉及外部关系、跨界互动和商业模式的重大变化，甚至需要调整企业的经营战略。虽然已有部分制造企业通过新的服务创新模式获取了不错的绩效，然而这些单案例的成功模式往往无法有效复制。另一方面，开放式服务创新理论发展尚处于起步阶段。Chesbrough 于 2003 年提出“开放式创新”这一新的创新范式，而直到 2011 年，开放式创新才被引入服务创新研究领域（Chesbrough，2011），正式提出“开放式服务创新”概念并展开相关研究。纵观已有文献，开放式创新研究主要聚焦于产品和技术方面，对服务要素的关注度还不够（周键等，2018）。开放式服务创新研究还处于概念界定，与技术创新及封闭式创新的对比研究，以及对个别企业实践进行的单案例研究，尚未形成系统的理论体系和具体可操作的实践指引方法，无法满足指导制造企业服务创新实践的需要（Myhren 等，2018）。因此，在中国制造业服务化发展背景下，探索制造企业外部组织整合对服务创新绩效的影响机制，对制造企业在服务创新过程中如何从外界吸收资源、进行快速有效整合来促进服务创新绩效提升具有重要的实践意义，为中国制造企业转型升级提供理论参考和操作建议。

1.1.2　理论背景

（1）制造业服务创新研究的关注重点由绩效结果转向前因影响因素

早在二十世纪七八十年代，营销管理领域的学者就开始探讨制造企业提供服务业务的行为，以产品为基础的服务能够增加产品差异化程度、提高顾客满意度，因而成为制造企业重要的营销策略（Levitt，1972；Vandermerwe 和 Rada，1988）。进入 21 世纪以来，内外部环境的重大变化促使制造企业重新思考其发展战略，IBM、罗尔斯—罗伊斯、通用电气等制造企业通过服务创新和服务提供实现了企业转型和升级发展。制造企业服务创新和服务化转型也随之受到战略管理领域的广泛关注。众多学者观察企业经营实践并归纳总结制造企业提供服务的各种形式，同时聚焦于“服务创新与制造企业绩效的关系”展开理论探讨和实证分析。学术界已普遍认可服务创新整体上对制造企业绩效的积极影响（Oliva 和 Kallenberg，2003；Gebauer 等，2005；Baines 等，2007；Neely，2008；Kohtamaki 等，2015；Kowalkowski 等，2017；肖挺，2014；姜铸和李宁，2015；Bustinza 等，2019）。尽管实践界和理论界大都认可服务创新对制造企业绩效的积极作用，部分制造企业也通过服务业务提高了企业竞争优势、扩大了企业利润空间、获得了卓越的企业绩效，但也有大量企业通过服务创新和服务提供并没有达到预期的效果，甚至陷入"服务化困境"。基于此，近几年来，服务创新领域和战略管理领域的众多学者开始从组织资源、组织能力和服务创新过程等视角关注"制造企业如何有效开展服务创新实践"以及"制造企业如何获取高服务创新绩效"等问题。例如，徐建中和付静雯（2018）提出市场资源、社会资源、技术服务资源和智力资源等可拓展资源是影响制造企业服务创新的重要因素；Gebauer 等（2017）提出组织的融资能力、成本控制能力和与顾客协作以及在此基础上形成的制定服务战略、利用服务技术和降低服务风险等核心能力是制造企业获取高服务创新绩效的重要前提；Story 等（2017）则重要分析了平衡协调产品创新与服务创新、以顾客为中心的终身服务方法、创建独特但协同的产品和服务文化在服务创新和提供过程中起到的重要作用；冯永春等（2016）则通过多案例研究详细描述并归纳了制造企业服务创新和开发的具体过程，并在此基础上提出促进制造企业服务创新绩效的建议；王鹏程等（2021）、董海林和陈菊红（2023）等研究均表明，数字经济时代，大数据能力在制造企业服务创新过程中发挥重要作用，大数据能力能够增强组织敏捷性，提升组织知识获取能力和知识共享能力，进而促进服务创新绩效，在较高的环境不确定性下，这种促进作用更强。但是，已有研究主要从组织内部来分析制造企业服务创新的影响因素。尽管已有部分学者关注了顾客、供应商等外部组织在制造企业服务提供过程中的参与和价值共创（Story 等，2017；李靖华等，2017；王琳等，2022），但以上研究仅对参与和价值共创的模式和过程进行描述，对企业跨界协作和外部整合影响制造企业服务创新绩效的具体机理仍然缺少清晰的阐述。

（2）开放式服务创新研究逐渐兴起，但中国实践背景下的探讨不足

随着服务经济的快速发展，服务创新研究已成为创新领域的重要分支。国内外众多学者均强调了跨界协作在企业创新中的重要作用。当前环境日益复杂的动态，单个组织仅凭内部资源和自身能力的"闭门造车"模式难以有效开展创新实践，需要基于开放性思维构建跨界创新网络，与顾客、供应商和其他利益相关者合作，共同创造价值，才能更好地创造可持续竞争优势（Agarwal 和 Selen，2009；Chesbrough，2003）。2011 年，Chesbrough 将其 2003 年提出的"开放式创新"范式引入服务创新研究领域，提出"开放式服务创新"，从万事皆服务、与客户合作创新、开放式创新和服务型商业模式等四个方面构建开放式服务创新

框架，强调通过资源的跨界流动来促进服务创新来源多样化以及服务创新成果的广泛扩散。在此研究基础上，越来越多的国内外学者对服务领域的开放式创新展开研究。

跨界协作和外部组织整合的服务创新就具有鲜明的“开放式”特征。从创新主体多样性来看，外部组织整合促进了企业与外部组织，特别是顾客和供应商等关键外部组织之间的互动和协作，增加了服务创新主体，有利于企业构建更开放的创新网络，促进企业与顾客、供应商等利益相关者之间的价值共创（Ordanini 和 Parasuraman，2011；简兆权等，2013；Homburg 和 Kuehnl，2014；Lusch 和 Nambisan，2015；杨洋等，2016；Story 等，2017）。从创新资源整合来看，外部组织整合促进了资源的跨组织流动，有利于企业广泛利用外部创新资源，提高服务创新绩效（Zhao 等，2008；范钧和高孟立，2015；谭云清，2017；简兆权等，2018）。

开放式创新是特定政治、经济和文化等环境情境下的企业实践，其理论研究和探讨也需要考虑具体的情境因素（West 和 Gallagher，2006；Chesbrough，2011；高良谋和马文甲，2014；吕迪伟等，2017）。随着中国服务业的快速发展和实践界对开放式创新范式的认可，国内学术界对开放式服务创新的研究热度逐渐增加，并已取得了较为丰富的研究成果。在借鉴国外有关开放式创新研究成果的同时，需要注意中国企业与欧美企业所处环境的不同，要以中国情境为未来研究的切入点，使开放式创新研究具有中国本土特色（高良谋和马文甲，2014）。然而，吕迪伟等（2017）在对开放式创新研究进行综述时发现，尽管国内学术界已取得了较为丰富的开放式创新研究成果，但基于中国独特情境的开放式创新理论构建还不够。在上述研究现状分析的基础上，吕迪伟等（2017）和李云健（2017）均认为，基于中国实践情境来发展本土开放式创新理论会成为未来国内开放式创新研究最重要的方向。因此，有必要在中国独特情境和实践背景下，例如新兴经济市场、产业转型升级、东方文化等，来研究和发展开放式服务创新。

（3）复合基础观为中国实践背景下的战略管理和创新管理提供了新的研究视角

复合基础观是管理学领域基于东方文化背景和中国企业实践而提出和发展起来的前沿理论之一。近几十年来，中国经济快速发展，在这一背景下创立并成长起来的中国企业创造了许多优秀的管理实践，小米、华为、海尔等部分企业还成功建立了一些全新的商业模式，通过独特的竞争战略在国际市场上实现逆势扩张，甚至在全球范围内处于行业前列。根植于西方经济学和成熟市场的主流管理理论在阐述上述管理实践时面临新的挑战（陆亚东，2015），促使众多学者对此进行深入剖析，提炼出了一系列基于中国独特情境下的理论要素、理论视角和理论框架，合理论及其框架下的复合基础观就是其中之一。

该理论重点关注了新兴经济市场背景下的中国企业如何通过复合、联合、结合和相合来构建企业竞争优势，并获取卓越绩效（陆亚东等，2015）。与强调通过内部资源和能力来构建企业核心能力的西方传统战略管理理论相比，合理论更强调内部和外部资源及能力的组合、开放利用和共生发展（陆亚东等，2015；刘保平等，2023）。根植于东方文化中“合”思想的复合基础观则从开放式资源整合逻辑出发，针对新兴市场国家大量只拥有普通资源、需要谋求外部支持以弥补自身资源和能力不足的企业，从复合的视角对传统的战略范式“核心能力——竞争优势——组织绩效”进行全新的诠释，进而提出“复合式能力——竞争优势——组织绩效”战略范式。与优质资源基础下形成的核心能力相比，复合式能力更强调对环境的动态匹配和资源的创造性复合；而与注重内部资源与外部环境适配的动态能力相比，复合式能力则注重内生性和外生性结合，不仅强调时间维度上的动态性，还从空间维度上强调获取外部资源的数量和质量（陆亚东和孙金云，2014）。服务创新的本质就是对已有资源进行重新整合（Myhren 等，2018），即对资源的创新性复合，而开放式服务创新强调在创新过程中与外界协作并广泛获取外部资源。因此，本研究认为有必要从复合基础观视角，将复合式能力引入外部组织整合对制造企业服务创新的影响机制中。

综合上述理论背景可以发现，服务创新绩效前因变量的探索已成为当前制造企业服务创新研究新的焦点，但已有相关研究主要从企业内部的组织资源、组织能力和服务创新过程等角度进行探讨。另一方面，开放式服务创新研究逐渐兴起，但缺少中国独特情境下开放式服务创新的理论探讨和实证分析。与此同时，作为东方文化背景和中国企业实践基础上提出和发展起来的管理学前沿理论，复合基础观为转型升级背景下的中国制造企业服务创新研究提供了新的理论基础和研究视角。因此，基于复合基础观视角，将复合式能力引入中国服务型制造企业外部组织整合对服务创新绩效的影响机制研究中，不仅丰富了制造企业服务创新研究，还拓宽了复合基础观的研究领域，具有重要的理论意义。

1.2 研究问题

如前所述，服务主导经济下，服务型制造已成为制造业转型升级发展的重要方向，服务创新和服务业务提供也逐渐成为制造企业竞争优势的重要来源。中国制造业长期处于全球价值链的中低端，由快速度发展转为高质量发展的转型升级任务紧迫而艰巨。自身创新资源不足、服务创新落后是中国制造企业服务化转型升级中面临的严峻问题。基于开放式创新思维进行跨界协作和外部资源整合是实现可持续性发展的重要战略手段，而顾客和供应商是企业最重要的外部创新合作主体。但是，制造企业对于如何组织开放式服务创新还没有清晰的认知，缺少足够的理论参考和实践指导（彭本红和武柏宇，2016）。如何整合顾客、供应商等关键外部组织，广泛吸收外部资源并进行创新性整合运用，进而提升服务创新绩效，是当前中国服务型制造企业普遍关注的重要问题。

尽管制造企业服务创新已成为战略管理和服务创新管理领域的研究热点之一，但相关理论研究还处于新兴阶段（Ostrom 等，2015；Kowalkowski 等，2017）。已有相关研究主要聚焦于“服务创新是否会影响制造企业绩效”和“服务创新如何影响制造企业绩效”两类问题，并普遍认可服务创新对制造企业绩效的正向影响。但是，“制造企业如何有效开展服务创新实践”以及“制造企业如何获取高服务创新绩效”等更深层次的问题尚未引起足够的关注，针对中国独特情境下的相关研究更是缺乏。

针对上述问题，本研究在已有相关研究的基础上，基于中国制造业服务化情境，以中国服务型制造企业为研究对象，围绕“服务型制造企业如何通过外部组织整合来提升服务创新绩效”这一核心问题，试图打开其中具体作用机制的黑箱，深入剖析服务型制造企业外部组织整合对服务创新绩效的微观影响机理。具体而言，本研究将逐层深入地探讨以下几个问题。

（1）服务型制造企业外部组织整合是否能够有效促进服务创新绩效

从制造企业服务创新实践来看，对于以往聚焦于产品创新与开发的制造企业而言，已有的产品主导逻辑、已积累的产品创新经验和资源能力刚性会成为其服务创新过程中的障碍。制造企业的服务创新和开发是一种跨边界的网络行为，要求企业重新搜索和整合外部资源，融合自身已积累的产品创新能力，突破产品主导逻辑和能力的刚性制约。另一方面，相对于发达经济体中的跨国企业，处于新兴市场中的大部分中国企业属于后发企业，面临技术和市场资源的双重依赖，外部资源识别和获取在创新过程起到关键作用。因此，跨界的外部组织整合在制造企业服务创新过程中可能会发生积极的影响。但是，大量中国制造企业对于能否通过外部组织整合来促进服务创新还没有清晰的认知，缺少足够的理论参考和实践指导。从现有相关研究来看，多数学者肯定了服务创新和服务提供对制造企业绩效的积极影响，但对制造企业服务创新绩效前因影响因素的关注还不多。为数不多的前因研究主要从组织内部来分析制造企业开展服务创新的具体过程和所需资源与能力，而企业跨界协作和外部整合对企业创新影响的研究也主要集中于技术创新和产品开发。制造企业的资源和能力长期聚焦于技术创新和产品开发，企业本身缺少服务创新经验，也缺少服务创新所需资源。从资源依赖理论视角来看，相对于服务型企业，制造企业服务创新对外部相关组织，特别是上下游的供应商和顾客的资源依赖性更大，在服务创新过程中应该更加关注跨界搜索和外部整合。另外，针对不同对象的外部整合，例如顾客整合和供应商整合，其对服务创新的不同绩效，例如财务绩效和非财务绩效，是否存在不同的影响机制？基于此，本研究将通过案例探索、理论探讨和实证检验，首先分析制造企业外部组织整合（顾客整合和供应商整合）对服务创新绩效（财务绩效和非财务绩效）的影响关系。

（2）服务型制造企业外部组织整合影响服务创新绩效具体机理是什么

只有明晰外部组织整合对服务创新绩效的具体作用机理，才能促进其效用更好地发挥。企业开放式创新的本质是促进资源的跨界流动，外部组织整合的关键也是对外部资源的整合。大量研究表明，资源本身并不会直接带来创新绩效的提升，需要第三方力量，例如企业的某种能力，对其进行转化。基于东方文化背景和中国企业实践发展起来的复合基础观为中国独特情境下的管理研究提供了新的理论基础和研究视角。基于复合基础观理论，引入复合式能力，将有可能揭示中国制造业服务化情境下外部组织整合对服务创新绩效具体影响机制的黑箱。因此，本研究将从复合式能力视角出发，分析外部组织整合通过影响复合式能力及其应用，进而影响到制造企业的服务创新绩效，即探讨复合式能力是否在“外部组织整合（顾客整合和供应商整合）—服务创新绩效（财务绩效和非财务绩效）”这一影响关系中起到中介作用。

（3）服务导向和环境不确定性是否会在外部组织整合对服务创新绩效的影响关系中起到调节作用

创新及其成果的商业化是具有情境性的，简单考查外部组织整合与服务创新绩效的静态关系显然是不够的，必须要进一步探索其边界条件及其具体的影响机制。服务型制造企业需要同时面临产品业务和服务业务，不同企业对两种业务的定位存在差异，这种差异会影响组织内部的企业文化、组织结构和资源配置方式，又是否会进一步影响到外部组织整合与服务创新绩效的关系？另外，环境不确定性是企业战略决策和组织行为时必须要面对的权变因素，企业资源整合和创新开发必须要与外部环境进行动态匹配。不同的外部环境下，制造企业需要怎样选择不同的外部组织整合行为，以更好地使企业服务创新从顾客整合、供应商整合和复合式能力中获益。

基于以上考虑，本研究将聚焦于组织内部的服务导向和组织外部的环境不确定性两个情境变量，探索其对外部组织整合与服务创新绩效关系的影响，挖掘提升制造企业服务创新绩效的边界条件。

1.3 主要概念的界定

本研究涉及的核心概念包括服务型制造企业、外部组织整合、复合式能力、服务导向、环境不确定性和服务创新绩效。由于不同研究情境和视角下，同一概念可能会具有不同的内涵，对研究内容和研究结论产生不同影响。为保证研究的科学严谨性，本研究首先对上述概念进行界定，更详细的分析在第二章和第三章的理论分析部分。

(1) 服务型制造企业

服务型制造的提出是为了区别于生产型制造。Vandermerwe 和 Rada (1988) 较早分析制造企业的服务提供现象，指出服务能够为产品增值，“产品+服务”已成为制造企业新的顾客提供方式。Oliva 和 Kallenberg (2003)、Gebauer 等 (2005、2009、2017) 等进一步指出服务不仅是产品增值要素，还是重要的利润来源，服务与产品的融合是制造企业重要的战略选择，并根据服务类型不同分为支持产品的服务战略和支持顾客的服务战略，而制定并实施这一战略的企业就是“service-embedded manufacturing enterprises”或“service-oriented manufacturing enterprises”，即服务型制造企业。工信部、国家发改委和中国工程院 2016 年联合制定并印发的《发展服务型制造专项行动指南》对服务型制造进行了清晰界定，认为服务型制造是制造与服务融合发展的一种新型制造业形态，并结合中国制造业发展实际，从三个层面上明确服务型制造的含义。首先，从产业形态层面上将服务型制造界定为制造与服务融合发展的新型产业形态；其次，从制造与服务的融合方式层面来看，服务型制造是指服务要素在制造业投入和产出中比重的不断增加；第三，从发展成效层面来看，服务型制造要从价值链两端延伸，实现价值链整体的提升，企业从单纯提供产品转变为提供“产品+服务”或综合解决方案。本研究主要从企业层面来分析制造企业外部组织整合对服务创新绩效的影响机制。综合已有研究成果并结合研究背景和研究问题，本研究认为，服务型制造企业是制造与服务融合的企业形态。这种形态下，企业通过优化生产组织形式、运营管理流程和商业模式，适当调整企业投入和产出中生产要素和服务要素的比重，为顾客提供产品服务组合或综合解决方案。

（2）外部组织整合

综合 Flynn 等（2010）、Chang 等（2016）、吴家喜和吴贵生（2008）、简兆权等（2018）等对外部组织整合概念和涵义的描述，以及本文的研究背景，本研究将外部组织整合分为顾客整合和供应商整合两个维度，并进一步从信息分享、关系协调和共同参与等三个方面来分析服务型制造企业在服务创新过程中的顾客整合和供应商整合。从细分维度来看，顾客整合是指企业与顾客，特别是能够提前察觉市场需求的领先顾客，进行信息分享、关系协调和共同参与的行为；供应商整合是指企业与主要供应商进行协调合作、信息分享和共同参与，以实现更合理的生产规划和市场预测，以及更高效的流程设计和交易管理。

（3）复合式能力

复合式能力是陆亚东和孙金云（2013）提出的复合基础观理论框架的重要元素。Luo 和 Child（2015）、李云健（2017）、许强等（2018）、刘保平等（2023）在相关研究中均采用了陆亚东和孙金云对该概念的定义。本研究与上述学者的研究背景基本相同，继续沿用最初定义。因此，本研究中的复合式能力是指企业能够协同整合来自其内部和外部现有的有形或无形资源的独特能力。

（4）服务导向

本研究对服务导向的分析主要是探讨不同服务导向水平下，外部组织整合与服务创新绩效关系的变化。综合 Homburg 等（2002）、Gebauer（2008）和张文红和邓宏（2015）研究，并结合具体研究情境，本研究中涉及的服务导向是指制造企业在价值理念和经营管理实践中对服务的重视程度，其核心是对顾客价值的重视程度。

（5）环境不确定性

环境不确定性是战略管理研究和创新研究中常用的权变因素，是指企业面临外部环境变化及其不可预测的程度。创新管理研究通常考虑外部环境中的市场环境不确定性、技术环境不确定性和市场竞争强度（Jaworski 和 Kohli，1993；Li 和 Lin，2006；张婧和段艳玲等，2010；Ataseven 和 Nair，2017）。本研究借鉴已有研究，将环境不确定性分为市场环境不确定性、技术环境不确定性和市场竞争强度三个维度。具体而言，市场不确定性是指顾客需求和偏好的变化及其不可预测性的程度，以及供应商供应质量和交付方面的变化及其不可预测性程度；技术不确定性是指企业所在行业的技术变化速度很快，技术发展方向难以预测的程度；竞争强度是指企业所在行业内的价格竞争、产品/服务模仿和促销的程度。

（6）服务创新绩效

服务创新绩效是一个多维度的复杂变量。参考 Cooper 和 Kleinschmidt（1987）、Storey 和 Kelly（2001）、简兆权等（2014）、蒋楠等（2016）、王绒（2018）等相关研究，同时还考虑到制造业服务化背景，本研究涉及的服务创新绩效是指制造企业通过提供新的服务内容、新的服务和产品提供方式而产生的财务绩效和非财务绩效，其中非财务绩效又包括市场绩效和企业成长绩效。服务型制造企业会同时面临产品业务和服务业务，服务创新不仅会促进服务业务收益的增长，还有可能会促进产品销售量和销售额的增长。因此，在财务绩效方面除了已有研究中涉及的企业销售额和利润等财务要素之外，本研究还关注服务收入及其在总收入中的占比。

1.4 研究方法和技术路线

1.4.1 研究方法

本研究采用定性研究与定量研究相结合、规范研究和实证研究结合的研究方法。首先，采用文献研究法识别研究问题；然后，采用探索性案例研究法进行多案例分析，提出初始命题，并进一步通过理论演绎和规范分析构建理论模型；最后，通过问卷调查和定量的数据统计分析，检验理论模型，形成最终结论。具体包括以下研究方法。

（1）文献研究法

根据研究主题，广泛收集制造企业服务创新、外部组织整合、复合式能力等研究领域的文献，跟踪制造企业服务创新研究脉络。文献收集时采取广泛搜索与重点阅读相结合的策略。通过对文献的阅读和归纳分析，了解相关研究领域的发展现状，识别已有研究的不足，并以此为切入点提出研究问题，同时也为本研究的理论推导、假设提出、模型构建和量表设计等提供了文献支持和理论基础。

（2）探索性案例研究法

本研究运用案例研究的理论探索功能，选择三家服务型制造企业，通过多种方式的数据收集，对案例企业进行个案分析和跨案例比较分析，归纳服务型制造企业外部组织整合影响服务创新绩效的微观机理，并提出初始研究命题。

(3) 定性理论推导法

在案例探索提出初始命题的基础上，本研究综合资源依赖理论、开放式创新理论和复合基础观，基于国内外已有相关研究，采用定性的理论推导法，通过逻辑演绎推理过程，推导出制造企业服务化发展背景下外部组织整合（顾客整合和供应商整合)、复合式能力、服务导向、环境不确定性、服务创新绩效（财务绩效和非财务绩效）之间的关系，提出研究假设，并构建理论模型。

(4) 定量实证研究方法

采用定量的实证研究方法对研究假设的合理性进行验证。首先，通过问卷调研的方式获取 251 份样本数据，然后，采用 SPSS 22.0 软件和 AMOS21.0 软件对样本数据进行统计分析。具体包括描述性统计分析、探索性因了分析、验证性因子分析、信度分析、效度分析、相关性分析、层次回归分析、Bootstrap 分析和结构方程模型分析等。检验数据的适用性，并对研究假设进行检验。

1.4.2 技术路线

本研究基于中国制造业服务化实践背景，围绕“服务型制造企业外部组织整合如何影响服务创新绩效”这一核心问题，通过探索性案例分析、理论探讨和研究假设提出、实证检验等过程，探究不同服务导向和环境不确定性情境下外部组织整合对服务创新绩效的具体影响机理。整体研究按照“提出问题—分析问题—解决问题”思路进行，具体技术路线如图 1-1 所示。

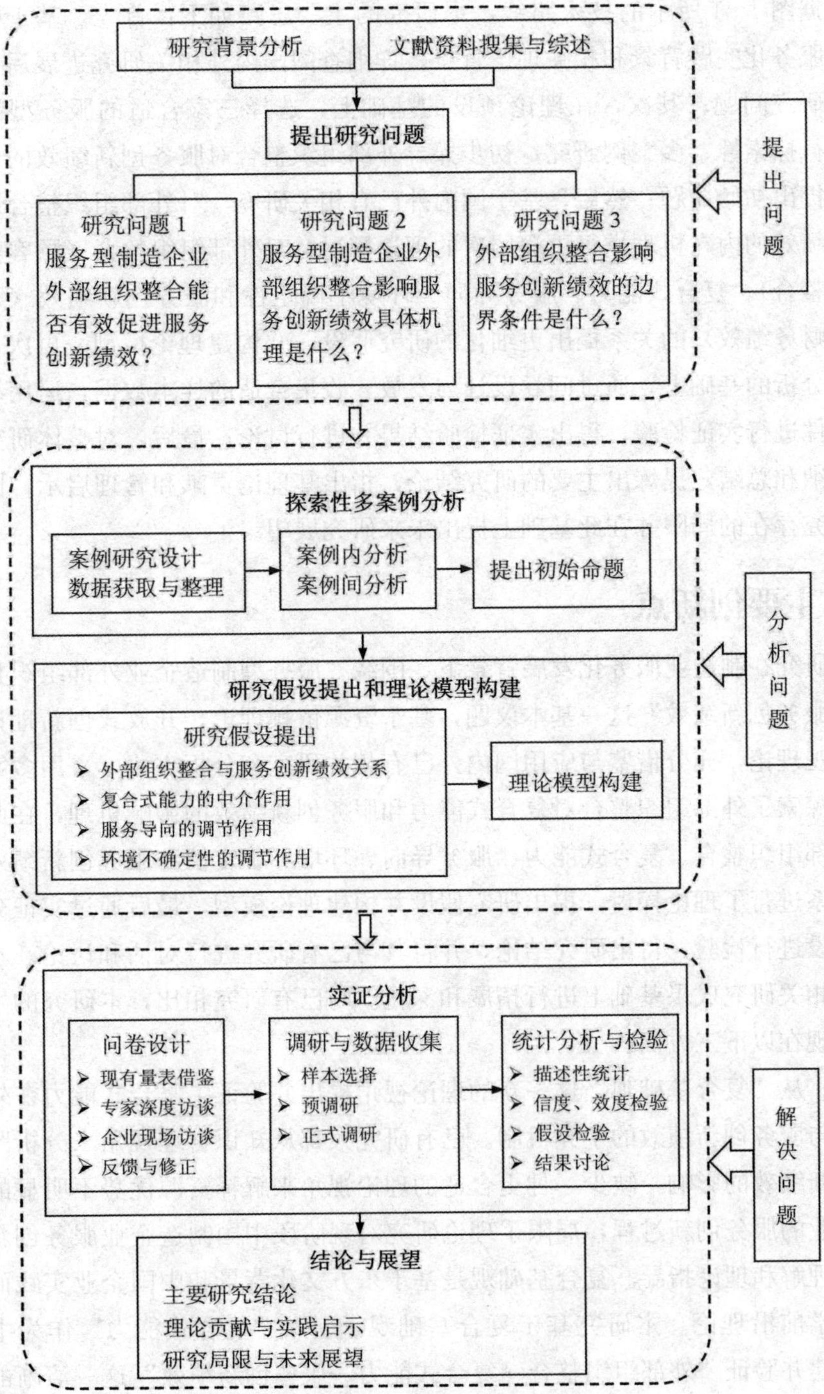
研究背景分析
文献资料搜集与综述
提出研究问题
研究问题 1
服务型制造企业外部组织整合能否有效促进服务创新绩效？
研究问题 2
服务型制造企业外部组织整合影响服务创新绩效具体机理是什么？
研究问题 3
外部组织整合影响服务创新绩效的边界条件是什么？
提出问题
探索性多案例分析
案例研究设计
数据获取与整理
案例内分析
案例间分析
提出初始命题
分析问题
研究假设提出和理论模型构建
研究假设提出
➢ 外部组织整合与服务创新绩效关系
➢ 复合式能力的中介作用
➢ 服务导向的调节作用
➢ 环境不确定性的调节作用
理论模型构建
实证分析
问卷设计
➢ 现有量表借鉴
➢ 专家深度访谈
➢ 企业现场访谈
➢ 反馈与修正
调研与数据收集
➢ 样本选择
➢ 预调研
➢ 正式调研
统计分析与检验
➢ 描述性统计
➢ 信度、效度检验
➢ 假设检验
➢ 结果讨论
解决问题
结论与展望
主要研究结论
理论贡献与实践启示
研究局限与未来展望

图 1—1 本研究技术路线

根据图 1-1 所示的技术路线，本研究的主要思路如下：首先，基于中国制造企业服务化实践背景和相关理论背景，详细查阅国内外相关研究进展后，提炼出 3 个研究问题；其次，在理论预设的基础上，选择三家合适的服务型制造企业，进行探索性、多案例研究，初步探寻外部组织整合对服务创新绩效的作用机理，并提出初始命题；然后，基于国内外已有相关研究，对外部组织整合影响服务创新绩效的内在机理进行更深层次的理论探讨，对外部组织整合（顾客整合和供应商整合）、复合式能力、服务导向、环境不确定性和服务创新绩效（财务绩效和非财务绩效）的关系提出更细化的研究假设，并构建理论模型。再次，在上述理论分析的基础上，通过问卷设计与发放，收集合适的样本数据，运用统计和计量软件进行实证检验，得出实证检验结果并进行讨论；最后，对整体研究内容进行归纳和总结，提炼出主要的研究结论，指出其理论贡献和管理启示，同时提出本研究存在的局限并在此基础上提出未来研究展望。

1.5 主要创新点

本研究在制造业服务化发展背景下，围绕“服务型制造企业外部组织整合如何影响服务创新绩效”这一基本议题，基于资源依赖理论、开放式创新理论和复合基础观理论，充分借鉴与应用国内外已有相关研究和分析方法，采用多案例研究初步探索了外部组织整合对复合式能力和服务创新绩效的影响机理，在此基础上对外部组织整合、复合式能力、服务导向、环境不确定性和服务创新绩效等变量的关系进行了理论探讨，提出研究假设并构建理论模型，最后通过实证分析对研究假设进行检验，得出研究结论，并将其与已有研究进行对话和讨论。本研究在已有相关研究成果基础上进行拓展和深化。与已有研究相比，本研究的主要创新点体现在以下三方面：

（1）从“复合基础观”这一新的理论视角提出并验证了复合式能力在外部组织整合与服务创新绩效的中介机制。已有研究大都从知识管理视角来分析跨界整合对创新绩效的影响，缺少一种更合适的理论视角来解释资源优势不明显的中国制造企业的服务创新过程，局限了理论研究对现阶段中国制造企业服务创新实践的充分理解和理论指导。复合基础观是基于东方文化背景和中国企业实践而提出的管理学前沿理论。本研究基于复合基础观，引入“复合式能力”作为中介变量，构建并验证“外部组织整合—复合式能力—服务创新绩效”这一清晰的影响路径。从复合式能力这一视角来阐述服务型制造企业外部组织整合（顾客整合和供应商整合）影响服务创新绩效（财务绩效和非财务绩效）的具体机理，更符合中国制造业发展的东方文化背景，能够更加完整地诠释新兴市场背景下中国制造企业的服务化发展和服务创新过程。

（2）引入“服务导向”和“环境不确定性”作为调节变量，深入刻画了外部组织整合与服务创新绩效关系的动态复杂性。已有研究大多只针对外部组织整合与服务创新绩效的二元关系进行分析和论证，得出两者之间静态的正向影响关系，难以全面刻画两者关系的复杂动态性。本研究充分考虑服务型制造企业同时面对服务业务和产品业务的实践特征，明确了服务导向在顾客整合与服务创新绩效关系中的正向调节作用。而且，本研究还充分考虑外部环境不确定性对企业创新的影响，进一步构建被调节的中介效应模型并通过实证检验，对环境不确定性在“外部组织整合—复合式能力—服务创新绩效”这一影响路径中的调节机制作了更详细的阐述，发现了这一影响机制中存在被调节的中介效应。

（3）基于制造企业服务化情境，从细分维度上更具体地探索制造企业外部组织整合与服务创新绩效的关系。已有“外部协作—创新绩效”关系研究大多基于制造企业产品创新情境或服务企业服务创新情境。本研究将外部组织整合与创新绩效关系的研究拓展至制造企业服务创新情境下，以服务型制造企业为研究对象，从跨界整合的角度，探索企业与顾客、供应商等关键外部组织之间进行的信息分享、关系协调和共同参与等与服务创新绩效之间的影响机理。而且，本研究基于外部组织整合的两个细分维度和服务创新绩效的两个细分维度，更细致地研究了外部组织整合（顾客整合和供应商整合）对服务创新绩效（财务绩效和非财务绩效）的影响机制，不仅清楚地辨析了外部组织整合各维度对服务创新绩效各维度的影响作用，也为制造企业服务创新实践提供更具体的操作建议。

第二章 制造业服务化与制造企业服务创新概述

2.1 制造业服务化的涵义

伴随着服务业的快速发展和制造企业之间竞争的日益加剧，制造企业开始通过服务来增加产品的附加价值、提高产品供应差异化，服务要素在制造企业经营活动中所占比例不断增加，产品和服务融合逐渐成为制造企业提升市场竞争力的重要途径，服务化逐渐成为制造企业转型升级的重要方向（Oliva 和 Kallenberg，2003；Kowalkowski 等，2017；简兆权等，2017）。这一现象引起了学术界的关注，众多学者对制造业服务化的涵义进行了广泛分析。

早期研究主要从制造企业的产出方面来分析制造业服务化。Vandermerwe 和 Rada（1988）从营销管理视角分析制造企业为应对日益激烈的产品竞争，充分考虑顾客的需求，在销售产品时提供相关服务的现象，首次提出“servitization”一词，将其概括为制造企业由提供产品或产品附加服务，如售后服务等，向提供“产品—服务组合包”转变的现象，完整的“产品—服务组合包”包括物品、服务、支持、自我服务和知识，服务在其中居于主导地位，是产品增加值的主要来源（Vandermerwe 和 Rada，1988）。后续研究大多沿用“servitization”一词，即服务化，强调以顾客为中心，围绕产品提供相关的服务。White 等（1999）从战略管理视角分析制造企业为摆脱市场竞争困境和提高市场竞争力而进行的战略改变，提出“Servicizing”一词，将其概括为制造企业从产品供应者向服务供应者转变的动态过程。制造企业这一转变过程也是从产品系统转向产品服务系统的过程。在服务化早期，制造企业由提供产品转向增加附加服务为产品增值，随着服务化的深入，企业以产品为载体向顾客提供服务，企业商业模式由产品主导型转向服务增值型进而转变为服务主导型，企业定位也由制造商转变为综合解决方案供应商（曾经莲和简兆权，2018）。

制造业服务化是服务与制造的融合，这种融合不仅表现在企业产出方面，还体现在制造企业价值链的全过程。从企业投入和产出来分析，指出，制造业服务化包括投入服务化和产出服务化两个层次，投入服务化是指服务要素在制造企业生产过程中的要素投入中占比日益变大，产出服务化是指服务产品在制造企业的产出和收入中占比日益变大（刘继国和李江帆，2007；刘吉超，2022）。通过投入服务化和产出服务化，制造企业不仅沿价值链“微笑曲线”两端延伸，还通过生产业态创新、范围经济等促进价值链升级。

与制造业服务化相近的概念还有服务型制造、制造业服务增强、制造企业服务衍生等概念。工信部、国家发改委和中国工程院 2016 年联合制定并印发的《发展服务型制造专项行动指南》对服务型制造进行了清晰界定，认为服务型制造是制造与服务融合发展的一种新型制造业形态。与制造业服务化强调“动态转变过程”相比，服务型制造强调制造企业发展的新型模式，它不关注企业之前的形态，更强调目前和未来的发展模式。制造业服务增强是指制造和服务的有机融合，是“新制造业”最重要的特征之一，强调制造企业获取竞争优势的关键是将无形产品同一系列无形服务结合（蔺雷和吴贵生，2006）。罗建强等（2015）从制造与服务的不断融合、渗透、互动、共生演变情景提出制造企业服务衍生的概述，认为服务衍生是指制造企业通过制造/服务能力、知识和经验的积累，利用服务型制造先进制造模式，以实物产品为载体，在产前、产中和产后各个阶段赋予其更多的服务，由实物产品衍生出来的价值通过服务形式加以体现，实现产品主导逻辑向服务主导逻辑的转型，并以服务作为制造企业价值创造主要来源的过程。这一概念强调制造企业以产品为载体增加服务业务，制造企业从提供实物向提供问题解决方案转变等，这些特征与制造业服务化基本上是一致的。

由上述分析可见，不同学者从不同角度分析制造业服务化的内涵，其内涵主要有以下方面特征：第一，制造业服务化是制造和服务的融合，是制造业和服务业发展到一定程度的必然趋势；第二，制造业服务化以顾客为中心，从提供产品转变为提供产品和服务，或者以产品为载体为顾客提供服务；第三，制造业服务化不仅体现在价值链后端的服务产出方面，还体现在价值链前端和中端的服务要素投入方面，能够延长“微笑曲线”两端，促进制造企业转型升级。

2.2　服务创新的涵义

创新被普遍认为是经济增长、生活质量提升、企业竞争优势构建的重要贡献者。但自20世纪20年代熊比特提出创新理论以来的几十年内，创新研究大多集中于技术创新，特别是高新技术的创新研究。20世纪70年代末期后，发达国家的主导经济纷纷由工业经济转向服务经济，产业结构发生重大调整，服务业快速发展，服务业增加值占GDP比重至21世纪初期即超过60%，美国、英国等发达国家甚至达到70%以上。进入21世纪以来，发展中国家的服务业也得到快速发展，使全球经济从“工业经济时代”进入到“服务经济时代”。在此背景下，服务创新引起了实践界和学术界的广泛关注，通过服务创新提升竞争优势成为企业重要的战略手段，而服务创新的理论研究也成为创新领域的重要分支。

在实践操作和理论研究中，对服务创新的定义存在广义和狭义的区别。狭义的服务创新是指服务业或服务企业的创新行为与活动；而广义的服务创新则不区分行业，指所有与服务相关或针对服务的创新行为与活动（蔺雷和吴贵生，2007）。

狭义的服务创新主要从制造业创新与服务业创新的差异入手，研究内容主要涉及“服务业是否存在创新”“服务业创新有何特征”“服务业创新的范式”（魏江等，2008）。20世纪80年代起，学者们均认为与制造业一样，服务业也存在着广泛的创新行为与活动，并研究服务企业如何通过服务创新获得竞争优势（Barras，1986；Martin，2002）。早期研究将制造业的技术创新理论扩展至服务业的创新中。Barras（1986）通过对服务型企业进行大量研究后，提出服务业创新中存在“逆向产品周期（RPC：Reverse Product Cycle）”模型，认为服务业创新存在三个阶段：首先，新技术（主要是信息与通信技术）的引入使服务企业的服务提供效率得到提升，促进渐进性流程创新；随后，企业通过技术学习改善服务质量，出现根本性过程创新；最后，企业从技术驱动转向顾客驱动，通过产品创新为顾客提供新的服务，实现企业战略和结构的变化。逆向产品周期理论模型的提出正式拉开了服务创新研究的帷幕，被视为是极少数试图发展真正的服务创新理论的模型之一，在服务创新研究中起到了里程碑的作用。但是，另有一些学者认为该模型只是技术创新理论从制造业向服务业的扩散，其技术有效性和部门有效性尚存在质疑（Gallouj，1998；蔺雷和吴贵生，2005；魏江等，2008）。

随着服务业的进一步发展，它与其他产业特别是制造业的融合发展日益明显，制造业开展服务业务的广度和深度不断增加，服务创新不再限于服务业，而是更广义范围内的服务业务的创新。从服务主导逻辑来看，制造企业的价值创造本质并不是生产并向顾客提供实体产品，而是以产品为载体为顾客提供服务，使其充分享受产品及其相关服务带来的价值体验。因此，不论是纯粹的服务型企业还是制造业企业，都要持续开展服务业务，通过服务创新获取盈利，形成持续性竞争优势（Berry 等，2006）。许庆瑞和吕飞（2003）认为服务创新与行业无关，而是通过新思想或新技术的应用，使现有服务流程得到优化，服务内容得到更新，服务质量和服务效率得到提高，其目标是为顾客创造新的价值。Berry 等（2006）认为服务创新是指通过增加新的服务、扩展现有服务、改进服务提供的方式来满足客户对服务的不同需求，创建新的市场或重塑现有市场，并指出服务创新成功的驱动因素主要包括以下九个方面：可扩展的商业模式、全面的顾客体验管理、提升员工绩效的投资、持续的运营创新、品牌差异化、建立创新冠军、卓越的客户利益、客户支付能力和持续的战略创新。

跳出服务业，从服务本身的角度来定义服务创新可以建立起更具适用性的研究框架。从广义范围内研究服务创新，根据服务创新与产品创新之间是否存在显著区别分为“同化”和“分化”两个不同的流派（Ordanini 和 Parasuraman，2011）。同化流派认为产品创新和服务创新的驱动因素是类似的，虽然也认为各个因素的重要性不同，但不强调两者的本质差异。因此，服务创新的实践和研究重点在于调整现有的创新理论和模型来适应服务创新的背景（Nijssen 等，2006）。分化流派则认为服务是一种特殊的产品（无形产品），产品创新与服务创新之间存在显著的差异，有关有形商品的创新模型需要进行结构上的修改，或者需要专门针对服务创新的理论和模型（Fitzsimmons 和 Fitzsimmons，2000）。一些学者发现以上两种观点均存在局限性：同化观点过于强调技术的基础作用，而忽略了服务的无形性和共同生产等结构特性；分化观点则过于强调服务的特征，过于狭窄、专门化和零碎化，束缚了服务创新研究的普遍性（Ordanini 和 Parasuraman，2011）。因此，一些学者从服务主导逻辑角度展开研究，提倡采用一个集成的或者综合的方式来研究服务创新（Ordanini 和 Parasuraman，2011；Lusch 和 Nambisan，2015）。服务主导逻辑下，服务是一切经济交换的基础，而产品是提供服务的载体，因此所有的企业都是服务企业，所有的市场都是服务交换的中心。因此，服务不应作为产品对比而进行区分，服务代表的是交换过程的一般和普遍情况，是作为交换的扩大型概念（Vargo 和 Lusch，2004；Lusch 和 Nambisan，2015）。根据服务主导逻辑，服务创新可被视为一项针对企业顾客的新供应，无论是对现有服务的补充，还是对服务输送流程的改变，都需要改变服务供应商或顾客所应用的能力（Lusch 和 Nambisan，2015）。

另有一些学者从服务生态系统角度描述服务创新的内涵。这一研究视角来源于对顾客体验、价值共创、创新生态系统和资源整合研究的日益深入而产生的系统性和整体性考虑（Helkkula 等，2018）。Edvardsson 和 Tronvoll（2013）将服务创新定义为服务生态系统结构的变化，具体包括服务交换参与主体、资源以及程序的改变，这些改变会提升参与主体的可持续性。服务生态系统是不同的社会和经济个体通过共享制度逻辑进行服务交换而形成的相对独立的、能自我调节的、松散耦合的时空结构（Vargo 和 Lusch，2010）。服务生态系统中，原来的生产者、消费者、供应商等相关利益主体都是平等的资源整合者和价值互动者，通过服务交换进入彼此的价值创造过程，实现价值共同创造和系统成员的共同演进。因此，服务创新并不只是企业的单独活动，而是服务生态系统中各参与主体之间的协同合作和价值共同创造过程，通过新的方式整合现有资源或发明新的资源来改变已有的或开发新的价值主张，为解决已存在的问题或新的问题创造新的解决方案（Skålén 等，2015；Åkesson 等，2016；Helkkula 等，2018）。与已有基于创新产出、创新流程和创新体验的服务创新研究相比，基于服务生态系统的服务创新研究从系统性和整体性出发，更强调系统内成员的共生演化。由于服务创新发生在内嵌性的社会结构中，服务生态系统的焦点企业必须要设计资源整合机制，将资源、创新参与者和制度安排联系起来，促进创新参与者之间的互动和整体资源的优化配置，实现整体价值提升（Helkkula 等，2018）。

2.3 制造企业服务创新的相关研究

随着制造业开展服务业务的广度和深度不断增加，其服务创新活动也日益增加。制造企业服务创新已成为战略管理、服务管理和创新管理等领域的研究热点之一，但相关理论研究还处于新兴阶段（Carlborg 等，2014；Ostrom 等，2015；Kowalkowski 等，2017），主要包括以下方面的研究。

（1）服务创新对制造企业绩效的影响研究

随着信息技术的快速发展和广泛应用，技术更新和传播日益加速，实体产品生命周期大大缩短且同质化明显，单靠技术创新往往不足以使制造企业保持差异化竞争优势（Chesbrough，2011；Gremyr 等，2014）。因此，服务创新和服务业务增长是制造企业面对行业进入成熟阶段的战略回应，也是克服和逃离产品化陷阱的重要战术（Chesbrough，2011；Kowalkowski 等，2017）。发达国家生产性服务占整个服务业比重达到 70%，发展中国家也在大力发展生产性服务业，制造业服务化成为制造业发展的重要趋势。Neely 等（2011）通过 OSIRIS 数据库对全球 13 775 家制造业企业的服务化现状进行分析，调查发现 30.1%的制造企业进行了服务化发展，发达国家的制造业服务化水平要显著高于正处在工业化进程中的国家，其中美国制造业服务化程度最高（55.14%），而发展中国家正积极推进制造业服务化发展，例如，中国从 2007 年的不足 1%发展到 2011 年的 19.33%。

Vandermerwe 和 Rada（1988）较早从营销策略视角分析制造企业的服务提供现象，发现许多制造企业在产品销售时将辅助性的服务作为差异化的竞争手段，服务可以增加产品的差异性，更能吸引顾客，从而增加企业的竞争优势。他们将制造企业服务创新的行为称为制造业服务化，并认为制造企业选择服务化策略的原因有三个：为竞争对手设置壁垒、锁定顾客、提高差异化程度。此后众多学者都普遍认为制造企业通过服务创新可以提升产品差异化竞争优势，满足顾客的多元化需求、应对环境的约束，扩宽财务收益范围，因而可以提升企业绩效并获得良好的社会效应（Mathieu，2001；Oliva 和 Kallenberg，2003；Gebauer 等，2005；Baines 等，2007；Penttinen 和 Palmer，2007；Kohtamaki 等，2015；Kowalkowski 等，2017；Bustinza 等，2019；肖挺，2014b；姜铸和李宁，2015）。Wise 和 Baumgartne（1999）认为制造业服务创新是指围绕整个产品生命周期中服务内容或服务传递方式变化而进行的创新活动。赵立龙等（2012）认为制造企业服务创新战略是以顾客为中心而做出的在何种程度上、如何运用服务创新为顾客创造更多价值、获得竞争优势的相关决策。它反映了企业由产品主导逻辑到服务主导逻辑的转变，也体现了企业以顾客为中心的经营理念（赵立龙等，2012）。Bustinza 等（2019）通过实证研究发现，制造企业的服务创新对企业绩效有显著的正向影响关系，而且这种正向影响作用在外部组织协作下会得到强化。

然而，也有部分学者发现制造企业的服务创新并不一定会给企业带来持续高绩效，即存在"服务化悖论"（Gebauer 等，2005，2012；Fang 等，2008）。Neely（2008）通过实证研究发现，制造企业服务化与企业绩效并不是简单的正向线性相关关系，而是呈现先抑后扬的"U"形关系。Kastalli 和 Van Looy（2013）则通过对瑞典某家公司的案例研究发现服务创新与企业绩效间的"马鞍型"曲线关系。具体而言，制造企业在服务化转型过程中，初期通过服务创新可以获得相对于竞争对手在战略上的优势，例如差异化、顾客满意度等，但随着服务创新程度的不断加深，原有的资源不足以支撑企业同时进行服务创新和产品创新，使得阶段性收益受损，而随着服务创新成果的进一步扩散，逐渐收获因此而产生的规模收益，企业绩效也随之提升。肖挺等（2014b）通过对我国制造业四个不同行业的数据进行分析发现均存在“服务化困境”区间，但具体趋势存在行业区别，食品与纺织制造业呈现“U”型关系，而电子设备与汽车制造等装备制造业呈现“马鞍型”型关系。综合以上分析可知，制造业服务创新与企业价值创造（绩效）之间在不同的行业、不同环境下呈现不同的关系。肖挺（2016）通过实证研究发现，制造企业绩效会随着服务化程度而出现反复，即服务化程度在制造企业服务创新与企业绩效之间起着调节作用。Kohtamaki 等（2015）认为，制造企业提供服务对企业绩效并不会直接产生影响，而是以服务导向（例如服务导向的企业文化和人力资源管理实践等）为中介，间接促进企业销售绩效和利润绩效的提升。

（2）制造企业服务创新的前因研究

尽管实践界和理论界都普遍认可服务创新对制造企业绩效具有积极的促进作用，也有部分制造企业通过服务创新实践获取了卓越的企业绩效，但仍然有大量企业并没有通过服务创新和服务提供获取到预期的利益。因此，近几年来，服务创新领域和战略管理领域的众多学者开始从服务创新过程和组织能力等视角关注“制造企业如何有效开展服务创新实践”以及“制造企业如何获取高服务创新绩效”等问题。例如，冯永春等（2016）通过探索了制造企业服务创新和开发的详细过程，通过案例研究发现制造企业通过感知服务机会、捕获服务机会和重构配置服务资源等过程来为客户开发有效的解决方案，并进一步提出有效开发客户解决方案的关键在于通过微观基础提升不同类别的动态能力和服务能力。许晖和张海军（2015，2016）将服务创新能力作为制造企业获取高服务创新绩效的关键要素，从环境动态匹配性来看，服务创新能力的构建过程就是企业资源与外界环境的结构匹配和功能匹配过程，并通过案例研究提出不同环境下企业提升服务创新能力的策略；从资源基础来看，通过资源组合、资源归拢整合和资源转化利用，制造企业可以有效构建服务创新能力，进而提升服务创新绩效，这种构建过程随着企业不同的生命周期阶段呈现动态性。Gebauer 等（2017）通过案例研究探索了提供和开发按使用付费服务对制造企业组织能力的要求。研究发现，融资能力、成本控制能力和顾客协作能力是制造企业提供服务所必需的组织能力。企业还需要将这些能力转化为制定服务战略、利用服务技术和降低服务风险等三种核心能力，才能更好地获取服务绩效。Story 等（2017）则认为对制造企业而言，以下三方面的能力在服务创新和提供过程中起到重要作用：平衡协调产品创新与服务创新、以顾客为中心的终身服务方法、创建独特但协同的产品和服务文化。徐建中和付静雯（2018）则认为市场资源、社会资源、技术服务资源和智力资源等可拓资源是影响制造企业服务创新的重要因素，这些资源在不同类型的企业活力和环境质量组合下对服务创新发挥不同的效用。Mennens 等（2018）则通过对荷兰中小型制造企业的调查研究发现，企业内部对外界知识的吸收能力和员工在创新过程中的协作是制造企业服务创新绩效的重要前因变量，均对服务创新绩效起到显著的正向影响。

（3）制造企业服务创新与服务企业服务创新的区别

除了关注服务创新促进制造企业更好地满足顾客需求并带来差异化竞争优势外，学者们也研究制造业服务创新与服务业服务创新的区别。制造企业的服务创新不能完全脱离企业产品，除了服务内容本身的创新外，通过对有形产品与无形服务的进行不同程度的组合，也可以实现服务创新（Finne 等，2014；许晖和张海军，2015）。制造企业提供的产品—服务包中，服务类型各不相同，按内容分为支持产品的服务和支持顾客的服务，其中支持产品的服务是指在顾客使用或销售有形产品时提供的服务，如产品维护、安装、检查和修理等，而支持顾客的服务是指顾客未购买有形产品也可以体验的服务（Gebauer，2008；薛佳奇等，2013）。不同的服务导向下，制造企业在服务创新过程中与顾客的互动方式存在差异，支持产品的服务导向会促进企业与顾客的响应型互动，难以开展积极型互动，而支持顾客的服务导向会同时促进企业与顾客的响应型互动与积极型互动（薛佳奇等，2013）。肖挺等（2014）研究了影响服务企业创新的因素是否也会对制造企业产生同样的影响，实证分析结果发现，人力资本、信息技术和客户关系等服务创新的重要影响因素同样也与制造企业服务创新保持了正向影响关系，信息技术的引入和人力资本的投资还促进了制造企业产品与流程创新绩效的提升。此外，技术研发等被认为对服务型企业服务创新影响不大的企业活动，却对制造企业的服务创新产生了正向影响。

综上所述，制造企业服务创新已成为战略管理领域和服务创新领域的研究热点。早期相关研究围绕“服务创新是否会影响制造企业绩效”和“服务创新如何影响制造企业绩效”两个问题展开并获得了丰富的研究成果（Mathieu，2001；Oliva 和 Kallenberg，2003；Gebauer 等，2005；Baines 等，2007；Penttinen 和

Palmer，2007；Kohtamaki 等，2015；Kowalkowski 等，2017；Bustinza 等，2019；肖挺，2014b；姜铸和李宁，2015）。在此基础上，部分学者开始关注“制造企业如何有效开展服务创新实践”以及“制造企业如何获取高服务创新绩效”等更深层次的问题，探索制造企业服务创新绩效的影响因素及其具体的影响机制。但是，有关制造企业服务创新前置变量的研究主要从组织内部探索服务创新过程（许晖和张海军，2015，2016；冯永春等，2016）和能力需求（许晖和张海军，2015，2016；Gebauer 等，2017；Story 等，2017；Mennens 等，2018）方面，且大都以案例探索研究为主，对组织外部协作与制造企业服务创新研究的关注较少，相关的实证研究更是缺乏。

第三章 理论基础与文献综述

本章首先对资源依赖理论、开放式创新和复合基础观等理论基础进行概述并分析其与本研究的关系，然后对制造企业服务创新、外部组织整合和复合式能力等领域的研究文献进行梳理和评价，为后续各章内容的展开进行了理论准备。

3.1 相关理论基础

3.1.1 资源依赖理论

（1）资源依赖理论概述

资源依赖理论（resource dependence theory）较早萌芽于20世纪40年代，Pfeffer和Salancik（1978）在其重要著作《The External Control of Organization：A Resource Dependence Perspective》中对其进行了系统的阐述。之后，该理论被广泛应用于跨组织关系治理和企业并购等研究领域，成为组织管理和战略管理领域中最重要的理论之一。资源依赖理论既是资源理论也是反映组织间关系的理论，其基本理论假设包括以下四个方面：第一，组织关心的问题中最重要的是生存；第二，组织生存是需要一定资源的，而组织通常不能完全由自己来生产这些资源；第三，组织为获取资源必须与它所依赖的环境互动，外部其他组织是环境中的重要要素；第四，组织生存建立在一个控制它与其他组织关系的能力基础之上（Pfeffer和Salancik，1978）。归纳起来，资源依赖理论的核心思想就是，任何组织都无法在资源上实现完全自给，必须与外部环境（主要是外部相关组织）进行交换，从中获取资源来维持生存和发展。从资源需求角度来看，组织会对外部的资源拥有者产生依赖，其依赖程度取决于资源的稀缺性、重要性和竞争性程度（Hillman等，2009）。在企业生存和发展驱使以及资源短缺的约束下，组织会采取某些策略和行为来降低其对外部组织的资源依赖程度，这些策略和行为具体包括合作、合资、并购、战略联盟等（Drees 和 Heugens，2013）。

组织间关系治理研究是资源依赖理论的重要应用领域。资源依赖理论认为任何组织都不是完全独立的，而是基本资源依赖存在相互依存的关系，具体包括竞争性互依和共生性互依（Gulati，1995）。竞争性互依是指资源相互依赖的组织处于同一行业或同一市场，彼此存在竞争关系，但由于资源依赖，往往通过合作能产生更大的协同效应，这种竞争合作的组织间关系表现为水平网络关系；共生性互依是指资源相互依赖的组织是同一个供应链的上下游企业，资源交换直接影响彼此的生存和发展，这种组织间关系表现为垂直网络关系（Gulati，1995；郭惠玲等，2018）。Gulati（1995）进一步指出，相对于水平网络关系组织间的资源冗余性，垂直网络关系组织间具有更大的资源互补性特征，其资源依赖程度相对也更大。

（2）资源依赖理论与本研究的关系

本研究的主要问题是探索服务型制造企业外部组织整合对服务创新绩效的影响机制。外部组织整合是企业与顾客、供应商等关键的外部组织进行信息分享、关系协调和共同参与过程。根据 Drees 和 Heugens（2013）研究，协调与合作正是企业解决资源依赖性问题的主要方法之一。创新的本质对已有资源进行重新整合（Myhren 等，2018）。因此，数量足够且有价值的资源是创新成功的基本前提。相比于企业的其他生产和运营活动，企业创新活动对外部资源的依赖性更大。相关调查表明，企业的创新思想来源中，顾客占 50%，分销商占 18%，供应商占 7%（Verworn 等，2000）。已有研究已表明，顾客的需求信息、消费体验、经验知识以及供应商的专业技术能力等对服务创新的数量和质量均有积极的促进作用（Ordanini 和 Parasuraman，2011；简兆权等，2018）。因此，企业服务创新对顾客和供应商拥有的资源具有依赖性，而与服务型企业相比，制造企业已有的资源和经验惯性等大都聚焦于技术创新和新产品开发，企业本身缺少服务创新经验，也缺少服务创新所需资源。相对于服务型企业，制造企业在服务创新过程中更加关注外部整合和跨界搜索。基于以上分析，本研究用资源依赖理论来分析中国制造企业服务化过程中的外部组织整合行为，并从资源获取和创造性复合的视角来探索外部组织行为对服务创新绩效的影响机理。

3.1.2 开放式创新理论

（1）开放式创新概述

“开放式创新”（open innovation）是作为传统的“封闭式创新”（close innovation）范式的对立面出现的，其首次正式提出是在Chesbrough（2003）的重要著作《*Open Innovation*：*The New Imperative for Creating and Profiting from Technology*》中。之后，开放式创新迅速引起了实践界和学术界的广泛关注，开放式思维成为组织开展创新实践和理论研究的主流创新逻辑。开放式创新的一个基本假设是组织边界是可以渗透的，知识是可以跨界自由流动的。在此假设下，开放式创新的核心思想是任何组织或个人的内部知识或资源都是有限的，在创新过程中应该要开放组织边界，更多地利用外部知识或资源，同时也适当地将内部知识推向外部，通过知识或资源的跨界流入和流出来推动和加速内部创新，拓展新的外部市场（Chesbrough，2003；Chesbrough 和 Crowther，2006；Bogers等，2018）。根据资源的流动方向，开放式创新分为内向型开放式创新和外向型开放式创新。内向型开放式创新是指企业通过跨界搜索和外部整合，有目的地促进外部互补性的知识和资源流入企业，推动企业内部创新。内向型开放式创新能够扩大企业创新来源，增加创新成果的丰富性，为顾客创造范围经济（Chesbrough，2011）。外向型开放式创新是指企业通过外部渠道有意识地推广自己的技术或知识，扩大其应用范围，提升其商业化价值，从而创造规模经济（Chesbrough，2011）。

2011年，Chesbrough在另一重要著作《Open Services Innovation：Rethinking Your Business to Grow and Compete in A New Era》中将开放式创新引入服务研究领域，提出“开放式服务创新”，并从万事皆服务、合作创新、开放式创新和商业模式创新四个方面构建开放式服务创新的基本理论框架。他在该著作中提出，为了跨越“产品化陷阱”，制造企业需要跳出产品主导逻辑，从服务的角度来重新思考企业的生存与发展，与顾客协同合作，并让顾客积极参与企业的创新过程，通过开放组织边界来推动和深化服务创新，最终通过商业模式转型来实现创新成果的商业化。企业开放式服务创新的外部协作对象不仅包括顾客，还包括供应商和其他利益相关者（张红琪和鲁若愚，2014；Chesbrough，2017）。内向型开放式创新是开放式服务创新的主要方式。通过与顾客、供应商和其他利益相关者协同合作，企业可以构建开放式的创新网络，有目的地整合更多有利于服务创新和开发的外部资源。

（2）开放式创新理论与本研究的关系

开放式创新的基本逻辑是突破传统的组织边界，在开放的网络环境中与顾客、供应商等外部组织合作，广泛获取互补性资源，弥补企业自身创新资源不足的缺陷。由于服务具有异质性、易逝性、整合性等特征，相比于产品创新，服务创新具有更高的交互性和协同性，而相对于服务型企业，服务型制造企业要兼顾产品业务和服务业务，同时开展产品创新和服务创新，其内部的服务创新资源相对更加缺乏，更加需要从外部获取服务创新所需资源。因此，本研究基于开放式创新理论来探索制造企业服务创新的前置因素，分析外部组织整合对服务创新绩效的具体影响机制。

3.1.3 复合基础观

(1) 复合基础观概述

复合基础观是战略管理领域中基于东方文化背景提出并发展的前沿理论之一。战略管理理论经过几十年的发展，逐渐形成了相对完整的理论体系，包括基于组织外部环境提出的产业组织理论、基于组织内部资源能力提出资源基础理论、基于组织内部资源与外部环境匹配的动态能力理论等。西方战略管理理论来源于西方发达经济和成熟市场的企业实践，根植于西方经济学和西方哲学体系，强调只有 VRIN 型资源（即具有高价值、稀缺、难以模仿和难以替代等特征的资源）以及在此基础上形成的核心能力才能给企业带来竞争优势。然而，产生并成长于新兴经济市场的中国企业，与国际市场的竞争对手相比难以拥有 VRIN 型资源。而且，与强调“唯一性”西方文化不同，东方文化更强调“变化”“均衡”“兼得”“天人合一”等（陆亚东等 2015）。众多学者发现，由于中国独特的制度环境、经济环境和文化背景，西方管理理论难以应用于中国企业的管理实践（Nisbett，2003；Tsui 等，2006；陆亚东等 2015）。Nisbett（2003）认为中国企业更倾向于整体和系统性思维，对多种战略进行整合和折中，以便于兼得各种利益。陆亚东等（2015）认为本质上为“强者”而设的西方战略管理理论在很大程度上并不适用于东方文化背景下成长且资源能力特征不显著的中国企业。因此，应该要发展具有东方文化背景的管理理论或管理范式。

在西方战略管理理论基础上，陆亚东教授综合考虑东方文化背景、新兴市场特征及其企业的实际情况，2012 年 5 月在剑桥大学的一次演讲中首次提出“复合基础观”的思想。之后，陆亚东和孙金云（2013，2014）在《管理世界》上发表两篇论文，对复合基础观的概念、内涵以及如何提升企业复合式能力进行了详细论述，还通过实证研究分析了复合基础观的内外部动因，并验证了复合式战略会显著正向影响企业竞争优势。

复合基础观是指企业通过对自身拥有或外部可购买的资源与能力进行创新、整合地运用、提供具有复合功能特征的产品或服务，用复合竞争的手段获取、创造出独特的竞争优势或发展路径（陆亚东和孙金云，2013）。陆亚东和孙金云（2013，2014），Luo 和 Child（2015）提出现代企业创造价值并不仅仅是某种核心能力或异质资源的运用，而是一系列资源和能力整合后发挥的综合作用。某些企业特别是发展中国家的中低端企业并不具备明显的核心竞争力，但依靠其对组织内外部资源整合的速度和效率，也可以获取卓越的组织绩效。

复合基础观是资源基础观、知识基础观和动态能力观等现有战略理论的发展与延伸。它并不否认拥有高价值、稀缺、难以模仿和不可替代性的资源对企业绩效的重要作用，而与关注资源内生性构建，追求独特能力、资源优势和产品差异化特征的资源基础观相比，复合基础观更强调对普通资源进行创造性整合运用，通过内生性和外生性相结合的逻辑构建创新所需资源，在低成本和差异化中做到变化均衡和二者兼得，追求相对于竞争对手更快的市场响应、更高的性价比以及更广的市场覆盖面，最终带来组织绩效的提升（陆亚东和孙金云，2013），具体的差异性对比见表 3-1。

表 3-1 复合基础观与资源基础观的差异性对比

	资源基础观	复合基础观
资源特征	占有高价值、稀有、难以模仿和无法替代的核心资源	对普通资源的创造性复合运用
资源构建逻辑	大量研发投入；品牌创造和保护；专利或知识产权驱动；差异化创新；市场开发和产品开发投入	模仿式创新；公开市场购买；标杆定点超越；创造性应用；独特的整合能力；敏锐的市场眼光
业务战略特征	以差异化和利基优势为主要特征；以高价格弥补高成本、高投入（特别是研发和广告投入）；重视品牌	以成本优势为基础，整合其他竞争手段；更高的性价比；更快速的市场响应速度；规模经济和范围经济；中低端市场为目标；较少关注和投入品牌

资料来源：陆亚东和孙金云（2013）。

复合基础观的内涵包括复合式提供、复合式竞争和复合式能力三个方面，如图 3-1 所示，复合式提供是载体、复合式竞争是手段、复合式能力是动力，三者相辅相成、互相促进。

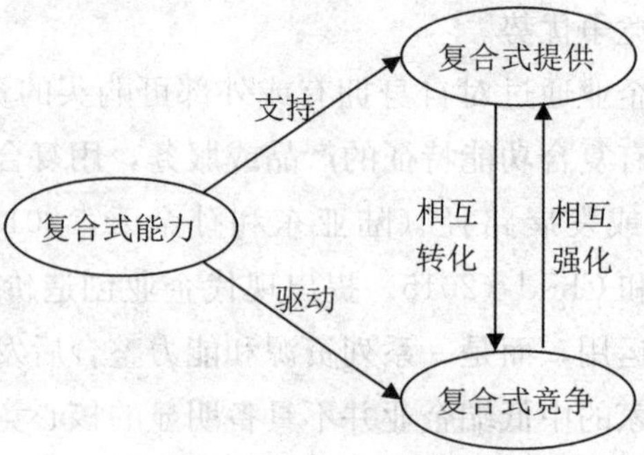

图 3-1 复合基础观的内涵

资料来源：陆亚东和孙金云（2013），根据本研究需要对原图有修改。

复合式提供是指企业为满足顾客多元的个性化需求而提供的具有更多复合功能的产品、服务组合或综合解决方案。与单一的产品或服务相比，集成各类产品和服务而成的组合或解决方案能够低成本满足顾客的多元化需求，使直接面向顾客的前台执行定制化，而后台的构件生产过程中执行标准化程序操作，实现范围经济与规模经济的组合（Chesbrough，2011）。Vandermerwe 和 Rada（1988）、Wise 和 Baumgartne（1999）等学者也提出制造业服务化，即制造企业在产品的基础增加服务，为顾客提供产品与服务的组合（即产品服务系统）来满足顾客的日益提升的价值需求。复合式提供有助于提高企业内部组织运营的柔性，不仅能够获得 ODM（Original Design Manufacturer）和 OBM（Orignal Brand Manufactuce）所带来的高收益，还可以获取 OEM（Original Design Manufacturer）所具备的成本领先优势（Luo 和 Child，2015）。

复合式竞争是指企业采用组合式的竞争手段并将这些手段有效地整合在价值创造中，实现比竞争对手更高的性价比。Porter（1980）提出总成本领先战略、差异化战略和集中战略是企业三大基本战略，企业可以从中选择一种来获取竞争优势和企业成长。陆亚东和孙金云（2013）指出对于经济发展相对落后的发展中国家企业而言，单独选择差异化战略缺乏必要的技术和品牌优势，单独选择集中战略又不能与本国庞大的中低端市场相适应，因此最合适的选择就是以成本优势为基础、结合其他竞争手段的复合式战略。这些企业可能在价格、设计、质量和服务等单个方面不具备特别大的优势，但通过充分利用外部资源并对其进行创造性复合，通常可以取得更高的综合性价比和更高的顾客满意度。

复合式能力是复合式提供和复合式竞争的支撑基础，指企业能够协同整合来自其内部和外部现有资源的独特能力，它是复合式提供和复合式竞争的支撑和基础。Kogut 和 Zander（1992）强调整合能力对知识创新和组织绩效的重要作用。服务主导逻辑认为一切经济主体都是资源整合者，价值网络中各参与主体在彼此互动中整合资源、彼此服务并共同创造价值（Vargo 和 Lusch，2004，2006，2008），因此资源整合能力对价值创造具有关键作用。陆亚东和孙金云（2013）认为新兴市场企业的模仿式创新是一种复合能力，企业家能力、商业模式、网络资源和组织适应性的复合是一种复合能力，产品创新、过程创新和管理创新的复合也是一种复合能力。他们还提出复合式能力提升的“LEARN”模型，指出领导力视野、企业家精神、市场熟悉程度与快速响应、竞合共生网络和结构柔性等五个方面来提升复合式能力。

复合基础观并不是对资源基础理论和动态能力理论等已有主流战略理论的否定和排斥，而是融合东西方管理思想和实践的新范式，是从复合的视角对已有战略范式的全新诠释（陆亚东和孙金云，2013，2014）。资源基础观强调企业应该努力占有稀缺并且难以模仿的价值性资源，不断调整和重新配置这些资源以应对不可预测的动态环境，而复合基础观则强调企业的竞争优势并不完全在于所拥有资源或能力多么稀有和难以模仿，更重要的是通过外生性和内生性资源结合来有序构建能力集合体，整合外部可获取的资源，将其加入不断变化的内部资源中，并对现有资源进行创新性复合，逐渐形成特殊的成本优势和速度优势（陆亚东和孙金云，2013，2014）。复合式能力并不是对动态能力的否定，而是在其基础上进行的发展，其表达的资源整合内涵更为丰富，两者异同见表 3-2。

（2）复合基础观与本研究的关系

与资源基础观等西方战略理论相比，复合基础观更适合于快速发展的新兴市场环境，特别是仅具有普通资源、规模和能力均处于相对劣势的中低端市场，更强调对外部资源的吸收以及与内部资源进行创新性整合运用的速度和效率，并通过复合能力为顾客提供复合式的产品服务组合（陆亚东和孙金云，2014）。制造企业服务化战略就是制造企业为满足顾客多元的个性化需求，由产品制造商逐渐转向“产品+服务”型综合解决方案的供应商（Kowalkowski 等，2017），正符合复合基础观的“复合”理念。制造企业服务创新与单独的产品创新不同，与服务企业开展的服务创新也存在较大差异。制造企业服务创新是以产品为基础来开展的，其创新成果体现在“产品+服务”组合中，其实质就是一种复合式提供。朱卫平等（2016）认为在资源相对稀缺的中国市场环境下，企业要从占据核心资源和能力的独占性思维转变为复合利用普通资源的整合性思维，通过对普通资源和能力的重构来创造竞争优势。另一方面，制造企业通过服务创新向顾客提供的是一种复合的系统性服务，需要多个要素之间的协调配合。对于复合的产品服务提供而言，整合能力是关键，要求企业内部各职能部门之间、企业与外部的利益相关者之间的资源进行互补整合（盘和林，2015）。因此，本研究基于复合基础观理论来分析中国制造企业服务化过程中外部组织整合对服务创新绩效的影响机理。

3.2 外部组织整合与服务创新研究综述

3.2.1 外部组织整合的概念与内涵

（1）组织整合

组织整合的关键词是“整合”，这一词可以追溯到现代经营管理之父亨利·法约尔（Henri Fayol）在其代表作《工业管理与一般管理》中对管理要素描述的“协调”和“合作”，他认为组织内各部门之间应该定期协调关系，彼此分享信息，并通过合作来解决共同关注的问题。之后，管理学领域的众多学者从不同角度研究与整合相关的组织行为，主要包括以下三类：①从整合目的角度强调相互结合和统一；②从整合过程强调组织间信息分享、合作协调和共同参与；③从供应链管理角度强调组织内外部供应链的顺畅流通。

早期研究大多从组织内部各职能部门间的沟通、协调与合作来描述和定义组织整合，强调子系统通过协作形成统一整体，从而促进整体绩效的提升。Kahn和McDonough（1997）认为组织整合就是通过部门间的持续互动和合作，促使不同职能部门融合成为一个紧密组织的过程。Barki和Pinsonneault（2005）将组织整合定义为职能不同且相互依赖的组织成分（organizational components）构成统一的整体程度。Chen等（2009）认为，组织整合就是将组织内或不同组织间的主要商业功能和管理流程整合成为一个紧密连接的商业模式而使其具有更好的商业效果。肖德云和田雨（2018）认为，组织整合就是企业对组织及其内在联系进行重组并形成新的一体化过程。

后期研究基于社会网络理论、资源依赖理论和生态系统理论，将组织整合范围从内部整合扩展到外部整合。不仅强调组织内部各职能部门间的协调合作，更强调不同组织之间的关系协调和信息共享。企业在创新研发和生产运营中与外部组织间建立并维持紧密连接，不仅可以弥补自己资源或能力上的差距，还可以提升运营效率（McDermott和O'Connor，2002）。Koufteros等（2010）认为组织整合包括了内部整合和外部整合，其中内部整合指组织内部的并行工程，外部整合包括了顾客整合和供应商整合，顾客整合包括确定顾客需求并制定相关的内部活动以满足这些需求；供应商整合指企业与供应商，特别是关键供应商之间建立战略合作关系，这种战略合作关系具有长期承诺、开放沟通和相互信任等特征。Jap（1999）在对买卖双方的合作关系研究中分析了企业的外部整合行为，认为外部组织整合就是存在买卖关系的双方为获取策略性结果而进行的跨组织协作过程。Millson 和 Wilemon（2002）在其组织整合与新产品开发的市场绩效研究中，将组织整合定义为组织内外部的新产品支援队伍（support groups）与新产品开发团队（development team）之间的沟通与协作程度，并认为组织外部的整合主要包括对顾客和供应商的整合。Homburg 和 Kuehnl（2014）也认为组织整合就是产品或服务创新过程中不同利益相关者之间的合作与沟通。

运营管理领域的众多学者从供应链管理角度，重点研究企业与供应链上下游组织之间的组织整合。强调通过整合不同组织、不同职能部门的活动来打破组织壁垒，促使信息流、资金流和物流在供应链上的顺畅流通。供应链是直接参与产品、服务、资金和信息从源头流向顾客等活动的众多组织或个体的集合（Mentzer 等，2001），这些组织在供应链上形成上下游供求关系。Mentzer 等（2001）认为企业与顾客和供应商之间的信息分享、协同合作、风险与报酬分担等整合行为是企业供应链管理的重要内容。Flynn 等（2010）认为供应链整合就是指企业与供应链伙伴进行战略合作、协调管理组织内外部流程的程度，包括了内部整合、顾客整合和供应商整合。另有学者提出，由于服务的高交互性和高协同性，服务运营和开发背景下的组织整合要明显区别于产品运营和开发情境下的组织整合。简兆权等（2013）认为在产品供应链整合所关注的“三流合一”（即信息流、资金流和物流）基础上，服务供应链整合还要增加服务流和价值流，因此将服务供应链整合定义为以服务集成商为核心，对服务提供商、服务集成商以及顾客的资源、知识、能力和流程等进行整合，最终实现信息流、资金流、物流、服务流和价值流的顺畅流通。

（2）外部组织整合

随着全球分工的不断深入，企业运营和创新模式日益开放，合作共赢成为企业与外部组织之间关系的常态。因此，外部组织整合成为实践界和学术界关注的焦点之一。因为越来越多的企业将部分产品开发活动外包给供应商，而顾客对产品的个性化要求也越来越高，Koufteros 等（2010）认为相对于内部整合，外部整合在创新开发中的作用更为重要。Horn 等（2014）认为外部组织整合就是通过互动和协作实现彼此期望的结果，并且从社会资本视角将外部组织整合视为企业与供应商间的社会资本整合过程。在此过程中，组织间相互依赖、交互信息并共同解决问题。简兆权等（2018）在其外部组织整合对新服务开发绩效的影响研究中，将外部组织整合定义为企业为获取合作过程中的利益，而与顾客、供应商及其他利益相关者进行信息分享、组织间关系协调和共同参与的行为。

外部组织整合是一个多维度的概念。部分学者根据整合过程中的行为和内容来分析外部组织整合并以此为基础进行维度划分。Millson 和 Wilemon（2002）、吴家喜和吴贵生（2009）、简兆权等（2018）等均重点分析了外部组织整合过程中组织间的信息分享、关系协调和共同参与，并从以上三个方面来划分外部组织整合的维度。更多学者根据整合对象来划分外部组织整合的维度。Flynn 等（2010）、Wong 等（2011）、Zhao 等（2013）、Chang 等（2016）、Ataseven 和 Nair（2017）等众多研究者认为，顾客和供应商是企业最关键的外部利益相关者，它们是企业需要进行整合的重要对象，因此从整合对象视角将外部组织整合划分为顾客整合和供应商整合两个维度。

全球采购和业务外包日益盛行，企业对供应商的依赖也随之不断增强，企业在日常运营和创新开发过程中逐渐加强对供应商的整合。Petersen 等（2005）、Horn 等（2014）重点从供应商视角分析企业的外部组织整合行为，将供应商，特别是存在长期稳定合作关系的供应商，视为组织内部重要职能部门的延伸。Zhang（2016）则从服务主导逻辑视角将外部相关组织或个体视为服务供应网络的组成成员，企业通过与这些服务供应者进行网络互动来获取创新所需资源。韦铁和鲁若愚（2011）、张红琪和鲁若愚（2010）等着重分析了供应商参与服务创新的过程，提出供应商参与就是供应商为了双方共同的利益，在创新产生、创新概念开发、创新设计、创新生产、创新评价等服务创新的各个阶段提供创新所需资源、实现创新任务、完成责任并最终提高服务创新绩效的过程，其具体行为可以是供应商为企业提供的一些小想法或者仅仅是抱怨，也可以是执行相对独立的开发任务等。

另有部分学者重点关注了企业运营和创新发展中的顾客整合，这部分研究大多基于服务主导逻辑和价值共创理论来对分析顾客在企业创新中的重要作用，强调顾客提供的需求信息、体验知识和个体经验对企业创新成功具有重要作用。顾客和他们的经验知识是企业动态的操作性资源（dynamic operant resource），在企业探索和开发新服务过程中发挥重要作用。因此，顾客也应成为重要的价值共同创造者（Vargo 和 Lusch，2004，2008）。Etgar（2008）、Dabholkar 和 Sheng（2012）、Mustak 等（2013）等认为顾客整合体现为顾客对产品或服务从开发到运营过程中的参与程度，具体是指顾客此过程中所提供有形或无形的资源，包括精神上的、体力上或情绪上的投入。Chavez 等（2015）则将顾客整合视为高阶“买方-卖方”关系，并从社会资本视角将这种关系视为一种社会结构，企业通过这种社会结构能够获取有益的社会资本。

此外，有关顾客整合的范围，不同研究给出了不同的结论。部分研究，如 Mustak 等（2013）、杨学成和陶晓波（2015）、吉峰等（2016）认为，在互联网和大数据背景下，企业应该要借助于社会化媒体广泛建立链接，不断扩大顾客整合范围，形成粉丝经济。另有研究则持有与此不同的观点，Gimenez 等（2012）认为在信息爆炸的大数据时代，广泛而深入的顾客整合不仅实施难度很大，成本还很高，收益却往往难以达到预期，因此，企业应该集中资源整合能提前察觉市场需求的领先顾客，以及需求变化快、个性化要求高的顾客。

结合已有相关研究对外部组织整合概念和涵义的描述，以及本文的研究背景，本研究将从顾客整合和供应商整合两个维度来细分外部组织整合，并进一步从信息分享、关系协调和共同参与三个方面来分析服务型制造企业在服务创新过程中的顾客整合和供应商整合。其中，顾客整合是指企业与顾客，特别是能够提前察觉市场需求的领先顾客，进行密切合作、信息分享以及共同参与的行为；供应商整合是指企业与主要供应商进行协调合作、信息分享和共同参与，以实现更合理的生产规划和市场预测，以及更高效的流程设计和交易管理。

3.2.2 外部组织整合与服务创新的关系

外部组织整合对企业创新的影响关系已成为战略管理和创新管理领域的重要研究内容，具体研究内容包括以下方面。

第一，从创新来源来看，外部组织整合扩大了企业创新主体，促进企业与利益相关者之间的价值共创。

随着技术发展速度日益加快及其复杂性程度的不断提高，单个组织无法仅凭自己内部资源和能力来有效组织创新与开发（Agarwal 和 Selen，2009）。互联网和物联网等新一代信息与通信技术发展应用的推动下，对于企业来说，更多的资源、更低的成本、更大的利润都有可能从外部获取（李海舰等，2014）。Verworn 等（2000）通过调查发现企业的创新思想来源于多个渠道，其中顾客占 50%，分销商占 18%，员工占 11%，公司领导者、供应商及竞争者各占 7%。对 IBM 关于创新来源的内部调查结果则表明，有 83%的人认为 IBM 创新来源是企业合作伙伴，有 36%的人则将顾客作为创新来源（张红琪和鲁若愚，2010）。因此，企业创新模式更加开放，创新不再局限于组织内部的生产运营，而来自网络成员的联合行为（Lusch 和 Nambisan，2015），企业创新的多主体参与特征日益明显（简兆权等，2013）。

首先，作为创新成果的最终消费者和评价者，顾客被视为重要的创新主体，顾客参与也是顾客整合的重要表现形式。大量研究成果显示，顾客参与可以降低创新市场风险、减少创新成本、降低价格敏感度、提高顾客的感知控制、影响服务失败归因并提高服务补救效果等（Kristensson 等，2002；张红琪和鲁若愚，2010；Ordanini 和 Parasuraman，2011；卢俊义和王永贵，2011；Feng 和 Sivakumar，2016；范秀成和杜琰琰，2012；胡有林和韩庆兰，2018）。Cui 和 Wu（2016）认为顾客是企业创新过程重要的信息来源，也是企业新产品或新服务的联合开发者，甚至是独立的创新开发设计者。陶晓波等（2019）的实证研究表明，信息来源型、联合开发型和独立研发型等三类顾客在创新过程中的参与都会显著提升企业创新能力，进而提高企业创新绩效。Ordanini 和 Parasuraman（2011）认为顾客参与能够提升企业生成新服务理念的能力，其实证研究结果表明，顾客参与对企业服务创新的数量有显著的正向影响。Kristensson 等（2002）研究表明，顾客参与是促进服务创新最终成功的重要因素，企业需要构建有效的顾客参与机制，积极引导顾客参与服务创新和开发的各个阶段。Matthing 等（2004）通过实验研究发现，消费者的服务理念在创意和用户价值方面比专业人员更具创新性，有顾客参与的服务创新绩效明显高于纯粹的专业服务开发团队，因此在新服务开发过程中让顾客参与并向顾客学习是非常必要的。卢俊义和王永贵（2011）认为顾客参与服务创新丰富了顾客知识转移的内容，提高了知识转移的效果，进一步提高服务创新绩效。张红琪和鲁若愚（2014）认为顾客参与企业服务创新的程度越深，越多本该由企业内部完成的工作移至顾客完成，从而可以减少创新成本。

此外，也有学者认为顾客参与服务创新和新服务开发过程也会产生不利影响。Hsieh 和 Yen（2005）认为顾客参与会增加顾企双方的经济成本和心理成本，从而增加服务创新过程结果的不稳定性。与此研究类似，Chan 等（2010）

研究也表明，顾客参与会受到其与企业之间文化差异的影响，文化差异较大时往往会增加企业内部员工的工作压力，产生一些负面的影响。刘德文和高维和（2019）研究了顾客参与对企业员工创新意愿的影响机制，发现顾客参与不仅会增加企业员工的工作负荷，还会减少员工的组织认同感，从而抑制了员工的创新意愿。范秀成和杜琰琰（2012）综合考虑各因素，将顾客参与视为一把“双刃剑”，在带来积极作用的同时，也会带来不利的影响，例如顾客参与会导致服务过程中的不确定性加大、影响服务开发和提供的效率、顾客易受员工情绪感染而影响其体验效果等。

其次，在合作共赢的经营理念下，供应商整合表现为供应商参与了服务的创新开发到传递给顾客的整个过程，成为创新战略的共同实施者，是服务创新的重要来源和参与主体（简兆权等，2013；杨洋等，2016；Vanpoucke 等，2017）。在较高水平的供应商整合水平下，供应商不再仅仅提供原材料或服务内容的某部分，而是对满足特定功能的某个子服务系统负责，已从单纯的产品和服务供应者转变为创新过程中的重要合作伙伴，是服务创新思想的重要来源（Birgit，2000；韦铁和鲁若愚，2011）。胡林辉（2012）认为供应商参与创新已成为一种重要的合作创新的组织形式，在供应商参与过程中，供应商能力（技术能力和合作能力）、双方合作关系、供应商的参与策略（参与时机与程度）会对创新开发的项目绩效和市场绩效产生显著的正向影响。杨洋等（2016）也认为供应商是企业服务创新思想的重要来源，供应商参与服务创新可以提供与企业目标相吻合的创新建议，还可以提供对服务开发有重要意义的新技术，对企业服务创新绩效有明显的提升作用。

然而，也有学者发现，供应商的参与可能会给服务创新带来不利的影响和风险。例如，Mikkola 和 Skjoett-Larsen（2003）认为企业创新过程中的供应商参与会给企业带来不利影响，具体包括增强企业对供应商的依赖性、失去自己的专有知识、使竞争对手更易于复制或获取关键技术等。张红琪和鲁若愚（2010）也提出供应商参与会增加创新管理难度，同时还会带来知识产权的风险，而战略性供应商的高度参与会使企业对其的依赖性过大，从长期来看会给服务创新绩效带来负面影响。Homburg 和 Kuehnl（2014）在其研究中提出，企业在创新过程中与外部组织合作会带来知识产权保护、知识溢出、合作方机会主义风险等问题。他们还指出，寻找合适的合作企业、合作创新过程中的协调和监测等也会增加创新成本等。

从资源整合来看，外部组织整合促进了资源跨界流动，有利于企业广泛利用外部创新资源，提高服务创新绩效。

创新是对资源进行重新配置和应用的结果。因此，能够获取一定数量和质量的资源是企业创新的根本前提。然而，单个企业自身拥有的资源是非常有限的，无法满足日益复杂的产品或服务创新需求。因此，企业必须要构建社会网络并积极与外部组织建立联系，从外界持续获取互补性资源（Ahujs，2000）。基于此，部分学者从资源整合角度来分析外部组织整合的动因及其给企业创新带来的影响。

企业为了从外部组织获取创新所需资源，首先需要外部搜索，然后还要通过市场交易。在此过程中，信息不对称、高交易成本、不完全竞争等成为企业获取外部资源的阻碍，同时也成为外部组织整合的动因。Zhao 等（2008）指出企业通过与供应商、顾客之间的信息共享、同步规划和共同解决问题过程，可以解决供需信息不对称问题，同时还可以降低交易成本。简兆权等（2013）将组织整合动因归纳为成本、竞争、风险和信息，具体来看，企业通过外部组织整合可以获取创新所需资源，通过内外部资源的整合和组织间的信息共享能够减少市场竞争中面临的风险。

知识是企业最重要的资源，相比于实体资源，知识具有明显的内嵌性特征，而服务创新通常更多地依赖于具有网络内嵌性的隐性知识（白鸥等，2015）。这些隐性知识甚至通过整合能够直接成为新服务的一部分（Rusanen 等，2014）。已有研究表明，企业有效实施外部组织整合战略，通过与顾客和供应商的信息分享、关系协调和共同参与等能够扩大外部知识获取的广度和深度。Rusanen 等（2014）、范钧和高孟立（2015）研究均表明，在信息共享情境下，供应商和顾客会持续提供自己特有的知识，企业可以从外部获取更多知识，特别是经验技能、创新研发能力等内嵌性的隐性知识。Lusch 和 Nambisan（2015）、白鸥等（2015）研究则从网络治理角度提出，积极协调组织间关系并构建关系规范和信任，能够提高企业与合作组织间的信任和互惠期望。而组织间的信任不仅可以降低知识传递过程中的漏损风险（白鸥等，2015），还对企业获取外部显性知识和隐性知识均有显著的正向影响（谭云清，2017）。简兆权等（2018）研究表明，企业通过与顾客、供应商等关键合作伙伴之间的信息分享和组织间关系协调以及共同参与服务创新开发过程，可以扩大创新所需知识特别是内嵌性隐性知识的广度和深度，进而促进新服务开发绩效的提升，其实证研究结果也证实知识获取是外部组织整合与新服务开发绩效的中介机制。

虽然已有相关研究在分析外部组织整合对服务创新绩效的积极影响的同时，也会提到创新过程中外部组织整合带来的负面影响或可能存在的风险，但大部分实证研究均支持了两者之间的正向线性影响。例如，Kristensson 等（2002）、Matthing 等（2004）、张若勇（2010）、张红琪和鲁若愚（2014）等均以服务型企业为研究对象分析其服务创新的多主体参与性。其研究表明，顾客、供应商均是企业服务创新重要的参与主体，这些组织的参与会促进创新绩效的提升。Ordanini 和 Parasuraman（2011）从创新数量和创新程度两方面来分析服务创新绩效，从服务主导逻辑视角分析服务创新中的协作机制，其实证结果表明顾客协作显著正向影响服务创新数量，合作伙伴协作则对服务创新程度有显著的正向影响。王琳和魏江（2009）研究表明顾客互动程度对新服务开发绩效的影响表现了阶段性差异。与中期相比，前期和后期需要更大程度的顾客互动和客户资源获取。另有个别研究表明，外部组织整合与服务创新绩效间并不只是静态的正向影响关系，而是在某些变量的调节下呈现动态影响关系。例如，李海刚等（2014）从组织学习视角分析了顾客参与对服务创新绩效的影响机制，研究结果表明，顾客参与对服务创新绩效的正向影响受到企业组织学习能力的正向调节作用。简兆权等（2018）从知识管理视角分析外部组织整合对新服务开发绩效的影响机理，其实证结果表明，外部组织整合与新服务开发绩效间的关系受到企业吸收能力的正向调节作用。与以往研究不同，Homburg 和 Kuehnl（2014）认为外部组织整合与服务创新开发之间并不是单纯的正向或负向线性关系，而有可能存在复杂的非线性关系。他们通过实证研究发现，顾客整合与服务创新绩效之间呈现倒 U 形关系，而合作伙伴间协作对服务创新绩效存在显著的 U 形影响关系，因此会存在最佳的外部整合水平。

综上所述，外部组织整合的研究源自对企业经营和创新过程中对资源整合和对外部组织资源依赖的关注，并逐渐形成不同的概念内涵，主要包括以下两类。第一类是基于社会网络理论、资源依赖理论和服务主导逻辑从外部组织整合的具体内容和过程展开研究，强调整合过程中的跨组织间信息分享、组织间关系协调和多主体共同参与（Jap，1999；Millson 和 Wilemon，2002；吴家喜和吴贵生，2009；简兆权等，2018）。第二类是基于开放式创新理论和供应链管理理论研究对顾客和供应商等某类具体组织的整合，强调组织边界模糊、资源跨界流通和协同统一（Flynn 等，2010；Wong 等，2011；Zhao 等，2013；Chang 等，2016；

Ataseven 和 Nair，2017）；尽管对不同对象的整合内涵和行为过程基本类似，然而，不同对象的整合对企业绩效的作用机制却是不同的（Zhao 等，2013）。为了对外部组织整合有一个更全面和整体的分析，本研究认为有必要将上述两类研究内涵进行综合。基于此，本研究认为外部组织整合包括顾客整合和供应商整合，其中顾客整合是指企业与顾客，特别是能够提前察觉市场需求的领先顾客，进行密切合作、信息分享以及共同参与的行为；供应商整合是指企业与主要供应商进行协调合作、信息分享和共同参与，以实现更合理的生产规划和市场预测，以及更高效的流程设计和交易管理。

外部组织整合对企业创新的影响关系及其具体的影响路径，得到了战略管理和创新管理领域众多学者的关注。通过对相关研究的梳理可以发现，积极营造开放的创新环境，构建协调合作的外部组织关系，持续与顾客和供应商等利益相关者互动和协作，不仅可以扩大创新来源、获得外部资源、提高创新效率、减少创新成本，还可以降低创新风险、提高市场接受度等（Kristensson 等，2002；Matthing 等，2004；张若勇，2010；张红琪和鲁若愚，2012；白鸥等，2015；范钧和高孟立，2015；Konu 和 Komppula，2016；简兆权等，2018）。从具体影响路径来看，主要从知识管理视角分析知识获取（范钧和高孟立，2015；简兆权等，2018）、知识整合（王琳等，2015）、吸收能力（Mennens 等，2018）等在外部协作与创新绩效间的中介机制。

3.3 复合式能力研究综述

3.3.1 复合式能力的提出

企业竞争优势和绩效产生的来源一直是实践界和理论界关注的焦点。早期以波特为代表的产业组织理论学派从宏观或中观层面关注企业所处的行业或产业特征，着重于“结构——行为——绩效”（S－C－P）战略管理范式，构建“五力模型”塑造有利的产业结构，而企业绩效表现为企业与上下游的供应商、顾客以及同行业现有或潜在竞争者等五方力量相互竞争的结果（Porter，1980）。Porter（1980，1985）认为，影响企业竞争优势进而影响企业绩效的因素有以下两个：企业所处行业的盈利能力（即行业的吸引力）和竞争地位（即企业在行业中的相对地位）。根据产业组织理论，企业要获得高绩效就必须选择有一个吸引力的行业，并从成本领先战略、差异化战略和集中化战略等三大基本战略中选择其中一种，通过该战略在行业中占据相对有利的竞争地位。

产业组织理论强调外部产业或行业环境在企业绩效上的主导作用，却无法解释为什么在面临相同外部市场条件的情况下，同一行业内企业间绩效依然存在差别这一问题。基于此，以 Wernerfelt、Barney 和 Rumetl 等为代表的学者们更多关注企业内部，强调企业内部资源获取和能力培养比外部环境更重要。Wernerfelt（1984）研究发现，企业可以通过识别与获得创新所需的关键资源赢得超额收益，并首先提出了“资源基础观”，明确提出企业内部资源是企业竞争优势和企业绩效最重要的来源。Barney（1986，1991）构建了资源基础理论的研究框架，对企业内部的一般性资源和战略资源进行了区分，指出企业竞争优势和价值增值的根本性来源是战略性资源，其包含以下特征：价值性、稀缺性、难以模仿性和不可替代性。

另有一些学者认为组织竞争优势或组织绩效并不是具体的资源本身所带来的，对所占有资源进行协调配置和整合运用的能力才是企业绩效的根本来源。这种关注从资源利用到企业绩效的过程，称之为能力基础观。能力基础观强调了能力在获取竞争优势和提高高企业绩效中的核心作用，并将能力定义为企业所占有的各种资源、技术和技能的复杂组合（Prahalad 和 Hamel，1990；Amit 和 Schoemaker，1993）。Prahalad 和 Hamel（1990）将组织内有关如何整理各种生产技巧和整合多种不同技术的能力称为企业的核心能力，企业核心能力具有价值性、稀有性、难以模仿性和难替代性等特征。核能能力观认为企业通过核心能力的运用实现价值增值并逐渐形成竞争优势，进而创造高企业绩效。

随着市场环境复杂动态性的日益增强，资源基础理论和核心能力理论的静态属性在指导实践上出现局限性，必须从动态角度研究企业的资源整合和核心能力（Teece 等，1997），由此开始关注企业动态能力。动态能力是指企业不断整合、建立和重构组织内外资源以应对快速变化环境的能力（Teece 等，1997）。动态能力强调企业要根据外部环境的动态变化而不断调整和重构自身资源和能力，因此可视为资源基础观在动态环境下的延伸（Volberda 和 Karali，2015）。众多学者认为动态能力是企业在复杂动态以及不可预测的环境中获得持续性竞争优势的关键（Teece 等，1997；Eisenhardt 和 Martin，2000；Wilhelm 等，2015）。Luo（2001）认为动态能力的构建、配置和升级对于那些实施国际化战略的企业同样能够获得竞争优势。

过去的三十多年以来，以中国为代表的新兴市场国家经济发展迅速，与国际竞争对手相比，在技术研发、生产组织、品牌经营等方面并不存在明显竞争优势的企业，例如联想、海尔、华为等，逐渐成长壮大并在国际市场上取得大规模扩张，实现逆势超越。以西方战略管理理论中“资源——核心能力——竞争优势——组织绩效”这一传统战略管理方式来分析，这些企业与国际市场的竞争对手相比，在资源的价值性、稀有性、难以模仿性和不可替代性等特征上并不占有优势，即在核心能力上不具显著的竞争优势，但是也获取了卓越的组织绩效，实现了组织快速发展和大规模扩张。起源于西方经济学并应用于西方发达经济管理实践的资源基础观和核心能力观在解释这些企业的成长和竞争优势构建时面临挑战（Tsui，2006；陆亚东和孙金云，2013）。这一现象引起了学术界的广泛关注，众多学者纷纷对中国特定情境下的管理实践展开研究，寻求“管理的中国理论”。

陆亚东和孙金云（2013，2014）、Luo 和 Child（2015）在研究以中国为代表的新兴市场国家企业发展的基础上，提出现代企业创造价值并不仅仅是某种核心能力或异质资源的运用，而是一系列资源和能力整合后发挥的综合作用。某些企业，特别是发展中国家企业，处于全球价值链的中低端，并不具备明显的核心竞争力，但依靠其对整合组织内外部资源的速度和效率，实现了价值的快速增值。基于此，陆亚东和孙金云（2013）吸收西方成熟战略管理理论，并对东方文化背景下的中国企业管理实践进行深入研究，提出以复合式能力为动力、复合式提供为载体、复合式竞争为手段的复合基础观。相应地，包括创造性复合和响应式创新的复合创新是适合中国企业的创新模式（孙金云和陆亚东，2017）。无论是复合式战略还是复合式创新，对已有资源进行整合运用的复合式能力均在其中起着重要的支撑作用。

3.3.2 复合式能力的内涵和形式

（1）复合式能力的内涵

复合式能力是指企业能够协同整合来自于其内外部现有的有形或无形资源的独特能力（陆亚东和孙金云，2013）。复合式能力的本质在于对内外部资源的整合和创新性运用。已有关于资源管理的相关研究一致认为促进企业高绩效的并不是资源本身，而是对资源的整合运用。Kogut 和 Zander（1992）强调整合能力对知识创新和组织绩效的重要作用。服务主导逻辑认为一切经济主体都是资源整合者，价值网络中各参与主体在彼此互动中整合资源、彼此服务并共同创造价值（Vargo 和 Lusch，2008），因此资源整合能力对价值创造具有关键作用。而随着外界环境的动态变化，被整合的资源也会相应地具有时效性（Eisenhardt 和

Martin，2000；Wang 和 Ahmed，2007），促使企业不断地整合和重构自身资源，这种能力即企业的动态能力（Teece 等，1997）。复合式能力是动态能力的发展，强调在更高阶的层面对企业能力的捕获、整合、提升和运用。因此，两者有共同的特征，也有不同之处，具体见表 3−2。

表 3−2　复合式能力与动态能力的异同

内容		动态能力	复合式能力
相同点	能力特征	都具有动态变化的特征，强调组织为适应外界而动态调整资源和能力。	
	资源整合	都强调资源整合和配置能力会中介资源与企业竞争优势的关系。	
	管理特色	都强调流程创新及与内外部动态环境的匹配。	
不同点	内涵维度	只从时间维度强调为应对外部环境变化而对资源进行动态整合。	不仅从时间维度强调资源整合的动态性，还从空间维度强调资源的外部识别获取和内部的组合使用。
	整合范围	更偏重内部现有资源的最优配置、以研促长。	不仅需要内部资源整合，更强调对外部资源的获取和复合运用，以合补短。
	测试维度	组织特有的、稀缺的核心能力的具备、利用和持续升级。	内外部可获得、可利用资源的创造性使用和整合。
	适用环境	有增长空间的中高端市场。	新兴市场快速发展的环境，特别是庞大的中低端市场。
	企业特征	具有较强的核心能力或优势，战略资源及差异化能力基础。	核心能力不明显或不占优势（大企业）或仅具普通资源的普通企业（中小微企业）。

资料来源：根据陆亚东和孙金云（2013，2014）、李云健（2017）的研究进行整理而成。

尽管“复合式能力”概念正式提出的时间尚短，但也引起了众多学者对它的关注。已有研究主要关注复合式能力与动态能力、组合能力的联系与区别，以及对企业绩效的影响作用。Volberda 和 Karali（2015）认为复合式能力是一种特殊的动态能力，并认为更适用于新兴市场企业的复合式能力强调对可获得的普通资源进行整合运用，因此与一般的组织能力存在明显区别。此外，他还从资源基础观视角将复合式能力视为企业的特殊能力，而对普通资源进行快速有效整合形成企业的竞争优势的复合式能力可以视作为企业的核心竞争力。Burton（2015）则认为相对于企业成长，复合基础观更关注企业在资源开放而又竞争激烈的情境下如何生存下去，因此复合式能力不仅对新兴市场企业非常重要，在发达经济下的中小企业也起到重要作用，这些企业面临激烈市场竞争而自身没有明显优质资源，必须快速整合外界资源并进行创新性的组合使用。朱卫平等（2016）认为在资源相对稀缺的中国情境下，企业要从占据核心资源和能力的独占性思维转变为复合利用普通资源的整合性思维，强调对普通资源和能力通过何种方式进行重构来创造竞争优势的过程。李云健（2017）认为在复合式战略导向下，复合式能力是决定公司复合式竞争和复合式提供这一策略能够走多远的前提和基础，而且，复合式能力能够有效推动企业开放式创新，并对企业创新绩效有显著的正向影响。

（2）复合式能力的体现形式

陆亚东和孙金云（2013）在深入分析企业管理实践后，认为复合式能力主要有三种不同的表现形式：第一种是模仿式创新能力；第二种是对企业家能力、商业模式、网络资源和组织适应性的复合能力；第三种是对产品创新、过程创新和管理创新的复合能力。

首先是企业的模仿式创新能力。模仿式创新概念的提出者 Levitt（1966）认为模仿式创新远比研发式创新更为普遍。在技术更新不断增速的外部环境下，模仿能够低成本地快速获取行业先进技术和服务方式，是克服抢占市场先机困难常用的方式（Lieberman 和 Montgomery，1998），也是新兴经济体中后发企业常用的技术获取方式（杜义飞等，2018）。许多成功企业都是由模仿创新起步并发展起来的。例如，华为、联想、小米、纳爱斯集团、中集集团等已在国际或国内处于领先地位的企业，在发展初期均采用过模仿式的创新方式，通过有效利用行业先进技术并与自身资源进行创新性整合运用来构建竞争优势，并在此基础上逐渐发展自身的研发能力，实现创新追赶和创新超越。模仿式创新能力是以模仿为起点，有选择性地对领先企业的先进技术、产品设计、组织管理、服务方式等进行吸收和学习，在此基础上将其与自身资源进行创造性的复合，为顾客提供具有更多整合功能的产品服务组合，进而构建企业自身的创新绩效（Lieberman 和 Asaba，2006；孙金云和陆亚东，2017）。

其次是企业对企业家能力、商业模式、网络资源和组织适应性的复合能力。新兴市场企业大多为后发企业，这些企业进入市场较晚，面临技术劣势和市场劣势，主要通过协同创新来实现创新追赶（刘洋等，2013）。在开放协同的创新导向下，企业对外部环境和机会具有极敏锐的洞察力，在开放式创新网络中能够快速获取创新所需资源，迅速学习并进行复合运用（李云健，2017；Luo 和 Bu，2018）。例如，小米公司及时察觉到移动互联网、物联网等新一代互联网技术带来的商业机会，借助于移动互联网和社会化媒体，采用“智能硬件+软件+服务”商业模式，通过APP软件将其提供的各类智能硬件连通起来，为顾客提供具有复合功能的产品服务组合。

最后是对产品创新、过程创新和管理创新的复合能力。相比于前两种形式的复合式能力，这种对产品、过程和管理等创新的复合更为高阶（陆亚东和孙金云，2013），对后发企业和领先企业的创新绩效均具有重要的影响（Birkinshaw等，2008）。例如上汽、吉利、比亚迪等为代表的中国本土汽车企业在与行业国际领先企业进行合作、合资、收购和并购等过程中不断获取技术创新、产品创新、流程创新和生产管理创新等知识，通过对以上知识的学习吸收，再结合自身实践经验在中国独特市场、技术和制度环境下进行创造性复合和响应式创新，突破了发展瓶颈，获得了快速发展。

3.4 相关研究总体述评

通过以上各节的文献梳理可以发现，尽管国内外已有众多学者对制造企业服务创新、外部组织整合和复合式能力分别做了较丰富的研究，但仍然还存在一些不足，有待进一步的理论探索和实证分析。

（1）制造企业服务创新研究已逐渐从对企业绩效的结果影响研究转向服务创新绩效的前因探索。但是，有关制造企业服务创新前置变量的研究主要从组织内部的服务创新过程（许晖和张海军，2015，2016；冯永春等，2016）和组织能力（许晖和张海军，2015，2016；Gebauer 等，2017；Story 等，2017；Mennens 等，2018）方面展开，且大都以案例探索研究为主，对组织外部协作与制造企业服务创新研究关系的关注较少，相关的实证研究更是缺乏。服务具有无形性、异质性、不可分离性和易逝性等与实体产品完全不同的特征。不同于技术创新和产品开发的服务创新过程和组织能力固然会成为影响制造企业服务创新绩效的重要前置变量。但是，需要注意的是，网络环境下的服务创新还具有以下新的特征：首先是服务的整合性，企业通常会整合多项服务形成服务包或综合解决方案提供给顾客；其次是服务的网络外部性，服务创新开发和传递通常会产生于涵盖利益相关者的创新生态网络（简兆权等，2013）。因此，在关注组织内部因素的同时，还需要从组织外部协作视角探索影响制造企业服务创新绩效的前置变量。

（2）制造企业外部组织整合影响服务创新绩效关系的具体机制尚未得到清晰阐述。已有相关研究大都以制造企业为对象，分析外部组织整合如何影响企业技术创新或新产品开发，或者从以服务企业为对象，分析其如何在创新过程中与外部组织互动来获得服务创新或新服务开发绩效。目前，制造业服务化发展已成为普遍现象，服务创新也逐渐成为制造企业创新价值和构建竞争优势的重要战略手段。制造企业通过服务创新和服务化发展，原来单纯的产品提供商转变为“产品+服务”提供商，甚至是综合解决方案提供商。服务型制造企业通过服务创新向顾客提供的是一种复合的系统性服务，需要多领域内资源要素的协调配置和整合应用，因此对企业内外部资源的整合是关键，要求企业内部各职能部门之间、企业与外部各利益相关者之间协调合作，彼此获取互补性资源。然而，与服务型企业相比，制造企业已有资源和经验惯性等都聚焦于技术创新和新产品开发，企业本身缺少服务创新经验，也缺少服务创新所需资源。因此，对于以往聚焦于产品创新与开发的制造企业而言，服务创新和开发是一种跨边界的网络行为，要求企业重新搜索和整合外部资源，融合自身已积累的产品创新能力，突破产品主导逻辑和能力刚性制约，在服务主导逻辑下更新价值创造模式（许晖和张海军，2016）。相对于服务型企业，制造企业在服务创新过程中更需要外部整合和跨界搜索。因此，从组织间关系及外部资源获取视角切入，研究外部组织整合对制造企业服务创新绩效的影响机理是有待深入的一个研究方向。

（3）已有相关研究表明，新兴市场环境下，复合式能力对企业绩效、战略变革和开放式创新均有着十分重要的影响。然而，已有相关研究限于分析外部资源可获得性与复合式能力或复合式能力与企业绩效的简单二元关系，较少关注外部组织整合、复合式能力与创新绩效三者之间的关系。引入复合式能力，构建“外部组织整合—复合式能力—服务创新绩效”影响路径，能够有效打开中国实践背景下制造企业外部组织整合对服务创新绩效具体影响机制的“黑箱”，具体理由如下：

首先，外部组织整合的核心是获取外部的互补性资源以弥补自身资源的不足，而这些资源在企业创新中能否发挥作用及其作用大小还取决于能否对其进行有效整合和应用。复合式能力就是对组织内外部资源进行协同整合的能力。而且，与只强调资源动态调整来应对外部环境变化的动态能力相比，复合式能力的内涵相对更丰富，除了从时间维度上强调资源的动态调整外，还从空间维度上强调不同资源的创造性复合和创新应用。其次，制造企业服务创新的成果主要体现在为顾客提供的“产品+服务”组合或综合解决方案中，而“产品+服务”提供或综合解决方案提供正体现了企业的复合式提供，复合式能力是其重要的动力和支撑（Luo 和 Child，2015）。再次，与服务型企业相比，制造企业的已有资源和经验惯性等都聚焦于技术创新和新产品开发，服务创新往往也需要围绕企业产品展开，其创新过程中对资源的创造性复合特征更加明显。最后，与发达国家的企业相比，在新兴市场环境下成立并发展起来的中国制造企业，在先进技术、产品和服务创新经验、企业运营和管理等方面不具有明显优势。通过普通资源的创造性复合进行响应式创新是大部分中国制造企业实际可行的创新之路。综合以上分析，引入复合式能力，能够更清晰地探究新兴市场背景下中国制造企业外部组织整合影响服务创新绩效的具体机理。

（4）创新及其成果的市场化是具有情境性的，外部环境不确定性通常被认为是影响服务创新绩效的重要权变因素。然而，已有相关的实证研究虽然揭示了外部环境不确定性对外部整合与创新绩效间的直接关系具有显著调节，但仍然未能对两者之间具体影响路径的调节机制进行清晰阐述，对其中的中介效应是否会受到外部环境不确定性的影响也未得到有效解释。中国制造企业服务创新有其独特的实践情境，中国制造企业成立并发展的市场属于新兴市场。新兴市场的经济发展速度快，吸引了部分发达国家企业的资金和技术进入，企业不仅面临快速变化的市场环境，还有更新速度不断加快的技术环境和日益激烈的企业竞争。另一方面，外部组织整合与服务创新绩效之间会存在复杂的中介影响机制，即外部组织整合与服务创新绩效间存在不同的影响路径。因此，需要进一步探索外部环境不确定性对上述路径的具体调节机制，包括调节的具体路径阶段，还有对中介效应的调节。

针对以上研究不足，本研究基于资源依赖理论、开放式创新理论和复合基础观，拟从外部组织整合入手，研究影响制造企业服务创新的前置因素，基于资源依赖理论、开放式服务创新理论和复合基础观，剖析制造企业外部组织整合对复合式能力和服务创新绩效的具体影响机理。同时，引入外部环境不确定性和服务导向作为调节变量，综合考虑中介效应和调节效应，对其具体的路径调节和中介效应调节进行更深入的理论探讨和实证研究。

3.5　本章小结

本章对本研究的理论基础及其与本研究的关系进行概述，包括资源依赖理论、开放式创新理论和复合基础观。之后，对制造企业服务创新、外部组织整合和复合式能力等相关领域的研究现状进行了梳理和综述。在制造企业服务创新研究方面，对服务创新和制造企业服务创新的涵义进行了综述，总结了制造企业服务创新研究关注点已从绩效结果逐渐转变到前置影响因素，并对具体研究现状进行分析。在外部组织整合方面，对组织整合和外部组织整合的概念和内涵进行了综述，对外部组织整合与服务创新关系的研究做了详细梳理。在复合式能力方面，对复合式能力的提出背景、概念内涵、体现形式和对企业绩效的重要作用进行了梳理。最后，对已有相关研究进行了总体述评，提出现有研究存在的不足，并以此为本研究的理论切入点。

第四章　探索性案例研究

上一章的理论基础和相关文献回顾表明，跨界协作和外部组织整合对创新绩效存在积极的促进作用。然而，服务型制造企业的外部组织整合影响服务创新绩效的具体机制尚未进行清晰阐述。本章针对上述问题对三家服务型制造企业进行探索性案例研究。通过案例内分析和跨案例比较分析，对各变量之间的关系进行总结和归纳，并在此基础上提出研究初始命题。

4.1　案例研究方法概述

案例研究是指待研究的现象与其背景之间界限不清晰时，通过多种渠道收集资料并将其汇合在一起进行交叉分析来调查当前现象的一种实证研究方法（Yin，2014）。作为社会科学研究领域中广泛采用的研究方法，案例研究法不会控制现象所处情境，也不会干预现象的变化进程，而是摆脱现有理论和经验的束缚，深入现实情境中全面考查正在发生的现象（即“案例”）。因此，案例研究更适用于全新的社会研究领域以及构建新的理论框架，探讨“如何（how）”“怎么样（why）”之类的研究问题，而不适合于分析因素作用强度和调节作用大小等“是什么（what）”和“有多少（how much）”之类的研究问题（Eisenhardt，1989）。综上所述，当研究问题旨在探索不同概念之间的深层作用机制并构建过程因素模型，而现有理论不能充分回答研究问题或者尝试从一个新的视角切入研究问题时，采用案例研究方法开展研究将更为合适（Eisenhardt，1989；毛基业和陈诚，2017）。

根据所选目标案例的数量，案例研究可分为单案例研究、双案例研究和多案例研究。单案例研究是指只选择一个案例，适用于批判性案例、特殊性案例或补充性案例（陈晓萍等，2012）。相对于双案例和多案例来说，单案例的优势在于可以对单个情境和现象进行深入剖析和详尽描述，从而能够得出不同以往的新见解和启发性（毛基业和陈诚，2017）。但是，由于只有一个目标案例，单案例研究在构建理论时显得基础薄弱而使其普适性不高，同时也难以排除多元因素的影响（陈晓萍等，2012；毛基业和陈诚，2017）。双案例研究是指选择两个案例进行分析，适用于两个相反案例或一对相互加强的案例，其优点在于研究难度适中，能满足一定的理论普适性又能满足案例的故事性（毛基业和陈诚，2017）。多案例研究是指选择三个及以上的案例进行分析，多个案例间采用复制法则，通过每个案例的内部分析和多个案例间的比较分析，多方寻找支持和证据，互相校对和比较，以确定研究发现是否普遍存在于不同的个案中（Yin，2014；陈晓萍等，2012）。因此，相比于单案例研究，多案例研究构建的理论更为精确和严谨，也更具普适性（Eisenhardt，2016；毛基业和陈诚，2017），适合于影响过程和影响机理类问题的研究（许晖和张海军，2015）。

案例研究还可以根据研究目的不同分为探索性案例研究、描述性案例研究和解释性案例研究等（Yin，2014）。探索性案例研究旨在尝试寻找对事物的新洞察或用新的视角和观点去评价现象，侧重于提出假设命题；描述性案例研究主要是通过讲故事或画图画的方式对现象进行详细准确的描述，侧重于描述现象；解释性案例研究旨在归纳现象和研究发现，考查现象之间的相关性或因果性关系，侧重于检验已提出的理论。

本研究是从复合式能力这一新的视角去探索服务型制造企业外部组织整合影响服务创新绩效的内在机理，探究顾客整合、供应商整合对复合式能力和服务创新绩效之间的作用机制。更适用于采用多案例探索性研究方法。通过对多个案例之间的对比分析，使顾客整合、供应商整合、复合式能力和服务创新绩效等变量之间的关系构建更为严谨，也更具普适性。

4.2 案例研究设计

4.2.1 研究问题与理论预设

随着制造业服务化发展趋势日益明显，制造企业服务创新（制造业服务化）研究也逐渐得到战略管理、服务管理和创新管理领域众多学者的关注。但是，相关理论研究还处于新兴阶段（Carlborg 等，2014；Ostrom 等，2015；Kowalkowski 等，2017）。现有研究大都聚焦于服务创新与制造企业绩效的关系研究，研究结论多样且不统一，有正向线性关系（Oliva 和 Kallenberg，2003；

Baines 等，2007），也有 U 形曲线关系（肖挺等，2014b）、倒 U 形曲线关系（Neely，2008）和马鞍形曲线关系（Kastalli 和 Van Looy，2013）。但是，学者们普遍认可服务创新整体上对企业绩效有积极作用。在此基础上，近几年来，学者们进一步关注“制造企业如何有效开展服务创新实践”以及“制造企业如何获取高服务创新绩效”等更深层次的问题，探索制造企业服务创新绩效的前因及其具体的影响机制。

与顾客、供应商等关键外部组织协作创新已成为开放式创新的重要内容。从资源依赖理论来看，企业由于自身资源约束对外部组织产生资源依赖性，其中对顾客、供应商等垂直关系的外部组织的资源依赖程度更大（Pfeffer 和 Salancik，1978；Gulati，1995；郭惠玲等，2018）。企业为获取资源而与它所依赖的外部组织互动，是促进企业服务创新绩效提升的重要因素。然而，资源本身并不会直接带来创新绩效的提升，需要第三方力量，例如企业的某种能力，对其进行转化，才能促使其潜在价值得以实现（Prahalad 和 Hamel，1990；Wu，2007）。换言之，制造企业外部组织整合对服务创新绩效能否真正发挥效用，取决于是否能够促进资源的有效整合与创新应用。

已有研究从外部环境匹配或内部资源配置视角提出资源整合能力、动态能力等在外部组织协作对创新绩效影响机理中的重要作用（Teece 等，1997；董保宝等，2011）。对产生并成长于新兴市场国家的中国企业而言，与国际市场的竞争对手相比，在自有资源方面不具备明显优势，但对各类普通资源的广泛吸收、有效整合和创新性的应用可以获取综合性的竞争优势（Luo 和 Child，2015）。例如，在 2010 年前后，诺基亚、三星、HTC、苹果等国际企业占据中国手机市场销量前列，对于此时刚刚成立的小米公司而言，与上述企业相比在资源、能力和创新经验等方面存在劣势。基于互联网环境，小米公司以苹果公司为标杆，采用“硬件+软件+服务”的运营模式，结合自身的资源能力基础，将部分的生产制造环节外包，通过顾客互动平台积极获取用户知识并积极引导用户参与，采取按单生产和网络直销等模式。这种对内外部资源进行快速复合和创新性运用的复合式战略为小米公司创造了低成本和高速度的竞争优势（Luo 和 Child，2015），进而创造了卓越的企业绩效。自成立起仅过了 5 年时间，小米公司就占据了中国智能手机市场第一，并凭借其“高性价比”在印度等海外市场占据一席之地。

对服务型制造企业而言，服务创新并不是完全独立的，大部分时候需要与产品创新进行融合，服务创新的成果大多体现在复合特征明显的产品服务包和综合解决方案中。因此，对于新兴市场的中国制造企业而言，外部组织整合对服务创新绩效的价值大小，取决于它是否能够有效促进企业对关键外部资源的广泛获取，以及对内外部资源进行创造性复合和有效应用。

综上所述，本章将从服务型制造企业的外部组织整合（具体包括顾客整合和供应商整合）切入，并将复合式能力作为中介变量引入外部组织整合对服务创新绩效的影响机制中（如图 4.1 所示），探索制造企业外部组织整合对复合式能力和服务创新绩效的影响关系。后续的具体案例研究将以此理论预设为基准进行分析、总结和归纳，形成本研究的初始研究命题。

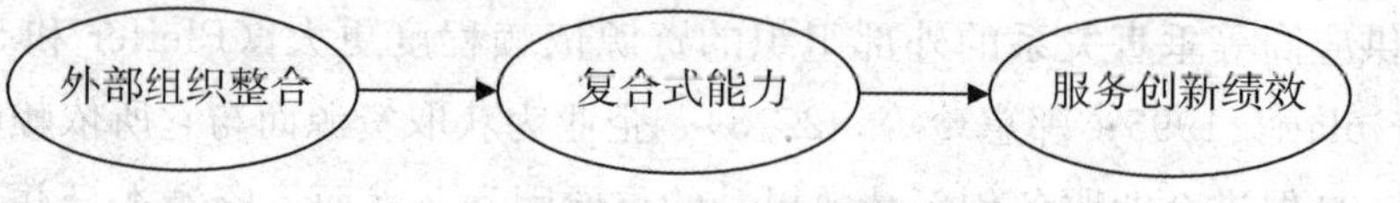

图 4－1　外部组织整合对服务创新绩效影响机制的理论预设

4.2.2　案例选择

如本章第 1 节所述，通过案例研究来构建理论时，多案例研究会使理论构建的现实解释力更强，通过个案分析和多个案例间的相互比较和多重验证，使建立的理论更为严谨，研究结论的有效性和普适性也会更好（陈晓萍等，2012；Eisenhardt，2016；毛基业和陈诚，2017）。本研究的案例研究部分带有理论构建的性质，根据 Eisenhardt 等众多学者的建议，采用多案例探索性研究方法更为合适。

具体选择案例企业时，本研究根据 Eisenhardt（1989）、陈晓萍等（2012）和 Yin（2014）的建议，按以下标准来选择合适的企业作为研究对象：

（1）所选择的案例企业与研究主题高度相关。本研究的主题是探索服务型制造企业外部组织整合对服务创新绩效的影响机制。因此，所选案例企业是服务型制造企业，即企业不是纯粹的产品提供商，而是复合的“产品＋服务”提供商，或者是综合解决方案提供商。此外，本研究涉及企业的服务创新绩效，考虑到创新活动的绩效通常具有一定的滞后性，要求案例企业从事服务创新实践的时间超过 3 年。

（2）所选择的案例企业具有较好的代表性和典型性。本研究所选择的案例企业要考虑到行业分散度，即多个案例企业来自制造业的不同细分行业，兼顾传统行业和新兴行业。同时，由于外部组织整合涉及顾客和供应商等关键的外部组织，案例企业要考虑到不同的顾客类型，兼顾 B2B 企业和 B2C 企业，即既有顾客类型为组织的案例企业，也有顾客类型为个体的案例企业。

(3) 所选择的案例企业在外部组织整合、复合式能力和服务创新绩效等主要概念上表现要有差异，以便于进行跨案例比较分析。

(4) 所选择的案例企业中有中高层管理者与本研究团队有社会网络联系，以便于进行深入的调研和访谈，获取真实可靠的一手资料。

遵循以上四条选择标准，本研究在对7家企业进行预调研的基础上，最终选取其中3家服务型制造企业作探索性案例研究的对象（见表4-1）。由表4-1可见，3家案例企业来自不同行业，具有行业分散性，既有代表传统行业的矿山设备制造业，也有代表新兴行业的金融智能电子行业。此外，这3家企业均具有多年的服务创新经验，但企业外部协作程度和服务化程度存在差异。而且，本研究团队与案例企业有过项目委托合作关系，或者研究团队成员与案例企业中高层管理人员是朋友或校友关系，有助于获取深入调研和访谈的机会。

遵循案例研究惯例（Yan和Gray，1994），考虑到企业商业信息保密需要，对案例企业名称进行匿名处理，均以字母代码来表示企业名称。

表4-1 案例企业基本概况

	A企业	B企业	C企业
成立年份	1999年	2010年	2006年
企业性质	国有控股企业	民营企业	民营企业
企业规模	大型	大型	中型
主营业务	银行自动柜员机、远程视频柜员机、清分机、智能交通自动售检票系统等自助设备的研发、生产、销售和维修保养，金融外包服务	手机、智能硬件和生活消费品的研发、生产和销售	破碎、制粉、制砂、选矿等重式机械设备的设计、研发、制造和销售
主要服务提供	设备安装、维修、保养、综合解决方案、金融外包	设备维修、技术升级和咨询、互联网服务	设备安装、维护、维修、方案设计、定制加工

资料来源：访谈记录、上市公司年报、企业网站信息。

4.2.3 数据收集

案例研究需要通过多种数据来源收集数据，以便于对研究现象进行多视角的描述，而且还能够根据不同来源的数据进行交叉验证，形成“三角验证”的数据链（Eisenhardt，1989；Yin，2014）。本研究采取多种途径搜集数据资料，具体的数据来源和收集方式见表4-2。

一手资料主要通过半结构式深度访谈和现场观察的方式获取。半结构式深度访谈具体过程包括以下四个过程：首先，本研究团队根据案例研究需要拟定并讨论通过访谈提纲；其次，利用研究团队的社会网络关系，分别联系三家符合要求的案例企业相关人员，约定访谈时间和地点，并将访谈提纲的电子版发送给对方；再次，由3位博士研究生组成的访谈小组于2018年6月至11月共5个月时间内分别对A企业的3位中高层管理人员、B企业的2位中层管理人员和C企业的3位中高层管理人员进行深度访谈，根据访谈提纲向对方了解相关信息，其中有部分问题进行了反复讨论。被访谈对象在该企业工作时间均超过3年，对企业有比较准确且全面的了解，所在岗位与本研究内容有较高的契合度。每位被访谈者的平均访谈时间不低于1小时，并在征得对方同意的情况下进行了录音。最后，每次访谈结束后，在24小时内整理好访谈记录，并在访谈小组内部对具体内容进行讨论和汇总，观察同一受访者前后或同一案例企业不同受访者之间所述内容的一致性。

表4-2 案例数据来源及收集方式

企业	访谈		文档	观察
	时间	对象		
A企业	2018年10月，3次共5小时	科技管理总监、服务分公司技术副总、科技管理部经理	上市公司定期报告、企业宣传资料、企业官网、新闻报道、学术文献资料	通过项目调研，与内部员工多次非正式交流，参观企业发展与产品展厅，与顾客（银行）相关人员交流。
B企业	2018年9－11月，3次共3小时左右	运营部门副经理、广州某直营店负责人	上市公司定期报告、企业官网、新闻报道、学术文献资料	通过企业线下官方活动与内部员工多次非正式交流，参加企业新品发布会，走访企业线下直营店。
C企业	2018年9月，3次共4.5小时	总经理助理、销售部经理	企业内部资料、企业宣传资料、企业官网、新闻报道	通过项目调研与内部员工多次非正式交流，参观企业产品展厅。

此外，对研究团队内部讨论产生的新问题，以微信、电话、邮件或再次会面等方式向受访者进行追踪访问，对信息进行核对并补充所需信息，提高信息的准确性和完整性。除了深度访谈外，本研究团队还实地参观了A企业和C企业的产品展厅、B企业的线下直营店，以B企业会员身份在网络社区内与企业内部人员及其他会员进行互动，参与B企业的线下交流活动、新品发布会，通过以上现场观察和参与获取了一些企业外部组织整合与服务创新实践的一手资料。

二手资料主要通过以下方式获取（见表4-2）：①在案例企业的官方网站、微信公众号和各类新闻报道中搜寻与本研究主题相关的企业资料；②在中国知网中以案例企业名（包括全称和简称）为关键词和主题词搜索相关的文献资料。

4.2.4　数据分析

数据分析是探索性案例研究的核心（Eisenhardt，1989）。本研究根据Eisenhardt（1989）对多案例研究的建议，并参考赵立龙（2012）、王琳（2012）、黄继生（2017）等研究中的具体操作方法，按照分析性推演逻辑，从案例内分析和跨案例比较分析两个步骤来完成探索性多案例研究。

案例内分析是指将单个案例作为独立整体进行全面描述性分析。这些描述性分析有助于对案例研究前期面临的大量数据信息进行清理和归类，往往是产生理论洞察的关键（Eisenhardt，1989）。本研究中在案例内分析中，分别将A企业、B企业和C企业作为独立的研究对象，基于理论预设（图3-1），对每个案例企业大量的定性资料（包括所有的访谈数据和各类文档资料）进行编码分析和归类，围绕企业外部组织整合（顾客整合和供应商整合）、复合式能力和服务创新绩效等主要变量进行编码，识别企业在每个变量上的关键特征。

有关案例研究中的概念及其结构特征衡量，既要考虑案例研究的归纳性特征，即主要概念及其结构应该由案例数据中归纳而出（Eisenhardt，1989；Yin，2014），又要考虑对已有文献中相关概念的衡量（赵立龙，2012）。因此，需要对案例原始数据和现有文献之间进行多次迭代比较，选择其最为匹配的一种方式（Greenwood和Suddaby，2006；赵立龙，2012）。综合考虑本研究的核心问题和已有相关文献，本研究对案例数据和现有文献进行反复比较，最终确定各概念（变量）的定性描述性衡量方式。外部组织整合主要从顾客整合和供应商整合两方面来分析，具体而言，从企业与顾客/供应商的信息分享广度和深度、组织间关系协调机制构建和协调效果、共同参与的程度和效果等方面来归纳和描述。复合式能力主要从对外部关键资源识别并获取的数量和质量、对已有资源进行复合的效率和效果等方面来进行归纳和描述。服务创新绩效主要从财务绩效、市场绩效和企业成长绩效三方面来观察，具体而言，财务绩效主要从企业的营业收入及增长、服务业务收入及增长、服务业务收入占总体收入比重及增长等方面来归纳和描述；市场绩效主要从市场占有情况、顾客满意度和顾客忠诚度等方面来归纳和描述；企业成长绩效主要从企业发展、业内排名、荣誉获取等方面来归纳和描述。

跨案例比较分析是在案例内分析的基础上，不仅根据理论预设对案例内各变量进行纵向对比，还要对多个案例间的变量关系进行横向对比，总结归纳出各变量之间的关系，并在此基础上提炼出相关的理论观点（Eisenhardt，1989；王琳，2012）。本研究在跨案例比较分析中，根据图 3-1 所示的理论预设，对三个案例企业在外部组织整合（顾客整合和供应商整合）、复合式能力和服务创新绩效等主要变量上的内容表现进行对比、归纳和总结，并进一步探讨这些变量之间的相关性和因果逻辑，在此基础上归纳总结出普遍规律，并提出本研究的初始命题。

4.3 A 企业案例描述与分析

4.3.1 A 企业简介

A 企业成立于 1999 年，总部位于广州市，2007 年深圳证券交易所上市，是一家以自动柜员机（Automatic Teller Machine，简称“ATM”），远程视频柜员机（Video Teller Machine，简称“VTM”）、清分机、智能交通自动售检票系统（Automatic Fare Collection System，简称“AFC”）等自助设备产业为核心，融合自助设备维修保养服务和金融外包服务，集智能终端设备研发、制造、运营、服务于一体的服务型制造企业。

A 企业从 ATM 机的生产制造起步，在积极推动技术创新的同时，也大力推动服务创新，着力打造服务竞争优势，通过内延外购，不断横向扩展业务、纵向延长产业链，由金融领域扩展到智能金融、智能交通、智能安全、智能便民四大领域，由最初的 ATM 生产制造企业逐渐发展成为客户提供运营服务、大数据解决方案以及各种智能终端设备的综合解决方案提供商。

A 企业在 2015 年明确“高端制造+高端服务”的战略定位。此后，A 企业一方面不断夯实其传统的制造业务优势，产品和服务已进入全球 80 多个国家和地区，连续十年位居中国 ATM 市场销售前列。另一方面，A 企业还持续打造服务竞争优势，创建新的利润增长点。截至2018年底，A企业的专业金融服务团队成员近两万人，在全国拥有超过40家武装押运和金融服务外包子公司，在全国范围内建设了900多个服务站，服务业务覆盖了国内一、二线城市。作为首批国家级服务型制造示范企业之一，A企业已将高端金融服务业务发展成为新的利润增长点，其服务业务收入复合增速超过50%。

4.3.2 A企业外部组织整合状况

（1）顾客整合

A企业积极构建与顾客的互动机制，初创期阶段，很多地区即使只有几台本公司销售的ATM设备，也会在当地建立服务网点，以便于更快更好地为顾客提供相关服务。为了加强与客户之间的黏性，更好地促进一线员工与客户之间的互动，A企业在绩效考核时将银行开机率、客户满意度等纳入考核指标，甚至还经常派人进驻银行与顾客进行更深入地互动交流，更全面地了解客户需求，并及时解决客户在产品使用中存在的问题。自2006年起，A企业定期举办全球客户年会，与来自全球范围内的众多客户和合作伙伴共同展开深入的讨论和交流。该年会上，A企业会向客户传达企业的经营理念，展示企业最新的产品和服务业务，并邀请客户提前体验新的产品和服务方案，使客户更好地了解企业，增强客户对企业的信任和依赖，也使客户对企业创新成果的接受度得到提高。此外，A企业还会就当前备受关注的行业热点话题开展讨论和交流，参会的各位客户嘉宾会在交流过程中分享实践经验和创新建议，推动A企业持续修改完善创新成果或产生新的创新理念。

（2）供应商整合方面

A企业一直重视整合最优供应商的资源来更好地实现制造和服务升级。面对外部环境的复杂动态性，A企业不仅注重提高自身的快速应变能力，还重视对供应商的整合管理，以提高整个供应侧的高效率性和灵活性。A企业服务业务模块负责人表示，互联网环境下，广大银行客户纷纷转型升级，产生众多新的需求，这就需要企业与供应商一起提高柔性生产能力来响应新的需求。A企业在多年的供应链管理实践中，逐渐建立起科学规范的供应商管理机制。首先是供应商选拔体现科学规范和公平透明原则。其次是在与供应商合作过程中实现信息共享和价值共创。A企业自2016年起采用MES供应商门户系统，以更规范化、集约化和信息化的管理框架来有效管理供应商。通过MES系统，A企业可以实现与供应商之间供需信息的共享，大大缩短了交易周期，也推动产品和服务交付过程更规范高效。A 企业还从原料合格率、品质改善与配合等十个方面来考核当年合作的供应商，并将考核结果作为下年度合作力度与定位的重要依据。在此供应商整合管理机制下，众多供应商愿意在早期的产品/服务创新开发中就参与进来，协同合作，缩短新产品或新服务的研发周期，降低创新开发成本。此外，A 企业还会定期召开供应商大会，提供行业专业知识讨论与交流平台。供应商大会上，A 企业会向供应商们传达企业的经营理念，共同分享行业发展信息和市场需求信息，不仅获取了供应商知识，还增进了企业与供应商之间的合作关系。

4.3.3 A 企业的复合式能力状况

A 企业的复合式能力首先体现在其商业模式中对产品和服务的复合。A 企业从创立初期就坚持产品与服务的复合。当时，中国 ATM 市场基本被国外企业垄断，与 NCR、Diebod（迪堡）、WincoNixdorf（德利多富）等行业领先企业相比，A 企业在技术、品牌和市场经验等各方面都没有优势。A 企业认为在技术和品牌落后的情况下，可以用服务“破冰”，用免费的优质服务切入并开拓市场。A 企业在产品还未形成规模时，就逐渐构建了庞大的服务网络。很多地区即使只有几台本企业的 ATM 设备，也会在当地建立服务网点，以保障 ATM 的良好运行。A 企业前期的服务主要是以产品销售为导向的售后服务，是产品的增值元素，其本身是成本而非利润，而随着服务业务的发展，A 企业服务与产品的复合力度不断加大，逐渐由售后服务转变为服务营销，服务成为了产品的延伸，也成为了产品服务组合的一部分。“维修站”升级为“服务站”正是体现了 A 企业对产品和服务的复合升级。A 企业后期提供的 ATM 运营业务和金融外包服务则进一步体现了产品和服务创造性复合的升级。ATM 运营业务提供是指 A 企业为银行客户提供 ATM 机、选择网点、设备日常运行中的维修和保养等。金融外包服务是指 A 企业为银行客户和企事业单位提供金融全设备维保、现金管理、武装押运、智能安防等全产业链金融外包解决方案，客户不需要购买相关设备而只需购买对应的功能服务即可。A 企业已集成复合相关产品和服务，构建了国内规模最大的金融外包服务网络，成为国内领先的全产业链金融外包服务提供商。

A 企业的复合式能力还体现在服务开发和提供过程中对外部关键资源的获取以及对内外部已有资源的整合运用。ATM 运营业务和金融外包业务等“高端服务”的开发前期，此类业务在国内市场刚刚起步，运营流程和服务模式等相关知识非常缺乏。因此，A 企业在此类服务创新的前期阶段积极向国外的同行业领先企业学习并获取互补性知识。企业高管多次赴澳洲、美国等发达经济市场考察，了解并学习在现金清分、清机加钞、技术服务监管和全面维护等方面为银行提供服务的模式。同时，2009 年，国务院发布《保安服务管理条例》，放宽了从事武装守护押运的保安服务公司的管理条件，增加了 A 企业整合武装押运资源的可行性。而且，国内银行也确实存在将辅助性工作外包以实现降本增效的需求。A 企业在深入了解了市场需求的基础上，积极向成熟市场的行业领先企业学习并吸收新的知识，及时整合武装押运这一关键的外部资源，并将这些外部资源与企业内部资源进行创造性整合运用，为顾客提供了新的服务内容。随着信息技术的快速发展和广泛运用，A 企业也及时掌握互联网、物联网、云处理和数据挖掘等技术，并将这些资源加入企业自身不断变化的现有资源组合中，陆续开发出 RFID 物流管理系统、AOC 集中调度指挥系统和金融设备云管家平台，为顾客提供更高效、便捷的服务。

4.3.4　A 企业的服务创新绩效状况

在“高端制造+高端服务”的战略定位下，A 企业大力推动服务创新，不断拓展服务业务，从早期的 ATM 机维修服务，拓展到目前的智能金融综合解决方案服务。服务创新给 A 企业带来的不仅仅是直接的财务收益，还有市场影响和企业成长等无形的收益。

在财务绩效方面，随着服务业务的横向和纵向扩展，A 企业除稳步推进传统服务业务外，还积极探索“互联网+服务”新业务模式，为银行全品类设备提供监控、维保、调度和管理服务，甚至是金融设备托管综合方案。高端服务不仅助推了产品销售，其本身也已成为 A 企业新的利润增长点，服务业务收入多年来持续高速增长。从 2013 年至 2018 年，A 企业总营业收入从 251 589.74 万元增至 545 898.98 万元，服务业务收入从 35 773.11 元增至 318 454.76 万元，年均增长率分别为 16.76％和 54.85％；服务业务收入占总营业收入比重从 14.22％增加至 58.34％。

在市场绩效方面，A 企业为顾客提供了先进的智能终端设备和个性化的金融外包服务，不断满足顾客多元的个性化需求，获取了较高的顾客忠诚度和顾客满意度，促使市场不断得到拓展。在金融领域，自 2008 年起，ATM 市场销售占有率连续 11 年保持国内第一，为中国政府 60％的财政性资金提供国库支付电子化方案，财政支付电子化应用市场占有率达98%。此外，A企业还不断拓展海外市场，在全球建立了9大国际分支机构，为全球80多个国家和地区的1 200多家银行客户提供产品和服务。A企业的产品销售与其高质量的服务密不可分。A企业目前拥有行业中最大的服务网络，截至2018年底，已在全国范围内建立了900多个服务站，服务网络辐射全国各区域，其独立的专业金融服务团队成员近2万人，在国内一、二线城市均有相关服务业务。在智能交通领域，A企业AFC系统在国内30多个城市的100多条地铁、高铁和机场航班线路上得到广泛应用，其中高铁市场占有率超过70%。在智能安全领域，A企业通过内延和外购，形成了现金安全服务全产业链，在29个省市自治区均有相关业务。在智能便民领域，A企业已在全国范围内建设了10个智能设备监控调度指挥中心（AOC）和近1000个服务站。

在企业成长绩效方面，服务创新使A企业不断地为顾客提供多元的个性化服务，不仅扩大了企业的利润空间，还成为企业差异化竞争优势的重要来源，推动企业成长。A企业技术创新与服务创新并重。在服务提供过程中，A企业有大量的机会与客户不断互动和交流，可以获取客户对自有产品的使用体验、改进建议以及潜在需求信息，促使企业更好地进行产品创新和服务创新。A企业较早为客户提供金融托管综合解决方案服务，特别是AOC系统的应用，在提高银行工作效率的同时，还降低了它们的经营成本，给其带来了全新的体验，也增加了A企业的差异化竞争优势。A企业在奥运会、世博会等重要活动中提供了零故障的金融服务，在业内积攒了良好的口碑，使企业在服务行业竞争优势不断加强。服务竞争优势促使企业整体竞争优势得到不断提升，ATM生产和服务在国内同行业中综合实力最强，在全球排名进入前4。先进技术和优质服务促使A企业荣获多项荣誉，例如，国家智能制造试点示范企业、中国软件和信息技术服务综合竞争力百强、2016年制造业单项冠军示范企业、中国服务型制造示范企业（2017）、中国服务外包百家成长型企业、广东省大数据骨干企业、广东省供应链示范企业、广东企业500强（2018）、广东创新百强榜（2018）等。

4.3.5 A企业案例内分析小结

根据上述案例描述，将A企业在外部组织整合、复合式能力和服务创新绩效等概念上的具体表现进行了汇总，具体见表4−3。

表 4-3　A 企业案例内分析结果

构念		具体表现
外部组织整合	顾客整合	在全国范围内广泛建立服务网点，派人进驻银行随时了解设备使用情况并解决问题，进一步了解顾客潜在需求；定期举办全球客户年会，向客户传达企业经营理念，展示最新产品和服务业务，邀请客户提前体验新的产品和服务方案，客户嘉宾会上分享实践经验和创新建议；金融外包服务过程中，顾客共同参与智能金融综合解决方案的设计和制定，参与过程中提出自己的创新建议。
	供应商整合	建立了科学规范的供应商管理机制，通过 MES 系统实现与供应商之间供需信息的共享，大大缩短了交易周期，也推动产品和服务交付过程更规范高效；定期召开供应商大会，提供行业专业知识讨论与交流平台；众多供应商在产品/服务创新开发早期中就参与进来，协同合作，缩短新产品或新服务的研发周期。
复合式能力		企业积极向国外同行业领先企业学习并获取互补性知识，高管多次赴澳洲、美国等发达经济市场考察，了解并学习金融全产业链服务模式；在国家政策允许的情况下，及时整合武装押运这一关键的外部资源，并将其与企业内部资源进行创造性地复合，为顾客提供了新的服务内容；及时掌握互联网、物联网、云处理和数据挖掘等技术，并将这些资源加入企业自身不断变化的现有资源组合中，陆续开发出 RFID 物流管理系统、AOC 集中调度指挥系统和金融设备云管家平台等；注重对产品和服务的复合式提供，集成相关产品和服务，构建了国内规模最大的金融外包服务网络，成为国内领先的全产业链金融外包服务提供商。
服务创新绩效		从 2013 年至 2018 年，总营业收入和服务业务收入年均增长率分别为 16.76%和 54.85%，服务业务收入占比从 14.22%增加至 58.34%。自 2008 年起，ATM 市场销售占有率连续 11 年保持国内第一，为政府 60%的财政性资金提供国库支付电子化方案；在全球建立 9 大分支机构，在 80 多个国家和地区提供产品和服务；全国建立 900 多个服务网点，在国内一、二线城市均有服务业务；AFC 系统应用于国内 100 多条地铁、高铁和机场航班线路，其中高铁市场占有率超过 70%。ATM 生产和服务在国内同行业中综合实力最强，在全球排名前 4；国家智能制造试点示范企业、中国软件和信息技术服务综合竞争力百强、中国服务型制造示范企业、中国服务外包百家成长型企业、广东省供应链示范企业、广东企业 500 强、广东创新百强榜。

可以发现，A 企业在日常经营和创新过程中注重与顾客、供应商之间的信息分享、关系协调和共同参与，顾客整合和供应商整合在同行业中处于高水平。A 企业也非常注重对外界关键资源的识别和及时获取，擅于将这些资源加入企业自身不断变化的现有资源组合中，并对其进行复合式的整合运用。在此基础上，A 企业获取了卓越的服务创新绩效。

4.4 B 企业案例描述与分析

4.4.1 B 企业简介

B 企业于 2010 年 4 月成立于北京，2018 年上市，是一家以手机、智能硬件和 loT（Internet of things，万物互联）为核心的互联网公司。B 企业从智能手机软件开发和硬件生产销售起步，采用“智能硬件+软件+服务”的价值提供模式，其智能硬件是提供软件和互联网服务的载体，也是重要的用户入口，通过手机操作系统和各类智能家庭 APP 实现智能硬件的互联互通，形成以手机为中心的智能互联家居系统，同时还通过各类线上线下互动平台持续为用户提供互联网服务。

B 企业给自己的定位并不是单纯的硬件制造企业，而是创新驱动的互联网公司。基于互联网思维，B 企业首创了利用互联网并与用户共同开发手机操作系统的模式。目前，B 企业已在全球 82 个国家和地区提供产品和服务，成为全球第 4 大智能手机制造商，在 30 余个海外手机市场中进入前 5 名。

4.4.2 B 企业的外部组织整合状况

(1) 顾客整合

B 企业有非常浓厚的顾客导向型企业文化，企业创始人认为“与用户交朋友”的企业文化是其核心竞争力之一。在此经营理念下，B 企业非常注重对顾客的整合，并已形成成熟的顾客整合机制。首先，B 企业基于“简约、速度、极致”的互联网思维，建立顾客导向的扁平化组织结构。B 企业认为要了解顾客的真正需求，就要缩短与顾客之间的距离，与顾客之间进行无缝连接并进行深入沟通。长时间以来，B 企业的组织结构只有三个层级：核心创始人——部门领导——员工。这种扁平化的组织结构一方面减少了信息层层传递所造成的延误和失真，更有利于提高公司获取用户信息之后内部分享和整合的效率和效果；另一方面也扩大了公司与顾客的接触面，尤其促使各部门的领导更近地接触顾客和市场，了解顾客各种需求和市场动态变化。随着公司规模的不断扩大，员工人数超过了 2.3 万人，B 企业从 2018 年下半年起逐渐调整组织结构，推行管理层级制度，具体包括专员—经理—总监和副总裁及以上 4 个大层级共 10 个小层级。企业创始人表示，组织结构调整并不是对扁平化管理的否定，而是管理升级，企业高层管理人员仍然还在一线，坚持顾客导向，继续与用户交朋友。

其次，B 企业借助于移动互联网技术和各类社会化媒体，在产品和服务创新开发设计、营销、品牌推广和售后等各个环节与顾客进行信息分享、关系协调和共同参与。B 企业与顾客的线上互动平台包括公司官网、公司网络虚拟社区和其他各社会化媒体（微信公众号、微博、百度贴吧和 QQ 空间等）。B 企业提出并坚持“和用户交朋友，做用户心中最酷的公司”理念，鼓励所有员工与用户交朋友，并通过各种渠道获取顾客对产品及服务的需求和意见。虚拟社区是公司与用户交流并收集顾客信息最多的网络平台，产品主要设计成员会经常在论坛上与用户沟通，获取顾客的潜在需求以及对已有产品和服务的反馈意见。截至 2019 年 2 月，社区普通用户近 8300 万人，认证用户已近 1300 万人，VIP 用户超过 280 万人；企业官方微博粉丝量超过 2900 万，百度贴吧关注人数超过 590 万，发帖量超过 7200 万，企业微信号早在 2014 年关注人数就已超过 600 万，成为第一大公众号。社区论坛中设有解答组，目前有 178 名核心成员，这些成员熟悉 B 企业产品，有充足的社区在线时间，针对用户提出的问题能及时提出有效的解决方案，也会将提问概率较大的用户问题进行整理并形成问题索引。除公司信息发布、市场需求信息收集和顾客信息互动外，B 企业还利用互联网资源邀请顾客共同参与公司产品和服务的创新开发过程。例如，B 企业与用户共同开发手机操作系统。B 企业选取部分用户组成荣誉开发组（目前人数为 716）和内测粉丝组（目前人数为 8 3118）。荣誉开发组成员可与公司内部开发组成员零距离沟通、同步获取内测版本并参与测试，提交问题反馈和功能建议；内测粉丝组成员每周有四次系统内测特权，参与内测版本的测试和问题反馈。此外，所有注册用户可以在线分享使用体验和修改建议，并通过投票决定某些功能的取舍。该手机操作系统以一个星期为更新与升级周期（目前已经更新 406 周），除工程代码编写部分以外，产品需求讨论、测试和各版发布等都会面向用户开放。荣誉开发组和内测粉丝组成员会对内测版本系统进行试用测试并提出反馈意见，公司再根据反馈意见对系统进行迭代升级，并于每周五发布最新的手机操作系统，然后再由内部开发组与外部用户共同进行周而复始的开发升级。正如 B 企业联合创始人黎总所说的“无论什么时候，我们都在思考如何让用户参与进来，让他们和公司官方团队一起，成为产品和服务改进、品牌传播的大明星”。

最后，除了注重线上的顾客整合行为外，B企业还积极发展线下顾客互动平台，形成线上线下双向互动机制。B企业互动平台包括TSH、BMH和XMZJ。TSH由B企业的忠实用户自发组织并得到公司官方认证的组织。该组织会不定期在线下组织同城聚会，目前数量已达99个；BMH是B企业官方不定期组织的大型线下顾客交流活动，每年年底还以家宴的形式举办年度盛典，企业创始人及生态链高管也会到场与粉丝们互动；XMZJ是B企业官方设立的线下直营零售体验店，也是B企业与顾客面对面交流并提供服务的一个平台，其数量目前已超过500家。

(2) 供应商整合

B企业注重对供应商的长期合作和可持续发展，制定了相对完善的供应商管理机制。选择供应商时，专注于构建“高性价比”竞争优势的B企业也以此来挑选供应商，由公司各部门专家组成的评审团队在质量、技术、成本、交付、环境、安全和社会责任等方面对供应商进行评审，以保障其能及时为公司提供高性价比的原材料和零配件。B企业创始人在接受采访时表示：“在做手机产品时，我的第一个要求就是要用第一流的供应商，要用顶级的原材料和零配件，一定要奔着世界级的产品去做，价格却要做到是同行的一半。”在与供应商合作期间，B企业会定期从质量、技术、成本和交付等关键指标对供应商进行绩效评估，并将评估情况反馈给供应商。同时，B企业也鼓励供应商反馈市场信息，并将这些信息用在产品设计开发和运营中。为更广泛深入地与供应商建立紧密合作关系，除日常沟通互动外，B企业还每年召开供应商大会。在供应商大会上，B企业一方面向供应商们分享企业已取得的业绩和未来的战略展望，以提高供应商们对未来合作的信心；另一方面也与供应商们深入探讨产业发展趋势、合作策略、供货和品质管控等，并向部分绩效评估优秀的供应商颁发“核心供应商最佳创新奖”“最佳战略合作奖”等奖项。为更好地提高产品性能，B企业还会与供应商协作创新，共同开发设计零部件。例如，2019年初发布的新款手机，所采用高通公司全球首发的骁龙855芯片，从该芯片开发项目立项初期，B企业就组织团队参与了高通公司的项目讨论，共同参与芯片方案的优化过程，并全程跟踪方案设计和测试，最终实现了骁龙855与B企业新产品完美对接。

4.4.3 B企业的复合式能力状况

B企业成立时正是手机行业竞争激烈的时期，其成立初期在技术、品牌、资本等方面与同行业企业相比不具优势。但是，B企业能够有选择地快速学习行业领先企业的先进经营管理模式、研发设计和服务方式等，将这些要素与企业自身资源进行创造性复合，并针对中国新兴市场环境进行模仿式创新，构建B企业自身的竞争优势。成立初期，B企业及时察觉到互联网带来的商业机会，综合学习了苹果公司“软件+硬件+服务”经营模式、苹果公司专注于研发设计和营销而将生产制造环节外包的“零生产”模式、戴尔公司的“产品直通用户”“按需定制”和“零库存”、苹果公司注重顾客参与和口碑传播的品牌体验和社会化营销方式，以及亚马逊公司以高性价比产品吸引和聚拢大量忠实顾客，再以持续的增值服务获取长期稳定的盈利。通过对上述要素的选择吸收和创造性复合，并综合考虑中国作为新兴市场所具有的特征，B企业成功采用“轻资产组织模式”，并通过不断的“补课”，实现这一组织模式的进化和完善。

B企业在轻资产组织运营过程中，内部核心资源和能力专注于研究开发和市场营销，零部件采购和组装制造环节均从全球范围内整合先进技术和工艺而成的优质零件部，并对其进行创造性复合和创新性运用，以达到“高性价比”满足顾客需求的经营目标。例如，B企业2019年2月发布的新产品就整合了全球范围内的优质资源，具体如下：手机处理器骁龙855是全球最大的基带芯片供应商高通出产的最新一代移动芯片；包括4800万像素的主摄像头、1200万像素的副主摄像头和1600万超广角+微距镜头等后置3摄像头模组由三星提供，前置2000万像素的摄像头模组由欧菲光、舜宇光学供应；手机屏幕是由三星提供的6.39英寸（0.1623米）AMOLED水滴屏；手机后盖板是蓝思科技提供的3D曲面玻璃后盖板，该手机后盖板采用了行业内最精密的NCVM+纳米炫彩膜贴合工艺。B企业在该新产品的开发设计中，对上述优质的外部资源以及内部研发操作系统等资源进行了创造性复合和创新性应用，为顾客提供了更丰富的使用体验。

4.4.4 B企业的服务创新绩效状况

B企业将低利润的核心硬件产品视为重要的用户入口，建立长期稳定的用户关系，然后为其提供丰富的互联网服务。因此，服务创新和开发是B企业开放式创新的重要内容，服务创新绩效也成为B企业重要的经营目标。

从财务绩效来看，从2015年至2018年，B企业总营业收入由668.11亿元增加至1749.15亿元，年均增长率达到37.82%；营业利润由27.00亿元增加至221.19亿元，年均增长率为101.59%；互联网服务收入由32.39亿元增加至159.56亿元，年均增长率为70.15%；互联网服务收入占比由2015年的4.85%提高到2016年的9.55%，2017年下降8.63%，2018年再次提高到9.12%。由以上数据可见，过去三年来，B企业整体营业收入迅速增长，互联网服务收入也获得高速增长。但是，B企业整体营业收入还是以产品业务为主，服务业务收入占比相对较小，近三年占比仅为9.55%、8.63%、9.12%，而且，相对于企业整体财务增长情况，互联网服务收入占比增长相对较慢，甚至在2017年出现小幅下降。

从市场绩效和企业成长绩效来看，B企业自2010年成立以来，创造了远超同行业平均的复合增长速度，创业三年后就占据国内智能手机市场第一，公司市值从2.5亿美元升至450亿美元，成为当时全球价值最高的未上市科技公司，被波士顿咨询公司评为2014年最具创新力的50大公司之一，获"2015福布斯中国成长最快科技公司"。创业五年后，公司估值增长180倍，成为全球成长最迅速的企业，也是全球估值最高的初创企业。截至2018年年底，B企业已为全球第4大智能手机制造商，进入海外82个市场，其中在5个海外手机市场中进入智能手机销量前5名。由于性价比高的产品和高度参与的服务体验，B企业获得较高的顾客忠诚度和满意度，有42%以上的顾客重复购买2~4台B手机。

4.4.5 B企业案例内分析小结

根据上述案例描述，将B企业在外部组织整合、复合式能力和服务创新绩效等概念上的具体表现进行了汇总，具体见表4-4。

表 4－4 B 企业案例内分析结果

构念		具体表现
外部组织整合	顾客整合	坚持“与用户交朋友”经营理念；扁平化的组织结构扩大了公司与顾客的接触面，能够及时了解顾客需求和市场动态变化；借助于移动互联网技术和各类社会化媒体，特别是企业官网和多个网络虚拟社区，实现与顾客的无缝连接，在产品和服务创新开发设计、营销、品牌推广和售后等各个环节与顾客进行信息分享、关系协调和共同参与；积极发展线下顾客互动平台，形成线上线下双向互动机制。
	供应商整合	注重供应商的长期合作和可持续发展，制定相对完善的供应商管理机制；鼓励供应商反馈市场信息，并将这些信息用到在创新开发中；每年召开供应商大会，分享企业已取得的业绩和战略展望，与供应商们深入探讨产业发展趋势、合作策略、供货和品质管控等；与供应商协作创新，在项目立项初期就共同参与方案优化，并全程跟踪方案设计和测试。
复合式能力		有选择地快速学习苹果、戴尔、亚马逊公等行业领先企业的先进经营管理模式、研发设计和服务方式等，将这些要素与企业自身资源进行创造性复合，并针对中国新兴市场环境进行模仿式创新，形成具有竞争优势的“轻资产组织模式”；内部核心资源和能力专注于研究开发和市场营销，零部件采购和组装制造环节均从全球范围内整合先进技术和工艺而成的优质零件部，并对其进行创造性复合和创新性运用，实现了“高性价比”满足顾客需求的经营目标。
服务创新绩效		从 2015 年至 2018 年，营业收入平均增长率为 37.82％，营业利润平均增长率为 101.59％，互联网服务收入平均增长率为 70.15％，互联网服务收入占比分别为 4.85％、9.55％、8.63％和 9.12％。进入海外 82 个市场，其中在 5 个海外手机市场中进入智能手机销量前 5 名；有 42％以上的顾客重复购买 2～4 台公司手机。全球第 4 大智能手机制造商，2014 年最具创新力的 50 大公司之一，2015 福布斯中国成长最快科技公司。

由表 4－4 可见，B 企业在日常经营和创新过程中积极利用互联网和移动互联网构建开放的创新网络，注重与顾客、供应商之间的信息分享、关系协调和共同参与，顾客整合在同行业中处于高水平，供应商整合也处于较高水平。从企业创立起，B 企业就非常注重对外界关键资源的识别和及时获取，并善于将这些资源加入企业自身不断变化的现有资源组合中，进行高效率的创造性复合，形成高性比竞争优势。在此基础上，B 企业获取了高企业绩效。但是，相对于服务业务

提供和服务创新实践，B企业目前将整合的外部资源更多地分配给了技术创新和产品开发，服务创新绩效相对受到一定的影响。

4.5 C企业案例描述与分析

4.5.1 C企业简介

C企业于2006年成立于上海，是一家专业设计、生产、制造、销售、安装和维修破碎机、制砂机、洗砂机、工业磨粉机、振动筛、振动给料机、皮带机和移动式破碎站等设备，同时提供石料生产线、碎石生产线、制砂生产线、磨粉生产线等方案设计的矿山机械设备企业。

C企业的前身为一家矿山机械加工型企业，从转型重组起，C企业一方面重视技术创新和产品开发，另一方面也积极开发和提供新的服务业务。C企业的服务主要是围绕产品销售和使用而提供的增值服务。在产品销售前，C企业提供技术和产品咨询服务，根据顾客需求配置合适的设备，或者根据顾客的功能需求，结合生产线周边环境特点并考虑国家环保相关政策，为顾客设计整套生产线方案。产品销售后，C企业为顾客提供设备物流、现场安装调试、试运行、操作人员培训和维修保养服务。

4.5.2 C企业的外部组织整合状况

(1) 顾客整合

C企业与顾客的互动主要体现产品销售以及产品使用过程中。C企业提供的机械设备主要用于破碎、磨粉、制砂生产线。顾客对生产线的功能需求不同，生产线的周边地形、水源、交通、离居民区远近等也各不相同。因此，在为顾客设计这种个性化特征明显的综合解决方案时，C企业与顾客会有大量的互动交流，顾客不仅提供详细的需求信息，还与企业共同参与方案设计过程。设备安装并正式投入使用后，C企业还会继续与顾客，特别是重要顾客，建立并维护良好的组织关系。生产线投入使用2～3个月后，C企业会组织进行客户回访活动，了解设备使用情况、顾客的使用体验以及顾客对产品和服务的改进建议。除主动回访外，C企业还会维修保养服务过程与顾客互动交流并获取顾客对现有产品和服务的使用体验和改进建议，以及新的需求信息。2016年，C企业的CRM系统正式上线，信息技术的运用大大提高了C企业对顾客信息的整合效率和效果。除上述的不定期整合行为外，C企业还会在每年年底组织对大客户的走访，一方面向对方共享企业新的产品和服务信息，另一方面也会收集顾客对产品和相关服务的反馈信息，以及未来的需求信息。

（2）供应商整合

C企业的供应商基本上为产品零配件供应商，没有服务供应商。由于产品零配件大都为标准件，C企业的供应商比较固定，与大部分供应商建立了长期稳定的供需关系。C企业在技术创新和新产品开发中，会有针对性地咨询并邀请供应商参与，听取其技术建议，并向其提出新的零配件需求。

4.5.3　C企业的复合式能力状况

C企业的复合式能力首先体现在不同产品与服务的复合式提供上，这种复合式能力随着企业发展不断增强。C企业前期主要销售单机设备。随着企业复合式能力的增长，C企业研发设计和生产的设备种类不断增加，包含了石料生产线、碎石生产线、制砂生产线和磨粉生产线上的主要设备。C企业积极整合外部资源，将外部获取的辅助设备与内部已有设备和服务进行创造性复合，为顾客提供一站式解决方案。与只注重产品本身效能的单机设备提供不同，一站式解决方案大多涉及整条生产线，除了关注关键产品效能外，更注重整体工艺的协调性和可控性，在综合考虑顾客需求、矿山自然环境和国家相关政策的基础上，需要对各类设备、总图、工艺、电气自动化、土建、给排水和暖通等产品功能和专业知识的复合运用。目前，一站式解决方案的生产的提供已成为C企业的主要业务。

C企业的复合式能力还体现在模仿式创新上面。作为行业追随者，C企业在技术研发、品牌、资本和服务等方面与行业全球领先企业相比还存在较大的距离。因此，C企业组建专业研发团队，在重视自主创新的同时，也随时关注和跟踪行业新技术和新产品发展，积极向行业领先企业学习，具体包括山特山维、美卓等国际领先企业和世邦科技、黎明重工等国内领先企业。在引进、吸收和消化先进技术和服务流程的基础上进行学习和模仿，边模仿边学习，同时结合企业内部经营条件和国内制度、技术和市场环境在学习和模仿的基础上进行创新。在对内外部资源进行创造性复合的基础上，C企业已陆续设计开发并生产出与传统产品相比更高效的PCL1350型立轴冲击式破碎机、6R大型高压磨粉机、JYM190一体式悬辊磨粉机、JYS系列高效制砂机等，这些设备运用到C企业设计的碎石生产线、制砂生产线和磨粉生产线方案中，使生产线更加高效。

4.5.4 C企业的服务创新绩效状况

财务绩效方面。C企业服务内容和产品/服务提供方式的不断创新促进了产品销售收入不断增长。整体方案设计和优化，促使C企业产品销售由单机销售转为整套销售，大大增加了产品销售量。另外，销售后阶段的维修保养和配件服务的持续提供也扩大了企业的利润空间。从2016年至2018年，C企业销售收入从5821.7万元增加至8039.2万元，年均增长率达到19.05%。C企业提供的服务为支持产品型服务，方案设计、安装、培训和保修期内的维修保养均为产品增值型服务，没有单独的业务收入，主要的服务业务收入来自保修期外的维修保养费和零部件提供费用。因此，C企业的服务业务收入在企业整体收入占比较少，近五年来服务收入占比均在13%~15%之间。

非财务绩效方面。C企业在产品销售后还会通过售后服务网络持续与顾客互动并为其提供服务。顾企互动不仅增加了企业对顾客信息的整合，也加深了顾客对企业产品和品牌的了解，还持续与顾客一起解决产品使用过程中的各类问题。这些服务措施促进了顾客对C企业的忠诚度和满意度。矿山机械行业进入门槛相对较低，行业企业数量众多，竞争激烈。在此行业环境下，C企业保持了较稳定的市场占有率，产品和服务覆盖全国各省市，并已在东南亚、南美洲、欧洲、非洲等地开辟海外市场。先进技术和优质服务促使C企业荣获多项荣誉，例如，荣获“国中国知名磨粉机十佳名优品牌”“中国矿山机械行业50强企业”“质量、信誉双保障示范单位”“质量、信誉、服务AAA级会员单位”等称号，2013年被认定为“上海市高新技术企业”。

4.5.5 C企业案例内分析小结

根据上述案例描述，将C企业在外部组织整合、复合式能力和服务创新绩效等概念上的具体表现进行了汇总，具体见表4-5。可以发现，C企业提供的服务为支持产品型服务，顾客整合主要体现在产品/服务销售及售后中。在产品创新中会整合供应商并利用其专业知识。在顾客潜在需求了解、供应商专业能力利用及行业领先技术的学习吸收基础上，进行了多项模仿式创新，丰富了产品服务供应，更好地满足了顾客需求，从而提升了服务创新绩效。

表 4-5 C企业案例内分析结果

构念		具体表现
外部组织整合	顾客整合	为顾客设计综合方案时，与顾客会有大量的互动交流，深入了解顾客需求，请顾客共同参与方案设计过程；生产线投入使用 2～3 个月后，企业会组织进行客户回访活动；每年年底组织大客户走访；维修保养服务过程与顾客互动交流，获取顾客的使用体验、改进建议和潜在需求；使用 CRM 系统，提高对顾客信息整合的效率和效果。
	供应商整合	与大部分供应商建立了长期稳定的供需关系；在技术创新和新产品开发中，会有针对性地咨询并邀请供应商参与，听取其技术建议。
复合式能力		将外部获取的辅助设备与内部已有设备和服务进行创造性复合，为顾客提供一站式解决方案；作为行业追随者，随时关注和跟踪行业新技术和新产品发展，积极向行业领先企业学习并吸取先进技术和服务模式，在对内外部资源进行创造性复合的基础上，企业已陆续设计开发并生产多款设备，形成更丰富的综合解决方案。
服务创新绩效		从 2016 年至 2018 年，企业销售收入从 5 821.7 万元增加至 8 039.2 万元，年均增长率达到 19.05%，服务业务收入占比均在 13%～15%之间，无明显增加；市场占有率稳定，产品和服务覆盖全国各省市，并已在东南亚、南美洲、欧洲、非洲等开辟海外市场；中国知名磨粉机十佳名优品牌、中国矿山机械行业 50 强企业、上海市高新技术企业。

4.6 跨案例比较分析与命题提出

综上所述，本研究分别对三家案例企业的外部组织整合、复合式能力和服务创新绩效进行了客观描述和详细分析。为便于跨案例比较分析，本研究在单案例分析基础上，对三家案例企业在外部组织整合、复合式能力和服务创新绩效的表现进行横向比较，并以好/高、较好/较高、一般、较差/较低、差/低等从高到低 5 个等级对企业在以上各变量指标上评判打分，然后，分别邀请 3 位被访谈的企业管理人员和服务创新研究领域内的 2 位专家对评分结果提出修改建议。根据上述建议，本研究再次修正评分结果，形成如表 4-6 所示的信息汇总与编码表。

表 4-6　案例企业外部组织整合、复合式能力和服务创新绩效的信息汇总与编码

变量		A 企业	B 企业	C 企业
外部组织整合	顾客整合	高	高	较高
	供应商整合	高	较高	一般
复合式能力		高	高	一般
服务创新绩效		好	较好	一般

下面将对案例企业的各组变量进行具体的对比分析，对外部组织整合、复合式能力和服务创新绩效等变量间的相关性和因果逻辑进行归纳，并在此基础上提出研究初始命题。

4.6.1　外部组织整合与服务创新绩效

在理论预设中（具体见本章 4.2.1），本研究提出服务型制造企业的外部组织整合对服务创新绩效会有重要影响，下面将通过三个案例的探索性分析支持并细化这一观点。

从表 4-6 可以看出，三个案例企业中，顾客整合水平越高，对应的服务创新绩效就越好。例如，A 企业建立了成熟的顾客整合机制，派员工进驻银行与顾客共同解决问题，金融外包服务提供过程中与顾客协同合作程度更深。在这种情况下 A 企业就能及时掌握顾客信息，并将这些信息应用于服务创新过程。同时，A 企业与顾客保持长期稳定的合作关系，也更有利于服务创新成果的应用。因此，A 企业获取了高服务创新绩效。B 企业在顾客导向的经营理念下，也形成了成熟的顾客整合机制，借助于移动互联网技术和各类社会化媒体，B 企业与顾客及时分享信息，邀请顾客共同参与企业创新与开发过程，还以顾客为中心开展了一系列线下聚会活动。B 企业的这些顾客整合行为不仅积极利用了顾客知识和个人经验，还大大提高了顾客对企业品牌的认同度，使顾客更容易接受企业的服务创新成果。但相对于 A 企业，B 企业目前将整合的外部资源更多地分配给了技术创新和产品开发，其服务创新绩效处于较好的水平。相对于前两家企业，C 企业的顾客整合水平相对要低一些，C 企业与顾客互动主要在产品销售过程及销售之后，其沟通交流内容也主要与产品功能使用有关，因此所获得的顾客信息比较有限，服务创新的优势也不明显，其服务创新绩效也只处于一般水平。

从表 4-6 还可以看出，三个案例企业中，供应商整合水平越高，对应的服务创新绩效也越好。例如，A 企业明确提出只有与供应商一起提高双方的柔性生

产能力，才能更好地响应客户不断增加的新需求。A 企业建立了科学规范的供应商管理机制，有明确的供应商考核机制，定期的供应商交流活动，还通过 MES 供应商门户系统的运用提高了供应商整合效率。通过以上整合行为，A 企业积极利用了供应商的创新能力，提高了创新资源整合的效率，服务创新的质量和速度都具有明显竞争优势，也获得了高服务创新绩效。B 企业处于竞争激烈的行业，而且企业的大量非主要业务都外包给供应商。因此，B 企业非常重视对供应商的整合，从供应商选择和供应链运行等方面也已形成成熟的管理机制。此外，B 企业还与供应商还在创新开发中深度合作。通过以上整合行为，B 企业积极利用了供应商的专业技术能力，加快了企业创新流程，也提高了创新质量。但相对于 A 企业，B 企业目前将整合的外部资源更多地分配给了技术创新和产品开发，其服务创新绩效只处于较好的水平。相对于前两家企业，C 企业的供应商整合水平要低一些。C 企业的供应商都为产品零部件供应商，企业仅在有供应需求时，包括日常供应需求和新技术、新零部件需求，才与对方沟通交流。这种情况下，C 企业对供应商掌握的市场信息、供应商专业技术能力等利用比较有限，对服务创新绩效的促进作用更加有限。因此，其服务创新绩效只处于一般水平。

由上述跨案例对比分析可见，服务型制造企业的顾客整合和供应商整合有助于企业及时了解市场需求、利用顾客知识和供应商的专业知识、提高市场对创新成果的接受度，从而能够提升服务创新绩效。因此，本研究提出以下初始命题：

命题 1：服务型制造企业的顾客整合对服务创新绩效有正向影响。

命题 2：服务型制造企业的供应商整合对服务创新绩效有正向影响。

4.6.2　外部组织整合与复合式能力

在理论预设中（具体见本章 4.2.1），本研究提出服务型制造企业的外部组织整合对复合式能力会有重要影响。

从表 4-6 可以看出，三个案例企业中，顾客整合水平越高，对应的复合式能力就越高。具体来看，A 企业在全国范围内建设了 900 多个服务站，与银行客户的各个网点都有专人对接，保持了密切联系。因此，A 企业能够在全国范围内广泛获取市场信息，而与顾客的深入交流和共同开发过程中也能更多地获取了顾客关于产品和服务的消费体验以及潜在的服务需求。这些资源的获取使复合式能力丰富了复合式能力发挥的资源基础。同时，A 企业在与顾客频繁的交流中及时掌握了顾客潜在需求，也使企业资源的创造复合更有针对性。在此情况下，A 企业培养了高水平的复合式能力。例如，A 企业在与顾客交流中了解到，随着金融设备日益复杂，设备管理这类辅助性的工作对银行来说既耗费时间又没有创造实际效益，管理效率还低。A 企业及时将这一信息应用于服务创新，提出金融外包服务这一新的服务形式，用更专业的水平为银行提供设备管理服务，使银行在设备管理方面实现降本增效的目标。B 企业通过社区论坛加强了企业与顾客间的互动以及顾客与顾客之间的互动，不仅获取了大量的顾客体验信息，还持续激发了顾客的创新思维，并且不断夯实复合式能力的资源基础。不同类别的顾客在 B 企业手机操作系统开发中的直接参与更是提高了复合式能力的效率。在此情况下，B 企业培养了高水平的复合式能力。相对而言，C 企业的顾客整合只是处于较高水平，且整合过程和内容更多以产品功能为中心，获取的知识和资源范围有限，对复合式能力的提升作用也不大。因此，复合式能力水平相对就比较一般。

从表 4-6 还可以看出，三个案例企业中，供应商整合水平越高，对应的复合式能力也越高。具体来看，A 企业是从纯制造企业转型为服务型制造企业的，企业创立前期的主要资源和能力聚焦于技术创新和产品开发，服务创新和服务业务提供的资源相对不足。对供应商，特别是服务供应商的整合，大大丰富了复合式能力的资源基础。例如，武装守护押运是金融外包服务中的关键资源，而这是企业前期阶段自身所不具备的，A 企业通过投资收购的方式整合了这一资源，并将该资源与企业已有资源进行创造性复合，形成全产业链的金融外包服务。B 企业将产品的生产制造等非核心环节外包给供应商，高水平的供应商整合为企业提供了高性价比原材料和零部件，也为企业提供了创新建议，从而也丰富了复合式能力的资源基础，提高了资源创造性复合的效率，因此其复合式能力处于高水平。相对而言，C 企业的供应商整合只是一般水平，且整合过程和内容更多以产品功能为中心，获取的知识和资源范围有限，其复合式能力水平相对就比较一般。

由上述案例探索性对比分析可见，服务型制造企业的顾客整合和供应商整合能够促使企业获取丰富的外部资源，使企业有更多的资源进行复合，也有助于企业找到资源创造性复合的正确方向，使资源创造性复合的效率更高。因此，本研究提出以下初始命题：

命题 3：服务型制造企业的顾客整合对复合式能力有正向影响。

命题 4：服务型制造企业的供应商整合对复合式能力有正向影响。

4.6.3 复合式能力与服务创新绩效

在理论预设中（具体见本章 4.2.1），本研究提出服务型制造企业的复合式能力对服务创新绩效会有重要影响，这一观点在三个案例的对比分析中能找到相关证据。

从表 4-6 可以看出，三个案例企业中，复合式能力越高，对应的服务创新绩效就越好。具体来看，A 企业对产品和服务的复合程度比较高，其服务也从早期的支持产品型服务转向后期的支持顾客型服务。而且，A 企业还准确判断和获取外部关键资源，并将其加入不断变化的现有资源组合中。例如，A 企业及时整合了外部的武装押运资源，并将其与已有资源复合，逐渐发展为全产业链的金融外包服务提供模式。在此高水平复合式能力的促进下，A 企业获取了高服务创新绩效。B 企业从创立起就充分利用了互联网资源，通过网络广泛获取外部互补性资源，积极吸取行业领先企业的技术、设计、产品功能和管理模式，并成功将这些外部资源与内部资源复合，形成自己特色的商业运作模式，并获取了较高的服务创新绩效。C 企业也对产品和服务进行了复合，但其复合程度不高，为顾客提供的产品服务组合或综合解决方案中，服务类型主要为支持产品的服务，服务的作用主要为产品增值。另外，C 企业也积极向行业领先企业学习并进行模仿式创新。但这些资源复合主要体现在产品开发中，对服务创新绩效的提升作用比较有限。在此情况下，C 企业的服务创新绩效只处于一般水平。

由上述案例探索性对比分析可见，复合式能力有助于服务型制造企业获取外部互补性资源并将其与内部资源进行创造性复合，还有助于企业为顾客提供复合式的产品服务组合或综合解决方案，满足顾客多样化的个性需求。基于此，提出以下初始命题：

命题 5：服务型制造企业的复合式能力对服务创新绩效有正向影响。

4.7 本章小结

本章在理论预设模型的基础上，选择三家服务型制造企业进行探索性案例研究。跨案例对比研究发现，服务型制造企业的顾客整合和供应商整合均与复合式能力、服务创新绩效存在正相关关系，复合式能力也与服务创新绩效存在正相关关系。在此基础上，提出 5 项初始研究命题，具体如下：

命题 1：服务型制造企业的顾客整合对服务创新绩效有正向影响。

命题 2：服务型制造企业的供应商整合对服务创新绩效有正向影响。

命题 3：服务型制造企业的顾客整合对复合式能力有正向影响。

命题 4：服务型制造企业的供应商整合对复合式能力有正向影响。

命题 5：服务型制造企业的复合式能力对服务创新绩效有正向影响。

上述 5 个研究命题是本文后续研究的重要基础。但是，由于以上命题只是通过三个典型案例分析得出的，结论的有效性和普适性无法得到很好的保证。而且，上述命题描述的关系是否还存在更复杂的内外部边界条件，也无法在案例分析中充分展开。因此，后续章节中，本研究将在上述命题的基础上，结合国内外已有相关研究文献进行更深层次的理论探讨。

第五章　研究假设和理论模型

本文第四章通过探索性案例研究，探索了外部组织整合、复合式能力和服务创新绩效的关系，并提出5个初始命题。本章将基于国内外已有相关研究，综合运用资源依赖理论、复合基础观和开放式服务创新理论，对服务型制造企业外部组织整合影响服务创新绩效的内在机理进行更深层次的理论探讨，补充和完善上一章提出的初始命题，提出更细化的研究假设，并构建概念模型。

5.1　外部组织整合与服务创新绩效

5.1.1　外部组织整合

根据资源依赖理论，任何组织都无法独自拥有自身发展所需的全部资源，资源需求促使组织对外部的资源拥有者产生依赖（Pfeffer 和 Salancik，1978）。随着技术日益加速的更新和扩散，产品/服务越来越复杂，其材料和构件的专业化程度越来越高。因此，即使组织内部资源和能力非常强大，也不可避免会出现局限，需要与外部其他组织进行交易或合作，以实现创新过程中资源的低成本高效率配置（王涛等，2016），同时也使企业对外部相关组织的资源依赖程度日益增加，其中对供应商和顾客之间的资源依赖关系相对更强。为高效获取外部资源，企业需要进行跨组织间的信息分享、组织关系协调和创新过程中的共同参与（Millson 和 Wilemon，2002；吴家喜和吴贵生，2009；简兆权等，2018）。

开放式创新理论强调创新的多主体参与性，认为创新不应只限于组织内部，而应来自创新网络中各成员的联合行为（Lusch 和 Nambisan，2015）。相对于独立封闭模式，与外部组织合作创新在减少创新成本、降低市场风险和提高创新效率等方面具有明显优势（Chesbrough，2011）。因此，企业需要营造开放的经营环境，积极整合组织内外部资源，形成开放式服务创新。由第二章的相关研究综述可知，顾客和供应商是企业开放式创新过程中的重要创新主体，是企业获取外部资源的主要来源，顾客整合和供应商整合也是学者们普遍关注的外部组织整合类型。

制造企业的资源和能力长期聚焦于技术创新和产品开发，服务创新和开发经验相对不足。服务型制造企业在创新开发和商业运营中需要同时兼顾产品业务和服务业务，内部的创新资源也需要在两类业务之间进行平衡配置。因此，与服务型企业相比，制造企业在服务创新过程中更需要与顾客和供应商等外部关键组织协调合作，获取互补性资源。本研究在案例分析中也发现，有效整合外部关键组织是企业服务创新成功的关键之一。例如，前述案例研究中的B企业，借助于移动互联网技术和各类社会化媒体，在产品和服务创新开发的设计、营销、品牌推广和售后等各个环节与顾客进行信息分享、关系协调和共同参与，不仅及时获取了顾客的消费信息和需求偏好，开发更容易被顾客接受的新产品和新服务，还增加了顾客的参与体验，锁定顾客并不断扩大粉丝范围。该企业认为顾客导向下的企业文化是其核心竞争力之一。

综合 Millson 和 Wilemon（2002）、Wong 等（2011）、Schoenherr 和 Swink（2012）、吴家喜和吴贵生（2009）和简兆权等（2018）研究，并结合制造企业服务创新实践，本研究综合考虑外部组织整合对象和整合行为，认为外部组织整合是指企业与顾客和供应商等关键外部组织的信息分享、关系协调和共同参与。具体来看，顾客整合是指企业与顾客，特别是能够提前察觉市场需求的领先顾客，进行信息分享、关系协调和共同参与的行为；供应商整合是指企业与主要供应商进行信息分享、关系协调和共同参与，以实现更合理的生产规划和市场预测，以及更高效的流程设计和交易管理。

5.1.2 服务型制造企业服务创新绩效

服务创新是指与服务相关的创新行为与活动（蔺雷和吴贵生，2007），其结果体现为新的服务内容或新的服务传递方式（Lusch 和 Nambisan，2015）。服务创新绩效是指服务创新给企业带来的绩效或成效（Voss，1992；Storey 和 Kelly，2001；王绒，2018），它是企业组织服务创新活动和学术界开展服务创新研究过程中普遍关注的内容。服务创新能够为企业带来很多方面的利益，如更优质的服务产品、更低的生产运营成本、更高效的服务运营效率、更好地满足顾客需求、形成持续竞争优势等（李纲等，2017）。营业收入、利润等财务绩效固然是企业非常关注的重要创新绩效指标，但是，财务绩效不足以完全代表创新所带来的收益和绩效。而且，财务绩效本身通常也表现出一定的滞后性（Cooper 和 Kleinschmidt，1987）。因此，服务创新绩效是一个多维度的复杂构念，众多学者认为除了财务绩效维度外，还需要关注一些非财务绩效。例如，Storey 和 Kelly（2001）认为除财务绩效维度外，服务创新绩效还应包括顾客绩效和内部发展绩效；简兆权等（2014）从财务绩效、企业成长、顾客和内部四个方面来划分服务创新绩效维度；李纲等（2017）直接从财务和非财务两个维度来分析服务创新绩效。

由第三章第 2 节对制造企业服务创新研究的归纳总结可知，制造企业服务创新研究是服务创新理论在制造企业战略管理研究领域的延伸，并随着服务主导逻辑的出现而进一步深化和拓展。制造企业服务创新是指制造企业开展的服务创新行为和活动。服务创新和服务企业服务创新存在明显区别，其创新驱动和创新结果通常与自身提供的实体产品密切相关（Finne 等，2014；许晖和张海军，2015；肖挺等，2014a）。本研究在案例分析中也发现，制造企业组织服务创新的动力也主要包括了财务因素、市场因素和企业成长因素，但各要素中都体现了产品和服务的融合。

从财务因素来看，服务创新和服务业务提供不仅可以为企业带来服务业务的收益，还可以促进产品业务收益的提升，例如，前述案例研究中的 A 企业为银行客户提供高端金融服务业务不仅创造了新的利润增长点，还提高了 ATM 和 VTM 等金融设备产品的销售量，使企业的总体营业收入和利润额不断增长。从市场和企业成长等非财务因素来看，已有企业实践和相关理论研究表明，制造企业开展服务创新活动很大程度上是由于市场需求和市场竞争的驱动（Vandermerve 和 Rada，1988；Oliva 和 Kallenberg，2003；Kowalkowski 等，2017；简兆权等，2017）。一方面，随着产品市场由买方市场转入卖方市场，顾客需求日益多样化和个性化；另一方面，随着信息技术的快速发展和广泛运用，技术更新和扩散不断加快，产品生命周期日益缩短，产品同质化明显，制造企业面临的市场竞争日益激烈，容易陷入“产品化困境”。制造企业通过服务创新为顾客提供复合式的产品－服务组合，可以提高产品的差异化程度，满足顾客的个性化需求，增强顾客满意度和忠诚度，从而提升企业的竞争优势。而且，持续的服务创新不仅能够促使产品的市场占有率的提升，还会推动企业开拓新的生产型服务业务市场。例如，前述案例研究中的 A 企业，前期还未形成市场规模时就采用亏本提供服务业务的策略，以此来提高顾客的满意度，打开市场；之后，持续的服务创新，特别是全产业链金融外包服务模式的提出和运用，不仅提高了顾客的满意度，锁定了顾客，还引领了行业创新潮流，大大提升了A企业的竞争优势，其市场占有率逐渐登上行业前列，服务业务也由成本要素逐渐转变为利润主角，服务业务收入占比已超过50%。

上述因素不仅是制造企业服务创新的驱动因素，也是制造企业组织服务创新活动并提供服务业务，或集成产品与服务提供综合解决方案的主要目的。因此，这些因素也成为评价制造企业服务创新绩效的重要方面。综合以上分析，本研究认为制造企业服务创新绩效是指制造企业通过提供新的服务内容、新的服务和产品提供方式而产生的财务绩效和非财务绩效，其中非财务绩效又包括了市场绩效和企业成长绩效。为了更精确地理解服务型制造企业外部组织整合对服务创新绩效的影响机理，本研究将外部组织整合分为顾客整合和供应商整合，将服务创新绩效分为财务绩效和非财务绩效两个方面，深入分析不同类型外部组织整合对服务创新绩效不同维度的微观影响机理。

5.1.3 顾客整合与服务创新绩效

顾客整合是指企业与顾客，特别是能够提前察觉市场需求的领先顾客，进行信息共享、关系协调和共同参与的行为（Wong等，2011；Schoenherr和Swink，2012）。顾客是创新的需求者，也是创新成果的最终评价者。与产品创新相比，服务的时效性、不可分离性和易逝性等与产品完全不同的特征决定了顾客在服务的设计、开发与传递过程中起到更重要的作用。服务主导逻辑认为，服务创新是多个参与主体在服务生态系统中通过资源整合来共同创造价值的过程，顾客是服务生态系统的重要参与者，在服务创造和开发过程中具有构想者（ideator）、设计者（designer）和中介（intermediary）等新的角色定位（Lusch和Nambisan，2015）。首先，顾客具有服务需求及独特的个人背景知识，他们能够将这些知识传递给企业，并且能够整合自身知识形成对现有服务产品的独特体验。这些隐性知识是重要的创新来源。因此，顾客可视为服务创新的构想者。其次，顾客能够从服务生态系统中通过资源互动，根据自己的需要分解和整合不同资源，形成新的资源配置方式，从而开发设计新的服务。因此，顾客也可视为服务创新的设计者。最后，作为社会独立个体，顾客同时存在于多个服务生态系统，能够交叉融合各个服务生态系统内的知识并将其与其他系统成员共享，从而建立跨生态系统的隐性连接，成为服务创新过程中价值传递的中介者。从顾客在服务创新过程中的角色定位可知，顾客和他们的经验知识是企业重要的操作性资源（dynamic operant resource）（Vargo 和 Lusch，2006，2008），这些操作性资源在企业探索和开发新服务过程中发挥重要作用，同时也具有无形、动态且难以转移等特征。下面具体分析服务型制造企业在顾客整合过程中与顾客之间的信息分享、关系协调和共同参与对服务创新财务绩效和非财务绩效的影响。

开放式服务创新理论强调企业创新源泉可同时来自组织内部和外部，与外部组织共享信息有利于企业内部创新和服务开发（Chesbrough，2011）。信息分享是企业收集外部信息同时向外部传播和解释信息的过程。企业与外界组织的信息分享不仅扩宽了创新思想的来源，还有利于提高企业与外部组织在认知上的一致性。Verworn 等（2000）通过调查发现，企业服务创新思想大部分来源于组织外部，其中顾客占 50%。服务具有无形性、异质性、不可分离性和易逝性等与实体产品完全不同的特征，从服务创新理念产生和新服务开发初期就非常有必要将顾客现实需求和潜在需求等相关信息涵盖进去（张克英等，2018），其开发过程更需要与利益相关者的信息分享。高质量的顾客信息可以成为企业产品和服务创新开发的导向和准则，因而在企业创新过程中具有非常关键的作用（Holbrook，2006）。因此，企业与顾客的信息分享一方面使企业能够及时获取顾客已有的服务体验和潜在的服务需求，有助于企业准确预测市场趋势，提供更加符合顾客需求的新服务体验（简兆权等，2018），提高顾客满意度和顾客黏性，从而提升新服务的市场竞争力；另一方面，企业及时分享企业文化和新服务信息，有助于顾客更好地理解企业品牌和新服务产品并将其与自己的需求进行匹配，充分了解自己在服务开发、传递和消费过程中需要承担的内容与责任，从而降低新服务产品的市场风险，有助于扩大市场占有率，获取更好的创新财务绩效。

服务创新的高交互性和高协同性使关系治理成为服务创新网络治理的重要内容。通过对顾客关系的协调和管理，有利于构建互惠互信的良好顾企关系（白鸥等，2015；Jaakkola 等，2017；简兆权等，2018）。根据社会网络理论，与一般的网络关系相比，信息交互频繁、成员间互相信任的嵌入性网络关系具有更大的网络效用性（Ahujs，2000；Kilduff 和 Brass，2010）。具体来看，一方面，良好的顾企关系有助于企业及时获取更高质量的顾客潜在需求、体验反馈和服务创新建议等高嵌入性知识（Rusanen 等，2014），提高服务创新效率和效果。而且，这种互惠互信的情感关联和心理契约会带来“锁定效应”，带来更大程度上的顾客忠诚度（Yu 等，2013；胡有林和韩庆兰，2018）。另一方面，良好的顾企关系使顾客更好地理解和体验服务，提高其对新服务的认可，降低新服务的市场风险（Jaakkola 等，2017），同时还能够使企业以更有效的方式推进创新成果的商业化，促进新服务的市场拓展和销售增长（赵立龙，2012）。

顾客参与是顾客整合的重要表现形式。开放式创新理论认为顾客参与是提升创新绩效的关键要素（Chesbrough，2011），价值共创理论也认为顾客不再仅是价值的被动接受者，而应该是价值创造的主动参与者（Vargo 和 Lusch，2004，2011）。由于服务生产和消费的同步性特征，相比于技术创新和产品开发，服务创新过程中更需要企业与顾客之间的合作与共同参与（王琳等，2015；Storey 和 Larbig，2018；胡有林和韩庆兰，2018）。顾客直接参与服务创新的程度越深，越多本该由企业内部完成的创新开发工作移至顾客完成，形成类似“兼职员工”的直接收益，从而减少创新成本（张红琪和鲁若愚，2014；胡有林和韩庆兰，2018）。其次，顾客直接参与服务创新，能够推动企业去除多余环节，优化服务创新流程，缩短服务创新研发周期，不仅使企业能够更早获取创新收益，相对较快的创新速度还能提高企业市场竞争力。再次，顾客参与过程中会存在深度沟通交流和持续的信息互动，不仅有助于企业直接获取顾客隐性知识和资源，提升企业服务创新能力，开发更符合市场需求的新服务（简兆权等，2018），顾客在参与过程中也会获取丰富的参与体验，使顾客对新服务的满意度得到提高（Yu 等，2013）。最后，顾客更容易接受自己参与开发的新服务，并会通过自身关系网络进行口碑传播，促使企业以低成本方式实现新服务产品的市场宣传。顾客参与不仅体现了顾客与企业的互动，也增加了顾客与顾客之间的体验分享和互动，引发品牌共鸣，形成口碑宣传（朱丽叶等，2018）。这种品牌认同和口碑宣传不仅可以降低新服务的市场风险，还可以辐射至其他的产品和服务，促使其市场销量增长。

从以上分析可见，从财务绩效方面来看，制造企业在顾客整合过程中彼此分享信息、协调关系并引导顾客参与创新，能够增加顾客对企业品牌认知和文化认同，促使顾客更好地理解和体验新服务，降低服务创新的市场风险，促进新服务销售量的增长。同时，顾客整合还能降低服务创新成本，缩短创新研发周期，从而提高新服务和已有产品和服务的收益。从非财务绩效方面来看，顾客整合不仅能够使企业及时获取需求及其变化信息，提供更加符合顾客需求的新服务体验，提高顾客满意度；持续互动和关系协调还能带来“锁定效应”，增加顾客黏性；

而成本降低、顾客需求响应及时、创新速度加快等特点也促进企业市场竞争力得到提高。

已有理论和实证研究也从不同方面实证顾客整合和顾客合作是影响服务创新绩效的重要因素。Lusch 和 Nambisan（2015）认为企业与顾客在共同参与过程中进行资源互动和服务交流，而这种互动和交换会直接影响服务创新。Ordanini 和 Parasuraman（2011）认为顾客参与能够提升企业生成新服务理念的能力，并通过实证研究表明顾客参与会显著正向影响企业服务创新的数量。Zhao 等（2013）研究表明，顾客整合有助于企业更好地掌握顾客的真正需求，能更准确地预测市场趋势，减少牛鞭效应，促使其更快地响应顾客需求变化。Yu 等（2013）通过实证研究表明，顾客整合能够有效提升顾客满意度；Chavez 等（2015）认为顾客整合不仅降低了成本，还促进了服务问题的识别和解决，提高了服务质量。刘超等（2017）认为顾客整合会促使企业在新服务的设计方案中充分考虑到顾客的切实需求，提高新服务对顾客需求的满意程度，从而获取更好的创新绩效。张克英等（2018）在顾企互动对服务创新的影响机理研究中发现，企业与顾客之间的信息分享、顾客接触等均会显著正向影响企业服务概念创新和服务传递创新。简兆权等（2018）通过实证研究表明，企业与包括顾客在内的外部组织之间的信息分享、关系协调和共同参与对新服务的开发均有显著的正向影响。

基于上述分析，本研究提出以下假设：

H1a：服务型制造企业的顾客整合对服务创新的财务绩效有正向影响。

H1b：服务型制造企业的顾客整合对服务创新的非财务绩效有正向影响。

5.1.4　供应商整合与服务创新绩效

供应商整合是指企业与主要供应商进行信息分享、关系协调和共同参与，以实现更合理的生产规划和市场预测，以及更高效的流程设计和交易管理（Wong 等，2011；Schoenherr 和 Swink，2012）。根据资源依赖理论，由于自身资源有限，企业对外部相关组织产生资源依赖，通常采取交换、合作和联盟等组织外部行为来获取资源，维持企业生存和发展（Pfeffer 和 Salancik，1978；Drees 和 Heugens，2013）。相对于水平网络关系的外部组织，企业对具有上下游垂直网络关系的供应商的资源依赖程度更大（Gulati，1995；郭惠玲等，2018）。而且，随着生产全球化和业务外包的日益盛行，供应商不再仅仅是原材料或服务内容的某部分的提供者，而是对具有特定功能的某个子系统或模块负责的协作伙伴，企业对供应商的依赖也随之不断增强。对制造企业来说，长期以来，其资源和能力聚焦于技术创新和产品开发，缺少服务创新的经验，服务创新所需求资源也相对不足，对服务供应商的资源和能力具有很大的依赖性。供应商整合必然会在制造企业服务创新过程中起到重要作用。下面具体分析服务型制造企业在供应商整合过程中与供应商间的信息分享、关系协调和共同参与对服务创新财务绩效和非财务绩效的影响。

供应商作为独立的经济组织，不仅自身具备较强的创新能力，还能持续向企业提供先进的零部件、原材料和服务（李随成等，2014；李娜等，2018），其内嵌性的技术经验知识也是企业创新所需的互补性资源。作为合作伙伴，供应商的信息和资源是企业创新的重要来源（Vanpoucke 等，2017）。通过与供应商之间持续的信息分享，一方面可以使企业及时获知最新的技术信息，加深对技术和市场变化趋势的了解，不仅能够促使企业产生新的创新思想，增加企业灵活性，还有助于减低企业服务创新的市场风险；另一方面，企业与供应商之间的信息共享还有助于降低组织间的信息不对称性，降低交易成本，减少服务设计、开发和传递过程中的资源浪费，提高服务创新效率。

服务创新内嵌于企业与其利益相关者组成的服务创新网络之中。服务创新网络通常是以人际关系（特别是高管层人际关系）为基础建立和发展而成的企业间网络组织（Gremyr 等，2014）。为了减少由资源依赖所带来的不利影响，企业通常会与供应商建立良好的组织关系，以便于获取互补资源。因此，供应商整合过程中通过有效的组织间关系治理有助于提升服务创新绩效。首先，企业与供应商建立长期稳定的协作关系，会形成基于承诺、依赖和信任等紧密关系而产生的组织优势，更易于从其他成员处获取互补性资源（Ahujs，2000），特别是高嵌入性的隐性知识（白鸥等，2015）。这些高嵌入性的隐性知识是影响服务创新的重要因素，甚至能够直接成为新服务的一部分（Uzzi，1996；Rusanen 等，2014）。其次，通过关系协调，企业能够构建与供应商之间良好的合作秩序，有助于解决企业与供应商之间的分歧，建立长期稳定的战略合作关系。根据交易成本理论，关系治理能够有效降低组织间的信息不对称，减少对方采取机会主义行为的意愿和能力，从而降低企业的交易成本（Wong 等，2011），提高企业服务创新的财务收益。此外，长期稳定的良好组织关系能够增强组织间的信任和承诺，进一步形成战略联盟，有助于发现和挖掘新的市场机会。

服务型制造企业为顾客提供的产品服务组合或综合解决方案，涉及多个领域的知识集成，需要企业与供应商的共同参与和协同开发。首先，对于缺少服务创新经验的制造企业来说，通过供应商参与，可以促使企业有效利用供应商的专业能力，特别是新技术和新材料的应用，协同完成从服务设计、服务集成到服务传递等过程，减少服务开发和传递过程的不确定性，不仅提高了企业创新质量和运营灵活性，更好地为顾客创造价值，还提高了服务创新的效率，降低创新成本。多项研究表明，供应商在创新早期就参与进来有助于企业了解行业趋势，识别创新所需的新技术，从而减少创新后期出现设计变更的风险（Takeishi，2001；张红琪和鲁若愚，2014；Luzzini 等，2015）。其次，供应商参与有助于提高企业自主创新能力。供应商参与增加了双方知识交流的频率和质量，扩大企业的知识存量，激发企业产生新的服务创新思想，提高自主创新能力（李随成和姜银浩，2009）。最后，随着供应商在企业服务创新过程中参与程度的逐步深入，对企业创新需求和顾客偏好的了解就越多，有利于其提出更有针对性的创新建议，这些建议与企业创新流程更加吻合，有助于提高创新成果的整体性能（杨洋等，2016）。

从以上分析可见，从财务绩效方面来看，制造企业在供应商整合过程中彼此分享信息，建立良好的合作关系，并在创新早期就引导供应商参与，能够促使企业及时获知最新的技术信息，有效利用供应商的专业能力，不仅可以减少资源浪费，还可以缩短创新研发周期，降低创新的市场风险，从而提高新服务和已有产品和服务的收益。同时，通过供应商整合还可以降低组织间的信息不对称性，建立互惠互信的组织关系，降低交易成本，从而减少服务创新成本。从非财务绩效方面来看，首先，供应商整合增加了双方知识交流的频率和质量，丰富了企业的外部关键知识获取，激发企业产生新的创意，提高自主创新能力；其次，供应商整合有助于建立长期稳定的战略合作关系，进一步形成战略联盟，有助于发现和挖掘新的市场机会；最后，供应商参与服务设计、服务集成到服务传递等过程，不仅能够提高企业的服务创新质量，还促使企业能够更好地处理顾客问题，从而可以更高效地为顾客提高价值，进而提高顾客满意度。

已有理论和实证研究也从不同方面分析了供应商参与或供应商合作在创新过程中的重要作用。Yu 等（2013）从组织学习视角分析供应商整合对企业的影响，认为供应商整合增加了组织间信息交互的频率，推动企业在互联网环境下以较低成本及时获取更多信息，创造了更多组织学习的机会，并通过实证研究表明，供应商整合对企业财务绩效有显著的正向影响。李敏等（2017）研究表明，企业与供应商之间通过关系协调和治理可以促进组织间共同认知和知识整合，进一步促进企业产品创新和流程创新。白鸥等（2015）通过实证研究表明，企业与合作伙伴的关系治理会显著正向影响企业服务创新。简兆权等（2018）研究表明，由于服务具有无形、异质且生产与消费同步等明显不同于实体产品的特征，其生产和消费过程具有高交互性和高协同性，提供给顾客的是个体性的感知和体验，服务产品也无法存储。因此，相对于新产品开发，供应商在新服务开发过程中的共同参与起到更重要的影响作用。Ordanini 和 Parasuraman（2011）从创新程度和创新数量来分析企业服务创新绩效，供应商和其他合作伙伴参与会显著正向影响企业服务创新的程度。Gebauer 等（2017）通过多案例研究发现，在制造企业成功开发并为顾客提供服务过程中，有效的供应商整合是必不可少的。

综合以上分析，本研究提出以下假设：

H1c：服务型制造企业的供应商整合对服务创新的财务绩效有正向影响。

H1d：服务型制造企业的供应商整合对服务创新的非财务绩效有正向影响。

5.1.5 顾客整合和供应商整合的交互与服务创新绩效

顾客和供应商是相对独立的企业外部个体或组织。现有组织整合相关文献表明，顾客整合和供应商整合可以分别作为单一构念进行研究。本研究在前述的案例研究和理论分析中也基于制造业服务化背景，分别讨论顾客整合和供应商整合对制造企业服务创新绩效的影响关系。但是，从企业的供应链管理视角来看，供应商和顾客分别处于企业的上下游，他们与企业一起才能构成完整的供应链。供应链可以被视为各节点企业进行资源整合和价值共创的网络系统（Zhang 等，2016）。各系统成员进行协调合作，消除组织壁垒，促使资金流、物流和信息流在组织之间顺畅流通，才能有效促进供应链整合，实现卓越的企业运营绩效和商业绩效（Flynn 等，2010），并获取良好的顾客满意度（Zhao 等，2013）。服务创新网络由众多利益相关的创新参与主体构成，顾客和供应商是其中最重要的利益相关者。这些利益相关者互动合作、彼此交换和整合资源，共同创造价值来实现服务创新（Lusch 和 Nambisan，2015）。在此过程中，对服务创新网络的某个成员企业而言，顾客整合和供应商整合通常是同时进行的。本研究已通过探索性案例分析和理论推导发现，顾客整合和供应商整合对制造企业服务创新绩效均有正向的影响关系。在此基础上，本研究进一步认为顾客整合和供应商整合在影响服务创新财务绩效和非财务绩效的过程中可能存在正向的交互作用。

顾客整合促使企业及时掌握市场需求信息和顾客偏好，企业将这些信息及时分享给供应商，有利于供应商及时把握市场动态，使企业和供应商共同参与服务创新设计和开发过程中更加聚焦，不仅提高了服务创新的质量，降低了创新的市场风险，使服务创新成果具有更强的市场竞争力；还有利于降低创新过程中的资源浪费，减少服务创新成本，从而提高服务创新的财务绩效。换言之，制造企业服务创新需要以顾客需求为导向，顾客整合程度越高，企业能更及时地掌握顾客需求信息和市场需求变动，为企业与供应商的合作创新提供良好的方向指引，供应商整合对服务创新财务绩效和非财务绩效的促进作用也越强。

供应商整合促使企业有效利用供应商的专业技术知识和服务创新能力，有利于提高企业自身的服务创新能力、增强企业灵活性。在此基础上，企业在整合和运用顾客需求信息、创新理念并将其转化为创新成果方面具有更强的能力保障，能以更低的成本满足顾客多元化的个性需求，从而提高顾客满意度。在较为复杂的服务开发过程中，例如为顾客提供新的综合解决方案，顾客反馈的很多问题都与企业供应商提供的子部件或材料有关，只有与相关的供应商联合起来，才能有效解决这类问题（Zhang 等，2016）。没有相应的供应商整合水平，顾客整合只会增加整合成本，而难以实现顾客承诺，不能及时高质量满足顾客需求，因此难以达到高水平的企业绩效（Devaraj 等，2007）。换言之，制造企业服务创新活动的高效开展需要足够的支撑服务创新的技术和能力，供应商整合程度越高，企业能够获取更多的行业先进技术和创新相关资源，顾客整合对服务创新财务绩效和非财务绩效的促进作用也越强。

此外，也有少部分实证研究和案例研究分析了顾客整合和供应商整合之间的相互影响或交互作用。Devaraj 等（2007）对比分析顾客整合和供应商整合不同水平的组合与企业绩效关系时发现，顾客整合和供应商整合都处于高水平时，对企业收益的促进作用最强，其实证分析结果也证实顾客整合和供应商整合在影响企业运营绩效方面存在协同效应。Zhang 等（2016）通过对 6 个企业进行多案例研究发现，企业开发和提供新的综合解决方案服务既需要供应商整合，同时也需要顾客的共同参与。Flynn 等（2010）通过实证研究表明，顾客整合和供应商整合的交互对企业运营绩效有显著的影响作用。张红琪和鲁若愚（2014）研究表明，顾客参与会影响供应商参与服务创新，在顾客参与的情境下，供应商参与对服务创新的影响作用会更大。

综合以上分析，本研究提出以下假设：

H2：顾客整合和供应商整合的交互对服务创新绩效有正向影响。

具体来说，该假设包括以下 2 个子假设：

H2a：顾客整合和供应商整合的交互对服务创新的财务绩效有正向影响。

H2b：顾客整合和供应商整合的交互对服务创新的非财务绩效有正向影响。

5.2 外部组织整合、复合式能力与服务创新绩效

复合式能力是指企业能够协同整合来自其内部和外部现有的有形或无形资源的独特能力。复合基础观从开放式资源整合逻辑出发，针对新兴市场国家大量只拥有普通资源、需要谋求外部支持以弥补自身不足的企业，从复合的视角对传统的战略范式“核心能力—竞争优势—组织绩效”进行全新的诠释，进而提出“复合式能力—竞争优势—组织绩效”战略范式。复合基础观强调，对于只拥有普通资源的企业来说，积极整合外部资源，将其与自身所拥有的资源进行整合并进行创新性运用，采用复合竞争手段，为顾客提供复合功能特征的产品与服务组合，以快速的市场响应和较高的性价比创造出独特的竞争优势。

服务创新的本质就是对已有资源进行重新整合，并形成新的服务内容或新的服务提供方式（Myhren 等，2018）。复合式能力强调对外部资源的获取及其创新性整合，而外部组织整合是获取外部资源的有效手段。因此，制造企业通过外部组织整合从外部获取服务创新所需资源，通过复合式能力对这些资源进行整合并创新性地组合应用，能够有效提升服务创新绩效。以下将具体讨论顾客整合、供应商整合通过复合式能力对服务创新绩效的影响。

5.2.1 外部组织整合与复合式能力

复合式能力是企业能够制定和实施复合式战略、采取复合式竞争手段并为顾客提供复合式产品服务系统的支撑和动力，因此成为复合基础观的核心要素。资源整合本身是一个复杂的动态过程，具体包括资源识取和资源配置两个循环过程（Ge 和 Dong，2009；董保宝等，2011；姜骞和唐震，2016）。资源识取是指企业对外部资源的识别和获取，是资源整合过程中的组织外部搜寻行为。资源配置是指对已获取的外部资源与内部已有资源进行优化配置和创新性运用，是资源整合过程中的组织内部行为。相比于一般的资源整合，复合式能力对资源整合的内涵更丰富，除了从时间维度上强调应对外部环境变化而不断调整的动态性特征外，

还从空间维度上强调资源的丰富多样性，以提高复合的效率和整合的协同效果，创造更快的市场响应和更高的产品性价比（陆亚东和孙金云，2014）。根据资源依赖理论，企业对外部组织的资源依赖关系是外部组织关系治理的推动力，而相对于水平组织关系，垂直关系组织间的资源具有更大的互补性特征，其资源依赖程度相对也更大（Gulati，1995；郭惠玲等，2018）。因此，企业对供应商和顾客等上下游垂直组织关系的外部组织进行整合的动力更大，其整合行为也能有效提升企业的复合式能力，主要体现在以下两方面。

（1）外部组织整合能够拓宽和增加企业跨界搜索的广度和深度，促使企业获取丰富的价值性资源，夯实复合式能力的资源基础

资源是能力形成和发挥作用的基础。复合式能力虽然不像动态能力那样强调资源的稀缺性和不可替代性，但也需要持续从外部获取丰富的、有价值的资源，才能确保创新性复合的资源基础。由于自身资源的有限性，企业在创新过程中要尽可能地充分利用外部资源。相比于技术创新，制造企业在服务创新过程中对外部资源的依赖性会更大。顾客是产品和服务的需求方，也可能是产品和服务的最终消费者，不仅掌握市场需求和消费偏好的信息，还拥有丰富的消费体验知识，以及综合个人经验知识和消费体验而产生的建议评价、创新理念与构想（Gebert等，2003；范钧和高孟立，2015；Storey 和 Larbig，2018）。供应商掌握企业生产和创新所需的零部件、原材料、专业技术知识和经验（张红琪和鲁若愚，2010；李敏等，2017），这些资源是企业的互补性资源。供应商还拥有基于以上资源所形成的供应商创新性特征（supplier innovativeness），具体包括供应商的创新能力和为企业创新贡献的意愿（李娜等，2018）。

企业与外部组织信息分享的意愿和行为，会提高企业外部搜索的广度和深度。Rusanen 等（2014）在对四家企业服务创新过程中的资源获取研究中，根据传递和转移难易程度将企业从外界获取的资源分为以下四类：第一类是需求信息、联系信息、行业信息等一般性信息（general information）；第二类是软件、机械零件等现成的资源（ready－made resources）；第三类是新理念、发展规划、客户信息、第三方信任关系等机密信息（confidential information）；第四类是经验知识、技能、声誉、创造力等内嵌性的隐性知识（tacit knowledge）。他们通过对四家企业进行案例研究后发现，前两类资源通过单方面市场搜索和普通市场交易等方式可以获取到，后两类资源获取难度相对较大，而在信息共享情境下，企业不仅可以获取更多的前两类资源，也能够获取组织内部比较机密的信息（即

第三类资源）。例如，经常向顾客分享并讨论产品或服务信息的企业，会大量获取顾客关于产品或服务的消费体验以及新的服务理念；企业与供应商在信息共享机制下，不仅能获取更多的行业信息，还能获取供应商的未来发展规划、创新方向等信息。范钧和高孟立（2015）研究发现，领先顾客在新服务开发过程中的信息分享行为，能为企业提供自己特有的信息，使企业获取有价值的顾客需求知识和市场变化趋势。

根据资源依赖理论，企业基于资源依赖关系构建包括供应商和顾客在内的创新网络，协调网络成员的组织间关系，构建关系规范和信任，可以提高企业与顾客、供应商及其他合作伙伴等网络成员之间的信任和互惠期望（白鸥等，2015；Rusanen 等，2014），有助于异质资源在跨组织网络中流动、转移和整合（姜骞和唐震，2016），使网络资源，特别是内嵌于网络的隐性知识流向企业，从而促进企业从其他网络成员处获取丰富的价值性异质资源。组织间的网络关系治理能够提高企业与其他组织沟通渠道的数量和效率，增加信息交流和知识获取的机会（Lusch 和 Nambisan，2015）。而且，通过关系治理促进企业与合作伙伴之间的彼此信任和责任，可以降低机会主义风险和知识漏损风险（白鸥等，2015）。谭云清（2017）通过实证研究表明，信任、合作和关系对企业获取显性知识和隐性知识均具有正向影响。李娜等（2018）认为企业主动积极开发供应商网络，协调企业与供应商关系以及供应商与供应商的关系，能够获取和使用供应商网络中的关键资源，更好地获取和利用供应商创新能力。

注重外部组织整合的企业会制定合适的互动机制，让顾客和供应商参与新产品和新服务的开发过程。共同参与是一种深度的跨界合作方式。共同参与过程中，企业与合作伙伴有大量的信息交流和互动机会，大大提高了信息在组织间传递的数量和速度，不断的交流与反馈过程也使信息质量得到大幅度提高，促使企业获取更丰富的高价值资源。Rusanen 等（2014）研究表明，只有互相分享、深度合作甚至共同参与创新流程，建立和维护组织关系，才能从外部组织获取经验技能、创新研发能力等内嵌性的隐性知识。简兆权等（2018）研究也表明，企业在新服务开发过程中积极构建包括顾客、供应商等关键外部组织在内的创新网络，建立成员互动机制，并共同参与创新开发过程，有助于资源的跨组织流动，提升企业对外部资源的获取广度和深度，为企业复合式能力的发挥提供丰富的资源基础。肖德云和田雨（2018）认为外部整合能力强的企业通常具有较好的资源基础，而且通过外部组织整合能更好地适应外部环境的复杂动态性，促使其获取的知识和技术能更好地发挥作用。

(2) 外部组织整合能够提升企业对资源创造性复合的效率和效果

获取丰富的价值性资源是复合式能力的基础，但有效吸收外部资源，在此基础上对内外部资源进行创新性复合并能及时响应市场需求才是复合式能力最复杂也是最重要的环节。企业对顾客和供应商等外部组织的整合有助于企业对内外部资源进行更有效率和效果的复合运用。

从顾客整合角度来看，企业与顾客之间持续的信息分享可以使企业及时了解市场动态和顾客需求变化，有助于企业在当前市场供应和顾客需求之间寻找和洞察出尚未被满足的精准需求并做出快速响应，推动资源的创造性复合运用朝正确方向聚焦。根据孙金云和陆亚东（2013）提出的LEARN模型，企业对市场熟悉程度越高，对市场动态和顾客需求变化的响应速度越快，越有利于复合式能力的提升。此外，顾客通过企业的信息分享能够加深对企业价值主张和服务创新理念的理解，在此基础上能提出更有针对性、更容易被企业吸收的创新建议，从而提高企业对外部资源的吸收和应用。而进一步与顾客建立亲密、信任和互惠的关系，甚至与顾客协作完成服务创新和开发流程，大大增加了企业与顾客交流和互动的频率，促使企业更容易了解内外部知识的不一致性，及时消除知识不一致性并对其进行快速整合，从而提高企业对创新性资源进行复合的效率和效果（Nambisan，2002；王琳等，2015）。王琳（2012）通过对4个服务创新项目的探索性案例研究后发现，企业与顾客之间的资源共享、共同决策和任务协作等互动行为处于较高水平时，企业的知识整合效率和效果也呈现较高的水平。

从供应商角度来看，供应商在服务创新过程中主要提供服务创新所需的专业知识或承担模块化的创新子任务。相对于服务企业，制造企业与服务供应商之间由于产业领域跨度更大，企业对供应商资源的创造性复合难度也更大。信息共享，特别是对较机密的内部信息的共享，不仅能够促进更多有价值的供应商信息流向企业，而且能增加组织间的依赖和信任（李敏等，2017），提高组织间关系质量，而良好的组织间关系不仅有助于企业对外部资源/知识的识别和获取，还能够促使企业更好地理解、消化和吸收这些知识（王辉等，2012），使其产生更好的复合效果。此外，供应商参与使企业能够充分利用其专业技术知识和生产运营能力来优化创新流程（Droge等，2004；李敏等，2017），有利于提升企业对资源复合开发的效率。

5.2.2 复合式能力与服务创新绩效

在全球竞争新常态和新兴经济市场背景下，企业积极培育复合式能力，以弥补自身资源不足，应对外界激烈竞争。服务创新过程的本质就是对资源的创新性复合运用。不断获取外部资源并对其进行创新性协同整合是企业开展服务创新并获取商业成功的决定性要素。复合式能力较强的企业，虽然在难以模仿和不可替代的核心能力上不具优势，但与竞争对手相比有更快的资源整合速度，更高的生产效率，并能为顾客提供性价比更高的产品服务组合（Luo 和 Child，2015）。因此，构建复合式能力能促进企业服务创新财务绩效和非财务绩效的提升。

（1）复合式能力与财务绩效

复合式能力对服务创新财务绩效的促进作用主要体现在以下两方面。首先，复合式能力有助于企业降低服务创新成本，提高服务创新利润。重视复合式能力的企业强调对内外部已有资源的整合和创新性复合运用，避开某些高投入、高风险的基础研发（孙金云等，2018），其创新的低成本特点是非常明显的。复合式能力的具体表现形式之一是模仿式创新能力（孙金云和陆亚东，2017），而模仿式创新正是一种快速度、低成本的创新方式（Lieberman 和 Montgomery，1998），也是新兴经济体中后发企业普遍采用的创新模式（杜义飞等，2018）。制造企业跨界组织服务创新过程中，特别是跨界创新的早期，服务创新资源相对不足。自身资源优势不明显的企业，通过有选择地将行业领先企业的先进技术、前沿设计、产品新功能、先进的服务方式和管理经验等应用于组织自身的服务创新开发和传递过程中，对能获取的外部异质资源与内部已有资源进行创造性复合，能够以较低的创新成本为顾客提供性价比高的服务产品。例如，小米公司在成立之初，就将苹果公司列为标杆企业，对其产品设计风格、“智能硬件＋软件＋服务”经营理念、营销方式等进行有选择性的模仿，并与发展中国家存在大量中低端消费群的特征进行创造性复合，以远低于苹果手机的价格为顾客提供高价值的小米手机。

其次，复合式能力使服务创新成果具有高性价比特征，有助于企业在新兴经济市场环境下的新服务或新产品的推广，提高营业收入。相对于独特优质资源的内部逐渐构建相比，重视复合式能力的企业更强调对外部异质资源的获取，并擅长用性价比高的资源代替原有资源，通过内生性和外生性相结合的逻辑构建创新所需资源。此外，创造性复合并不只是对各类资源的简单组合或累加，而是在聚焦顾客精准需求的基础上综合考虑标准化与定制化、低成本与新功能、多功能与方便快捷等因素之后，以最低成本为顾客提供具有更多整合功能的产品服务，使顾客价值尽量实现最大化。因此，复合式能力并不是追求最低成本或最高价值，而是在均衡两者之后的高性价比。这一特征正好迎合了有多元化消费需求，同时又对价格敏感的中低端消费群，而这类消费群体在新兴市场中占据很大比率。因此，复合式能力能够推动服务创新成果在中国、印度等为代表新兴市场中的市场开发和渗透，提高产品服务的市场覆盖面，从而增加企业营业收入。例如，高性价比使小米手机快速扩大了市场占有率，几年时间就跃入中国手机销售前列；近几年来，小米手机凭借其高性价比也迅速获得了印度市场的认可，连续多季占据印度手机市场销量榜首。低价硬件产品的大量销售不仅为小米公司带来了总营业收入的持续增加，也使其服务业务收入不断增加，2018 年，其互联网服务收入同比增长超过 60%，利润贡献率超过了 40%。

(2) 复合式能力与非财务绩效

复合式能力对非财务绩效的促进作用主要体现在以下三方面。首先，复合式能力较强的企业通常具有较快的资源整合速度，强调对已有资源创造性复合和应用的创新聚焦和快速迭代，快速响应市场需求，使企业能够以比竞争对手更快的速度满足顾客需求，保持创新领先性，从而提高企业竞争优势。构建复合式能力的企业重视市场洞察，在当前市场供应和顾客需求之间寻找出尚未被满足的精准需求并做出快速响应，以此推动创新不断迭代。这种市场导向的响应式创新在市场需求聚焦的基础上通常具有效率高和速度快的特征（Bodlaj 等，2012）。复合式能力较强的企业自身不一定会拥有稀缺的价值性资源或很强的自主创新能力，但能够及时获取外部关键资源并将其加入现有资源中进行快速复合应用（孙金云和陆亚东，2017）。这一特征恰好能应对快速迭代的创新需求。敏捷的市场洞察力和资源创造性整合的快速迭代既能减少创新的市场风险，又能保持服务创新的领先性，使服务创新绩效得到提高。

其次，在复合式能力的支撑下，企业更有可能采取复合式战略，为顾客提供多样化的复合式的产品服务组合或个性化的综合解决方案，更好地满足顾客需求。随着生产力水平的不断提高，大部分行业市场处于供远大于求的情境，顾客不再满足于产品的标准化和单一化，更多追求多功能和个性化（Chesbrough，2011）。与单一产品或服务相比，复合式提供具有更多整合功能，能最大化满足顾客延伸式、复合式需求（陆亚东和孙金云，2013），而复合程度大的综合解决方案，其本质就是根据顾客需求来系统地集成硬件产品、软件产品和服务，以解决顾客特定的问题，满足其个性化的需求（Ulaga 和 Loveland，2014；冯永春等，2016）。综合性解决方案能解决顾客显性和隐性的问题，帮助顾客获取更大的价值（冯永春等，2016），从而有助于提高顾客满意度，获取更高的服务创新绩效。

最后，如前所述，重视复合式能力的企业擅长于获取和应用外部资源，进行快速的创新迭代，创新程度可能不是非常高，但创新速度快，服务创新成果的高性价比高，有利于企业在新兴市场经济环境下发展。大部分新兴市场企业自身资源优势不明显，对行业领先企业和顾客具有资源双依赖性（杜义飞等，2018），相比于原始创新，更倾向于通过技术购买和模仿创新等方式来降低资源依赖性（Li 等，2010）。另一方面，新兴市场经济正处于快速发展阶段，发达国家企业的生产转移和合资建厂等为本地企业提供了大量的外部资源获取机会。同时，新兴市场具有规模庞大的中低端消费群，他们在追求消费多元化的同时也非常关注消费成本，而复合式能力较强的企业重视对外部异质资源的获取，擅长用性价比高的资源代替原有资源，拥有较快的资源整合速度，可以对顾客需求及时响应，并能为顾客提供更高性价比的新服务或新的产品服务组合。这一类型的企业显然更适合在类似中国这样的新兴市场中发展。

5.2.3 复合式能力的中介作用

由 5.1 分析内容可知，服务型制造企业外部组织整合会促进服务创新绩效的提升。本小节的前两部分的理论分析也表明，外部组织整合对复合式能力有积极的正向影响，而复合式能力也会正向影响服务创新绩效。在上述基础上，本研究进一步分析外部组织整合、复合式能力和服务创新绩效三者之间的关系。

获取组织运营或创新所需的外部资源是企业与顾客、供应商等外部组织进行信息分享、关系协调和共同参与等行为的目的之一。分散独立的资源，不论它的价值有多大，其本身也难以直接带来企业创新绩效的提升，还需要对其进行优化配置并和企业已有资源进行复合运用，才能更好地体现其价值（Koufteros 等，2010；董保宝等，2011；刘超等，2017）。从服务主导逻辑来看，服务创新过程的本质就是资源的整合过程（Vargo 和 Lusch，2004）。已有众多研究表明，资源与企业竞争优势或企业绩效之间必然存在连接和转化的第三方（Nambisan，2002；Wu，2007；董保宝等，2011；陆亚东和孙金云，2013）。能力基础观认为企业对其所占有资源进行协调配置和整合运用的能力是企业竞争优势和组织绩效的直接来源（Prahalad 和 Hamel，1990），即资源配置和整合能力在资源和绩效之间起桥梁作用。动态能力观认为外部环境的动态变化会影响组织内部资源的运用效果，因此提出基于外部环境变化整合和重构内部资源的动态能力才是企业竞争优势和组织绩效的来源（Teece 等，1997），动态能力在资源和绩效间起到桥梁作用（Wu，2007；董保宝等，2011）。

复合基础观也从时间维度强调对能力和资源的动态调整。与动态能力不同的是，复合式能力及其支撑下的复合基础观还从空间维度强调对外部资源的获取以扩大资源范围，从而在速度和成本方面构建组织竞争优势（陆亚东和孙金云，2013）。在互联网和物联网环境下，企业基于更开放的思维来创新创业，更多从组织外部获取资源并将其与内部资源进行整合运用，甚至在全球范围内实行思想众智、资金众筹、业务众包。这种外部整合的原因在于，对于企业来说，更多资源来自外部，更低成本来自外部，更大利润来自外部（李海舰等，2014）。因此，从复合基础观来看，制造企业服务创新过程中，强调内生性和外生性相结合构建逻辑，对现有的内部资源和可获取的外部资源进行创新性复合和协同整合的复合式能力在资源和服务创新绩效间起到关键的桥梁作用。已有部分研究从内外部资源整合或内生性与外生性能力构建方面来分析其在资源与创新绩效之间的影响作用。例如，Nambisan（2002）、王琳等（2015）研究均表明，企业与供应商和顾客等外部组织间的资源共享既是创新的源泉，也是创新的重要内容之一，能够对服务创新结果产生积极的影响，而这种影响作用主要是通过提高组织内外资源整合能力来实现的。李云健（2017）研究则表明，开放整合思维使企业注重构建包括顾客、供应商等利益相关者在内的开放式创新网络，并通过跨组织互动行为从网络中获取企业创新所需资源。因此，拥有复合式能力的企业更可能开展开放的创新实践活动并取得卓越绩效。

基于以上分析，外部组织整合（顾客整合和供应商整合）通过复合式能力间接影响服务型制造企业的服务创新绩效，具体可通过资源的流动过程来分析：企业在与顾客和供应商等关键外部组织的信息分享、关系协调和共同参与过程中，能够大量获取顾客需求、消费偏好、原材料供应、行业技术发展等有利于企业创新的信息，促进更多更有价值的外部资源流入企业，夯实企业创造性复合的资源基础，使企业复合式能力得以提升，从而在对资源的创造性整合和运用过程中将外部资源的价值融入新的服务产品中，并最终通过创新成果市场化来实现价值，最终提升企业服务创新财务绩效和非财务绩效。本研究通过探索性案例研究也发现（具体内容在第三章），那些重视复合式能力的企业，通过顾客整合和供应商整合有助于增加复合式能力的资源数量和质量，提高资源复合的效率和效果，进而促进服务创新绩效的提升。因此，本研究提出以下假设：

H3：外部组织整合通过促进复合式能力对服务创新绩效产生正向影响，即复合式能力在外部组织整合和服务创新绩效间起到中介作用。

具体来说，上述假设包括以下 4 个子假设：

H3a：复合式能力在顾客整合和服务创新的财务绩效间起到中介作用。

H3b：复合式能力在顾客整合和服务创新的非财务绩效间起到中介作用。

H3c：复合式能力在供应商整合和服务创新的财务绩效间起到中介作用。

H3d：复合式能力在供应商整合和服务创新的非财务绩效间起到中介作用。

5.3 服务导向的调节作用

随着服务业的快速发展以及对其他产业的融合不断深入，产品主导逻辑逐渐转向服务主导逻辑，服务导向也成为制造企业服务化战略和服务创新研究过程中被关注的关键要素之一。Lytle 和 Timmerman（2006）较早从组织层面上分析企业的服务导向，认为服务导向就是组织范围内的一系列政策和流程，旨在支持创造和传递优质服务的行为。Homburg 等（2002）则从组织战略层次上来研究服务导向并展开实证分析，具体从企业对服务的重视程度、提供服务的数量以及服务宽度（即为多少顾客提供服务）等三方面来定义和测量服务导向。Gebauer（2008）认为制造企业服务化发展就是从产品导向转变为服务导向，根据制造企业服务提供的特点，将服务导向分为支持产品的服务导向和支持顾客的服务导向，并认为后者的服务导向程度更深。张文红和邓宏（2015）在分析服务导向对制造企业产品创新与企业绩效关系的研究中认为，服务导向就是制造企业在价值理念和实践行动中对服务的重视程度。本研究主要分析制造企业的服务导向在外部组织整合与服务创新绩效关系中的作用。综合上述分析，本研究中涉及的服务导向是指制造企业在价值理念和经营管理实践中对服务的重视程度，其核心是对顾客价值的重视程度。

服务创新和服务供应需要有相应的组织制度、结构和文化的支持（Kohtamaki 等，2015）。制造企业的服务导向既表明了企业对服务倾向性的价值理念，同时也包含了企业经营实践中的服务开发和传递活动。制造企业服务化转型是企业从产品导向到服务导向的转变，也是从产品主导逻辑到服务主导逻辑的转变（曾经莲和简兆权，2018）。服务主导逻辑下，服务创新是指企业构建包括顾客、供应商在内的服务生态系统，持续与系统成员互动并获取互补性资源，通过资源整合为顾客创造新的服务体验或服务解决方案（Ordanini 和 Parasuraman，2011）。在高服务导向下，制造企业强调以产品为媒介为顾客提供服务，以顾客为核心，构建以人为本的企业文化，以及更符合服务创新和开发的组织流程和组织架构（Gebauer，2009；张文红和邓宏，2015）。此时，制造企业的战略制定和执行过程中会更重视服务业务（Gebauer，2009），设立独立的服务业务部门或子公司，顾客整合和供应商整合也将更多地关注服务创新和开发所需的相关信息，资源配置过程中也更倾向于以产品为媒介的新服务或以顾客需求为中心的综合解决方案，从而能够更好地开展服务创新。例如，第四章探索性案例分析中显示，A 企业在高服务导向下，将公司定位为“高端制造+高端服务”，围绕公司主打的金融设备产品，设立独立的服务部门。随着服务业务的扩展，A 企业进一步将服务业务部门独立出来，设置若干全资或控股的生产服务型企业。在相对独立的服务运营模式下，A 企业的顾客整合和供应商整合更有针对性，获取了更丰富的服务创新资源，也提高了服务创新效率，最终实现了卓越的服务创新绩效：近五年的服务业务收入复合增速超过了 50%，在全国范围内建立了 900 多个服务网点，在国内一、二线城市均有相关服务业务。

另一方面，低服务导向的制造企业通常以产品导向为主，企业的组织结构、组织流程和企业文化均以产品生产和销售为核心，企业在与顾客、供应商进行信息共享、关系协调和共同参与中通常也会更多地关注产品信息和产品开发，创新资源主要集中于技术创新和产品开发，使服务创新受到较大的资源约束。Ostrom 等（2010）研究表明，聚焦于技术创新和产品开发的制造企业在服务创新时面临挑战，需要将服务创新、开发和销售等活动融入现有以技术创新和产品生产、销售等为基础的运营模式中，会面临服务创新资源缺乏和能力刚性问题。众多企业实践表明，运用产品开发流程并借鉴产品创新的实践经验来进行服务创新，会存在较大的创新风险（Kohtamaki 等，2015）。

综合以上分析，本研究认为相对于低服务导向，高服务导向下的制造企业更倾向于构建适合服务开发和传递的组织制度、结构和文化氛围，这种情境下的外部组织整合会更有利于服务创新绩效。因此，本研究提出以下假设：

H4：对服务型制造企业来说，高服务导向下，外部组织整合对服务创新绩效的促进作用会更强，即服务导向正向调节外部组织整合与服务创新绩效的关系。

具体来说，该假设包括以下 4 个子假设：

H4a：服务导向会正向调节顾客整合与服务创新财务绩效的关系。

H4b：服务导向会正向调节顾客整合与服务创新非财务绩效的关系。

H4c：服务导向会正向调节供应商整合与服务创新财务绩效的关系。

H4d：服务导向会正向调节供应商整合与服务创新非财务绩效的关系。

5.4 环境不确定性的调节作用

环境不确定性是企业生存和运营不可避免的组织环境。企业服务创新管理面临的环境不确定性主要体现为市场环境不确定性、技术环境不确定性和市场竞争强度。市场不确定性是指顾客需求和偏好的变化及其不可预测性的程度，以及供应商在供应质量和交付方面的变化及其不可预测性程度（Jaworski 和 Kohli，1993；Li 和 Lin，2006）。技术不确定性是指企业所在行业的技术变化速度很快，技术发展方向难以预测的程度（Jaworski 和 Kohli，1993）。竞争强度是指企业所在行业内的价格竞争、产品/服务模仿和促销的程度（张婧和段艳玲等，2010）。权变理论认为，组织决策和行为以及支撑这些决策和行为的能力需要与外部环境相匹配（Donaldson，2001；Wilhelm 等，2015），组织内部资源和能力的作用效果在很大程度上要受到外部环境的影响（Peteraf 和 Barney，2003）。战略管理和组织行为学研究领域的大量研究表明，环境的复杂动态性在组织行为和创新绩效关系间起着显著的调节作用（Teece，2007；Wong 等，2011；张婧和段艳玲等，2010；孟伟，2016；Ataseven 和 Nair，2017）。因此，在分析“组织行为——能力——绩效”这一影响路径时，应该要考虑外部环境在其中的影响。本研究主要分析环境不确定性对“复合式能力——服务创新绩效”关系的调节作用，以及对复合式能力在“外部组织整合——复合式能力——服务创新绩效”影响路径中的中介效应所受到的调节作用。

5.4.1 环境不确定性对复合式能力与服务创新绩效关系的调节

复合式能力是企业协同整合内外部可利用资源的能力，是动态能力在新兴市场情境下的延伸和发展（陆亚东和孙金云，2013）。与动态能力一样，复合式能力也强调对资源的动态调整来应对环境的变化（Teece，2007；陆亚东和孙金云，

2014)。除了从时间维度上强调动态性外，复合式能力还从空间维度上强调对外部资源获取数量和内容的丰富性。因此，复合式能力从其概念提出和实践运用过程来看，都具有较强的情境依赖性。另一方面，推动制造企业开展服务创新的驱动力除了内部因素之外，还包括外部环境中不断变化的顾客需求和日益激烈的行业竞争（Kowalkowski 等，2017；简兆权等，2017)。因此，在分析复合式能力对制造企业服务创新绩效的影响关系时，应该要考虑环境不确定性的作用。

具体而言，当企业面临的市场不确定性较大时，顾客需求的复杂性和差异化增加，需求变化快，产品更新速度不断加快，市场趋势难以预测（Jaworski 和 Kohli，1993；Yuen 和 Thai，2017)。这种不确定性使企业创新的市场风险大大增加（Koufteros，2010)。但是，与高风险并存的是，创新一旦成功，可能会带来更大的收益（张婧和段艳玲等，2010)。复合式能力作为一种能积极应对环境变化并善于获取外部资源的能力，能够协同整合包括市场信息在内的企业内外部资源，洞察市场供应与顾客需求未对接的点，并对已有资源进行创造性复合和响应式创新（孙金云和陆亚东，2017)，快速满足顾客的新需求，从而降低服务创新的市场风险。在复合式能力的支撑下，企业能够更高效地集成产品和服务，形成不同的产品服务组合或个性化的综合解决方案。这种复合式提供增强了企业提供物的多元化，加快新产品和新服务的更新周期，更好地满足顾客延伸式、复合式需求，从而提高顾客满意度，而在市场不确定性较低的情况下，顾客需求相对稳定，或者能较准确地预测其未来趋势。对企业而言，能够较容易地从外界获取市场信息，而且能较好地主动控制从开发设计到成果市场化的创新过程，服务创新风险相对较小。此时，复合式能力对外部新资源的快速感知和获取、对内外部资源创新性整合的快速迭代等优势难以体现，因此对服务创新绩效积极影响相对较小。

在技术不确定性较大的情境下，技术更新速度快而且难以预测，企业现有的知识和技术会因为快速过时而贬值（Li 和 Liu，2014；孟伟，2016)。同时，行业内外部会不断涌现大量新的知识、技术和产品（瞿孙平等，2016)。复合式能力能够引导企业及时感知外部环境中新的技术和知识，将其加入到企业已有资源中，并进行创新性复合和应用。快速变化的技术环境提供了大量可获取的新资源，企业通过复合式能力从外部获取新资源的机会和程度大大增加，扩大了复合式创新的资源范围，提供了更多复合创新的机会，而在技术不确定性较低的环境下，现有技术相对比较稳定，企业能从外部环境获取新知识的机会较小，相应地，对内外部已有资源进行复合式创新的概率也会减少。因此，在技术环境不确定性较高的情况下，复合式能力能在服务创新过程中起到更好的作用效果。

竞争激烈的外部环境中，行业内各企业产品和服务的差异化小，会经常出现价格大战和各种促销手段（张婧和段艳玲等，2010）。复合式能力可以体现为模仿式创新（孙金云和陆亚东，2017），学习行业领先的技术、设计、服务方法和管理流程并将其与自身经营管理进行复合。相对于高投入高风险的自主研发，这种创新方式的成本大大降低，在竞争激烈的市场环境中往往能以成本优势取胜。同时，复合式能力支撑下的复合式提供，为顾客提供了更多的产品服务选择和更好的个性体验。综合来看，复合式能力使服务创新成本减少，创新成果更丰富，为顾客提供性价比高的服务，而高性价比产品在服务差异化小、竞争激烈的市场中更能体现其优势。以小米公司为例，其手机的产品设计、营销方式和经营理念都能看出对行业领先企业苹果公司的持续学习和模仿式创新。与高价位的苹果手机不同，小米公司将成本控制与中国新兴市场特征复合，以远低于苹果手机的价格为中国消费者提供智能手机，在竞争激烈的手机市场获得卓越绩效。

综上所述，相对于低环境不确定性，在高环境不确定性情境下，复合式能力能够从外部获取更丰富、更有价值的资源，并且，资源创造性复合和应用而形成的快速市场响应和高性价比在需求变化大、技术更新快、竞争激烈的环境中能更好地体现其优势。换言之，在市场不确定性和技术不确定性较大，竞争比较激烈的环境中，企业服务创新更能从复合式能力中获利。

基于此，本研究提出以下假设：

H5：高环境不确定性时，复合式能力对服务创新绩效的促进作用会更强，即环境不确定性正向调节复合式能力与服务创新绩效的关系。

具体来说，该假设包括以下 2 个子假设：

H5a：环境不确定性正向调节复合式能力与服务创新财务绩效的关系。

H5b：环境不确定性正向调节复合式能力与服务创新非财务绩效的关系。

5.4.2 环境不确定性对复合式能力中介效应的调节

根据以上理论分析和研究假设可知，一方面，顾客整合和供应商整合在复合式能力的中介下间接影响服务创新绩效；另一方面，环境不确定性会正向调节复合式能力与服务创新绩效的关系。综合以上两方面，本研究进一步认为，环境不确定性也会强化复合式能力在“外部组织整合（顾客整合、供应商整合）——复合式能力——服务创新绩效”这一影响路径中的中介作用，即存在被调节的中介效应。

从权变角度来看，外部环境是组织决策和行为时需要考虑的重要权变因素，组织绩效依赖于组织行为与外部环境的匹配程度（Wong 等，2011）。环境不确定性会增加服务创新的风险（Koufteros，2010），但也会给企业带来更多的创新机会。具体而言，在高环境不确定性情境下，顾客需求变化快、技术更新速度加快、市场竞争强度大，企业与顾客和供应商等关键外部组织进行信息共享、关系协调和共同参与等过程中，能获得更多有价值的顾客需求信息、新的技术和材料信息、先进的服务方式和管理流程信息、行业竞争信息等。这些外部资源的获取，有利于企业熟悉市场、丰富内部资源的数量和质量，从而增加企业对已有资源进行创造性复合和响应式创新的效率和效果，进而提升服务创新绩效。反之，在环境不确定性较低时，市场需求、供应变化小，行业发展相对稳定，即使企业与顾客和供应商之间存在大量的信息共享、关系协调和共同参与行为，也难以从中持续获取对服务创新有价值的互补性新资源，进而影响企业对资源进行创造性复合的效率和效果。Yuen 和 Thai（2017）认为组织外部整合能力有助于企业快速获取外部资源并进行合理配置，这种能力在高度不确定或复杂环境中更为重要。Gimenez 等（2012）也提出企业应该集中更多的精力整合需求变化快、个性化要求高、对服务质量期望值高的顾客。基于此，本研究提出以下假设：

H6：环境不确定性越大，复合式能力在外部组织整合与服务创新绩效之间的中介作用越强，即环境不确定性会正向调节复合式能力在外部组织整合与服务创新绩效间的中介作用。

具体来说，该假设包括以下 4 个子假设：

H6a：环境不确定性正向调节复合式能力在顾客整合与服务创新财务绩效之间的中介效应。

H6b：环境不确定性正向调节复合式能力在顾客整合与服务创新非财务绩效之间的中介效应。

H6c：环境不确定性正向调节复合式能力在供应商整合与服务创新财务绩效之间的中介效应。

H6d：环境不确定性正向调节复合式能力在供应商整合与服务创新非财务绩效之间的中介效应。

5.5 研究假设汇总和理论模型构建

经过上一章的探索性案例分析和本章进一步的理论探讨，本研究认为服务型制造企业外部组织整合的两个维度，即顾客整合和供应商整合，对服务创新财务绩效和非财务绩效均有正向影响，这种影响关系会受到复合式能力的中介作用。而且，顾客整合和供应商整合的交互对服务创新财务绩效和非财务绩效也都有促进作用。此外，服务导向和环境不确定性在"外部组织整合——复合式能力——服务创新绩效"这一影响路径中会起到不同的调节机制。基于此，本研究针对上述主要变量的关系提出 6 个主研究假设，每个主研究假设又包括若干子研究假设，合计共 20 个子研究假设，具体研究假设内容汇总如表 5-1 所示。

表 5-1 研究假设汇总

假设及其子假设内容
H1：外部组织整合对制造企业服务创新绩效有正向影响。
H1a：顾客整合对服务创新的财务绩效有正向影响。
H1b：顾客整合对服务创新的非财务绩效有正向影响。
H1c：供应商整合对服务创新的财务绩效有正向影响。
H1d：供应商整合对服务创新的非财务绩效有正向影响。
H2：顾客整合与供应商整合的交互对制造企业服务创新绩效有正向影响。
H2a：顾客整合和供应商整合的交互对服务创新的财务绩效有正向影响。
H2b：顾客整合和供应商整合的交互对服务创新的非财务绩效有正向影响。
H3：复合式能力在外部组织整合与服务创新绩效间起到中介作用。
H3a：顾客整合通过促进复合式能力来影响制造企业服务创新的财务绩效，即复合式能力在顾客整合和服务创新的财务绩效间起到中介作用。
H3b：顾客整合通过促进复合式能力来影响制造企业服务创新的非财务绩效，即复合式能力在顾客整合和服务创新的非财务绩效间起到中介作用。
H3c：供应商整合通过促进复合式能力来影响制造企业服务创新的财务绩效，即复合式能力在供应商整合和服务创新的财务绩效间起到中介作用。
H3d：供应商整合通过促进复合式能力来影响制造企业服务创新的非财务绩效，即复合式能力在供应商整合和服务创新的非财务绩效间起到中介作用。

续表

假设及其子假设内容
H4：服务导向正向调节外部组织整合与服务创新绩效的关系。 H4a：服务导向正向调节顾客整合与服务创新财务绩效之间的关系。 H4b：服务导向正向调节顾客整合与服务创新非财务绩效之间的关系。 H4c：服务导向正向调节供应商整合与服务创新财务绩效之间的关系。 H4d：服务导向正向调节供应商整合与服务创新非财务绩效之间的关系。
H5：环境不确定性正向调节复合式能力与服务创新绩效的关系。 H5a：环境不确定性正向调节复合式能力与服务创新财务绩效的关系。 H5b：环境不确定性正向调节复合式能力与服务创新非财务绩效的关系。
H6：环境不确定性正向调节复合式能力在外部组织整合与服务创新绩效间的中介作用。 H6a：环境不确定性正向调节复合式能力在顾客整合与服务创新财务绩效之间的中介效应。 H6b：环境不确定性正向调节复合式能力在顾客整合与服务创新非财务绩效之间的中介效应。 H6c：环境不确定性正向调节复合式能力在供应商整合与服务创新财务绩效之间的中介效应。 H6d：环境不确定性正向调节复合式能力在供应商整合与服务创新非财务绩效之间的中介效应。

本研究根据“行为——能力——绩效”研究逻辑，在探索性案例分析的基础上，对制造业服务化背景下的外部组织整合、复合式能力、服务导向、环境不确定性和服务创新绩效等变量间关系进行理论探讨，并提出6个主研究假设。根据理论探讨和主研究假设内容，构建本研究的理论模型。如图5-1所示，将外部组织整合（具体包括顾客整合和供应商整合）设置为自变量，服务创新绩效（具体包括财务绩效和非财务绩效）设置为因变量，复合式能力设置为中介变量，服务导向和环境不确定性分别为调节变量。

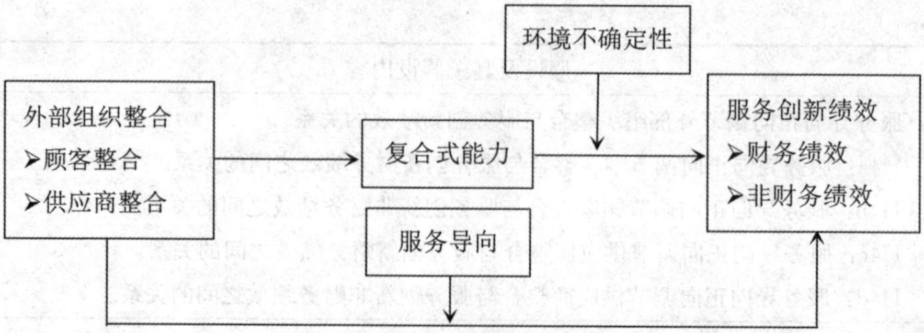

图 5-1　本研究的总概念模型

该理论模型主要包括以下三个方面的内容：①外部组织整合对复合式能力和服务创新绩效的影响关系；②服务导向对外部组织整合与服务创新绩效关系的调节效应；③环境不确定性对外部组织整合、复合式能力和服务创新绩效关系的调节效应。

在具体操作过程中，本研究进一步将外部组织整合细化为顾客整合和供应商整合两个独立变量，将服务创新绩效细化为财务绩效和非财务绩效两个独立变量。各变量间关系的 6 个主研究假设也相应地细化为 20 个子研究假设。由此，在原有总概念模型（图 5-1）的基础上，根据上述三个研究内容，建构更为细化的操作性框架，如图 5-2 至图 5-4 所示。

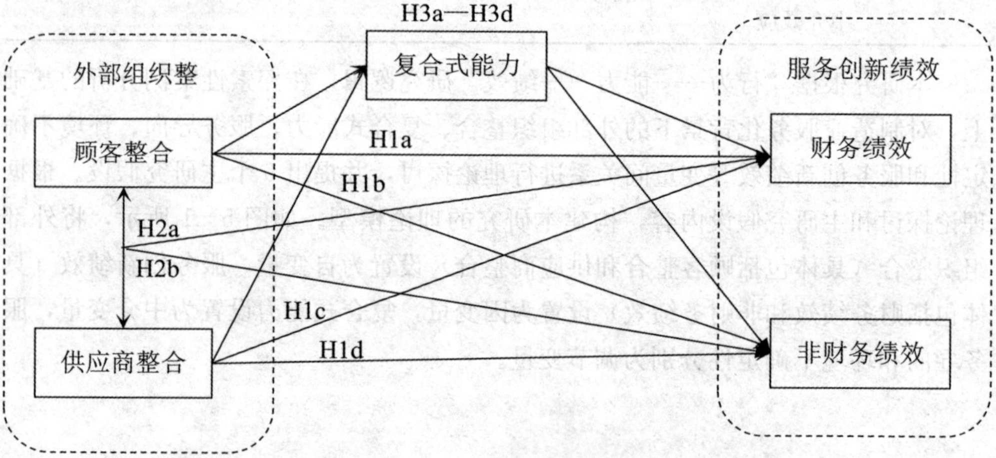

图 5-2　外部组织整合对复合式能力和服务创新绩效的影响关系

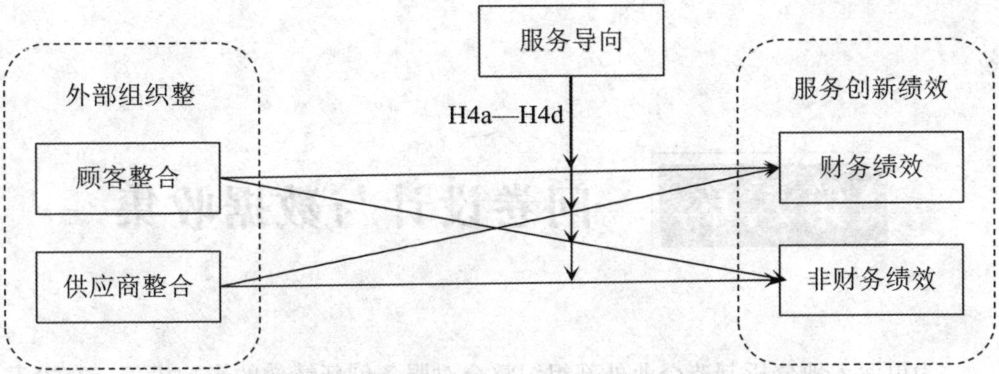

图 5-3 服务导向对外部组织整合与服务创新绩效关系的调节效应

注：H6a-H6d 是指环境不确定性对复合式能力中介效应的调节

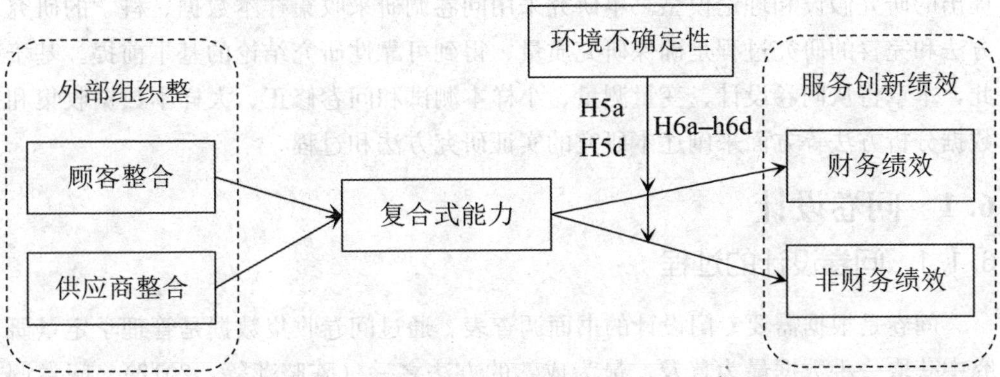

图 5-4 环境不确定性对外部组织整合、复合式能力与服务创新绩效关系的调节效应

5.6 本章小结

本章在第四章探索性案例研究所得出的关于制造企业外部组织整合对复合式能力和服务创新绩效影响关系的 5 个初始命题的基础上，综合运用资源依赖理论、复合基础观和开放式服务创新理论，结合国内外已有相关研究，对顾客整合、供应商整合、复合式能力、服务导向、环境不确定性、服务创新财务绩效和非财务绩效等变量间关系进行更深层次的理论分析和探讨，提出上述变量间关系的 6 个主研究假设，各主研究假设又包括若干个子研究假设，合计共 20 个子研究假设，具体假设及其内容参见表 5-1。基于以上研究假设，构建了服务型制造企业外部组织整合对服务创新绩效作用机制的总体概念模型（图 5-1），将该模型的研究内容细分为主影响效应和两个调节效应（图 5-2—图 5-4）。

第六章 问卷设计与数据收集

为更深入地分析制造企业外部组织整合对服务创新绩效的影响机理，在探索性案例分析和理论演绎的基础上，本研究还将采用定量的实证研究方法来检验已提出的研究假设和理论模型。本研究采用问卷调研来收集样本数据。科学的研究方法和完善的研究过程是确保研究质量、得到可靠性研究结论的基本前提。基于此，本章将从问卷设计、变量测量、小样本测试和问卷修正、大样本数据收集和数据分析方法等方面来阐述本研究的实证研究方法和过程。

6.1 问卷设计

6.1.1 问卷设计的过程

问卷是根据需要专门设计的书面调查表。通过问卷收集数据是管理学定量研究中获取一手数据最为普及、最为成熟的方法之一（陈晓萍等，2012）。问卷调查法主要具有以下优点：第一，速度快，借助于移动互联网，问卷调查简便易行，如果实施得当，可以在短时间内获取大量数据；第二，数据质量高，问卷采取匿名填写，减少了被调查者的心理压力，能得到真实答案，如果问卷本身信度和效度高且选择合适的被调查对象，可以获取高质量的科研数据；第三，可操作性强，问卷调查对被调查者的干扰较少，容易被对方接受，问卷所反映的数据资料易于整理和统计分析（陈晓萍等，2012）。

合理的问卷设计是获取高质量研究数据的重要前提。李怀祖（2004）、马庆国（2002）、陈晓萍等（2012）等学者就如何增强问卷的有效性提出了一些基本原则和有益的建议。概括起来，问卷设计与开发时需要注意以下几点：①问卷设计尽量简明，便于回答和有吸收力；②自填式问卷前需要对问卷调查对象、目的和方法进行详细说明；③尽可能采用已有文献中被普遍认可的相关量表，但需要注意概念、文化和样本上的适用性，采用双向翻译避免语言上的局限性；④所提问题要清晰明确，避免使用双重含义的词句，避免带有诱导性的语言；⑤封闭式问卷所列举的答案要完备和互斥；⑥正式调查前对问卷进行小样本预测试。

参考以上问卷设计要点，本研究按如下流程完成问卷设计：

第一步，参考已有相关文献中的成熟量表，设计问卷初稿。确定研究问题和研究假设后，检索与外部组织整合（顾客整合和供应商整合）、复合式能力、服务导向、环境不确定性、服务创新绩效等相关的实证研究文献，重点选择发表在国内外高水平期刊上的文献，参考相关概念的成熟量表，并分析其使用的研究背景。本研究理论模型中所涉及的变量均有已采用的成熟量表（具体在“变量测量”部分详细说明）。除复合式能力外，其余变量均参考了英文文献中对应的测试量表。为避免语言的局限性，使各测试题项在符合中文语境的情况下能准确反映英文量表的原意。本研究采用双向翻译，并参考已有中文文献中对相应英文量表的采用情况。此外，本研究对外部组织整合和服务创新绩效进行了适当调整，使问卷更适合制造企业服务创新研究情境和中国企业的实际情况。通过以上操作，形成问卷初稿。

第二步，广泛征求意见，修改完善问卷初稿，撰写问卷二稿。首先，在学术团队内部讨论问卷初稿，根据讨论结果对各测量题项的合理性、简洁性和用词准确性进行修改和完善。然后，向长期从事战略管理和服务创新管理研究的三位教授征求意见。三位教授是供应链整合、服务创新管理、制造业服务化研究领域的专家，他们从理论概念层面对各测量题项的内容关联性提出一些修改建议。最后，还向两位制造企业的高层管理人员征询意见。两位高管所在制造企业已进行服务化转型，具备丰富的制造企业服务创新和开发经验，他们从企业实践层面对测量题项的准确表达提出了一些修改建议。根据这些修改建议，再次对问卷进行修改和完善，形成问卷二稿。

第三步，进行小样本预测试。根据测试结果调整问卷，撰写问卷最终稿。选择合适的调研对象，发放问卷二稿。根据回收的小样本数据，对各变量进行探索性因子分析和信度分析（具体过程和结果见“6.3 小样本预测试”），根据分析结果调整不合理的测量题项，形成问卷最终稿。

6.1.2 问卷的基本内容

本研究所用调查问卷主要包括以下内容：

（1）卷首说明。在问卷的开始部分，对本次调研人员及调研目的进行了介绍和说明。为了减轻被调查者对企业信息和个人信息可能被泄露的心理压力，在卷首部分还特别说明本问卷采用匿名填写，调研数据仅用于科学研究，而且只作集体大样本分析，不会进行个案分析。同时，为提高被调查者的问卷填写积极性，在此部分承诺如果对方需要并留下联系方式，我们会反馈本次调研的研究报告。最后，为使被调查者更好地理解问卷内容和填写方式，对制造企业服务提供和服务创新进行了解释，并说明了问卷的填写方式。

(2) 变量测量量表。主要包括外部组织整合（顾客整合和供应商整合）、复合式能力、服务创新绩效、服务导向和环境不确定性等变量的测试量表，每个变量的测量由若干题项的描述和对应选择项构成（具体见 6.2 变量测量），要求被调查者根据其所在企业的实际情况进行勾选。为使被调查者更好地理解变量，在每个单独的变量测试量表之前对该变量的概念进行了界定。

(3) 企业及个人基本信息。为了解样本的分布情况，同时确认样本的适用性，请被调查者提供企业及个人的一些基本信息。企业基本信息具体包括企业名称（非必填项）、所处地域、所处行业、成立年限、员工人数、提供的主要服务类别、与外部组织的合作经验程度。被调查者的个人信息包括目前的职务和在当前企业工作的年限。

(4) 卷尾致谢。在问卷的最后部分，感谢被调查者对问卷的耐心填写，并再次注明“如果您对研究结果感兴趣，请您提供联系方式，我们会将研究报告反馈给您”。

6.1.3 问卷的防偏差措施

本研究所用问卷采用 Likert 量表对各变量进行测量，调研时由填写者基于所在企业的实际情况进行主观评价，并且由填写者一人回答了同一问卷上的所有题项，可能会使测量变量与效标变量间出现偏差。Fowler（2013）提出问卷调查结果出现偏差的原因主要包括以下四个方面：①被调查者由于不了解被问题项的相关信息；②被调查者不能回忆起被问题项所涉及的相关信息；③被调查者不愿意回答；④被调查者不能完全充分地理解被问题项。针对以上的原因，在参考黄继生（2017）、孟伟（2016）等对问卷偏差的控制方法的基础上，本研究主要通过以下措施预防问卷偏差：

(1) 针对被调查者由于不了解被问题项的相关信息而出现偏差的情况，本研究将被调查对象设定为企业中高层管理人员，或者在当前企业工作 8 年以上的基层管理人员。这些人比较熟悉企业的整体运营和服务创新实践，同时也请他们遇到不清楚的问题时咨询相关知情者。具体的操作方法是在企业及个人基本信息部分要求被调查者填写目前的职务和在当前企业工作的年限，在问卷统计阶段根据这两个题项的答案对问卷进行筛选。

（2）针对被调查者不能回忆起被问题项所涉及的相关信息而出现偏差的情况，本问卷各测量量表都只要求被调查者就所在企业现阶段或近年三的实际情况填写，以减少因信息遗忘而出现的偏差。

（3）针对被调查者不愿意填写真实答案的情况，首先，本问卷采用匿名填写，企业名称调查题项也注明“如不方便可不填写”。其次，在卷首承诺本次调研不涉及企业商业机密、不作商业用途、所填写的信息严格保密、问卷数据也只作大样本统计而不会进行个案分析。在企业及个人信息部分，再次强调该信息绝对不会对外公开。最后，部分问卷发放和回收在某市的发展和改革委员会工作人员的协助下进行，提高了被调查者接受调查的意愿和问卷的质量。

（4）针对被调查者不能完全充分地理解被问题项情况，本问卷在设计过程中对参考的英文量表进行多人次的双向翻译，并广泛征询过理论界和实践界的意见。特别是在企业工作多年的管理人员，对题项的语言表达进行过反复修改，尽量减少语言描述模糊使被调查者不能充分理解题意而带来的偏差。

6.2　变量测量

根据前一章的理论分析和概念模型，本研究需要测量的变量包括被解释变量、解释变量、中介变量和调节变量，具体包括服务创新绩效、外部组织整合(顾客整合和供应商整合)、复合式能力、服务导向和环境不确定性。各变量的测量采用 Likert 5 级量表，从 1 至 5 表示题项描述与企业实际情况的符合程度，1 表示“非常不符合”，2 表示“比较不符合”，3 表示“不确定”，4 表示“比较符合”，5 表示“非常符合”。

6.2.1　被解释变量

本研究的被解释变量是服务创新绩效。服务创新绩效是指服务创新给企业带来的绩效（Voss，1992；Storey 和 Kelly，2001；王绒，2018）。它是一个多维度的复杂变量，财务绩效是其中的重要内容。然而，创新给企业创造的不仅仅是直接的财务收益，还有市场影响和企业成长等无形的收益。而且，财务绩效本身往往也会表现出一定的滞后性。因此，创新绩效的评价不应该只限于财务指标（Cooper 和 Kleinschmidt，1987；Cooper 和 Brentani，1991）。Cooper 和 Kleinschmidt（1987）较早提出从企业财务绩效、市场影响和机会窗口等三个方面来测量创新绩效。此后，众多学者在此基础上进一步开发具体的创新绩效测量指标。例如，Avlonitis 等（2001）、蒋楠等（2016）、李纲等（2017）均从财务和非财务两个维度来测量服务创新绩效。Storey 和 Kelly（2001）从财务、顾客和内部三个方面来测量服务开发和创新绩效。简兆权等（2014）在 Storey 和 Kelly（2001）研究基础上，从财务绩效指标、企业成长指标、顾客指标和内部指标四个方面来测量服务创新绩效。

随着制造业服务化研究的持续深入，制造企业服务创新绩效也日益受到关注。已有相关研究中，制造企业服务创新绩效的测量基于服务业的服务创新绩效的测量，同时又针对制造企业的特征对题项进行适当调整和修改。国内学者蒋楠等（2016）借鉴已有文献中对服务型企业服务创新绩效的测量，从财务和非财务两个方面来测量服务型制造企业的服务创新绩效。王绒（2018）从企业内部过程和结果绩效以及外部市场与客户绩效等 6 个题项来测量制造业服务化战略下的服务创新绩效。本研究综合考虑以上学者对服务创新绩效的分析和测量，结合制造企业服务创新的实际情况，从财务绩效和非财务绩效两个方面共 10 个题项来测量服务创新绩效，具体的测量题项如表 6-1 所示。

表 6-1　服务创新绩效的测量题项

<table>
<tr><th>结构维度</th><th>题项编号</th><th>题项内容</th><th>参考文献</th></tr>
<tr><td rowspan="4">财务绩效</td><td>FP1</td><td>企业营业收入不断增长</td><td rowspan="10">Storey 和 Kelly（2001）、简兆权等（2014）、蒋楠等（2016）、王绒（2018）</td></tr>
<tr><td>FP2</td><td>企业利润不断增加</td></tr>
<tr><td>FP3</td><td>企业投资回报率不断提高</td></tr>
<tr><td>FP4</td><td>企业的服务收入所占比例增长许多</td></tr>
<tr><td rowspan="6">非财务绩效</td><td>NFP1</td><td>服务创新提升了企业的发展潜力</td></tr>
<tr><td>NFP2</td><td>服务创新提升了企业的市场占有率</td></tr>
<tr><td>NFP3</td><td>企业不断开拓新的服务业务市场</td></tr>
<tr><td>NFP4</td><td>服务创新提高了贵企业竞争力</td></tr>
<tr><td>NFP5</td><td>顾客对企业提供的服务很满意</td></tr>
<tr><td>NFP6</td><td>服务创新提升了顾客忠诚度</td></tr>
</table>

6.2.2　解释变量

本研究的解释变量是外部组织整合，具体细分为顾客整合和供应商整合两个维度。外部组织整合是指企业为获取合作过程中的利益而与顾客、供应商等外部关键合作者进行信息分享、组织间关系协调和共同参与的行为（Jap，1999；吴家喜和吴贵生，2008；简兆权等，2018）。Flynn 等（2010）、Wong 等（2011）基于供应链视角从顾客整合和供应商整合两方面来分析外部组织整合。吴家喜和吴贵生（2008）、简兆权等（2018）从信息分享、关系协调和共同参与等三方面来测量外部组织整合。本研究主要分析制造企业服务创新过程中对顾客和供应商等外部关键组织的整合行为。综合考虑 Flynn 等（2010）、Wong 等（2011）、Chavez 等（2015）、吴家喜和吴贵生（2008）、简兆权等（2018）的研究，将外部组织整合分为顾客整合和供应商整合两个维度，并从信息分享、关系协调和共同参与等三个方面来测量顾客整合和供应商整合，具体的测量题项如表 6－2 所示。

表 6－2　外部组织整合的测量题项

结构维度	题项编号	题项内容	参考文献
顾客整合	CI1	企业会经常调查顾客需求	Flynn 等（2010）、Wong 等（2011）、Chavez 等（2015）、吴家喜和吴贵生（2008）、简兆权等（2018）
	CI2	顾客会向企业提供有关产品和服务信息的反馈	
	CI3	企业会向顾客分享产品的服务信息	
	CI4	企业与顾客经常保持密切的联系	
	CI5	企业会以友善和积极的态度与顾客沟通交流	
	CI6	顾客会主动参与企业的产品和服务设计与开发过程	
	CI7	企业会帮助顾客提高服务体验	
供应商整合	SI1	企业能够通过信息网络与供应商进行信息共享	
	SI2	主要供应商会与企业分享他们的生产计划和生产能力	
	SI3	企业与主要供应商分享产品和服务的消费反馈和市场需求预测	
	SI4	企业与主要供应商建立了战略伙伴关系	
	SI5	企业会帮助主要供应商提高产品和服务质量	
	SI6	供应商会主动参与企业的产品和服务设计开发过程	

6.2.3 中介变量

复合式能力是本研究概念模型中的中介变量。复合式能力是指企业能够协同整合来自其内部和外部现有的有形或无形资源的独特能力。陆亚东和孙金云（2014）认为复合式能力与动态能力相比更强调对外部资源的利用，并提出从外部资源获取、资源整合和创新性使用等共4个题项来测量复合式能力。李云健（2017）在研究复合式战略与开放式创新关系时也采用上述量表来测量复合式能力。本研究与上述研究情境基本相同，均以新兴市场环境下建立并成长起来的中国企业为研究对象，分析其在资源复合的基础上进行复合式创新和复合式提供的现象。因此，本研究沿用上述测试量表，具体的测量题项如表6-3所示。

表6-3　复合式能力的测量题项

题项编号	题项内容	参考文献
CC1	企业具有对外部关键资源、设备和技术的准确判断和获取的能力	陆亚东和孙金云（2014）、李云健（2017）
CC2	企业在外购零部件的基础上，能够整合开发出新的功能和应用	
CC3	企业擅长将外部获得的资源加入不断变化的现有资源组合中	
CC4	企业擅长用性价比高的资源代替原有资源，提高效率，降低成本	

6.2.4 调节变量

本研究概念模型中有两个调节变量，分别为服务导向和环境不确定性。服务导向是服务主导逻辑的体现，具体是指服务型制造企业在价值理念、战略决策和经营管理实践中对服务的重视程度，其核心是对顾客价值的重视程度。Gebauer（2007）认为制造企业提供的服务包括支持产品的服务和支持顾客的服务。支持产品的服务是以产品为中心，关注如何确保产品功能更高效地发挥作用；支持顾客的服务则以顾客为中心，关注如何更好地满足顾客的需求（Gebauer，2007；陈昀等，2018）。本研究从组织层面来分析服务型制造企业的服务导向对顾客整合、供应商整合分别与服务创新财务绩效和非财务绩效关系的调节效应。参考Gebauer（2007）、张文红和邓宏（2015）研究，从支持产品的服务和支持顾客的服务两个方面共7个题项来测量制造企业的服务导向，具体的测量题项如表6-4所示。

表 6-4　服务导向的测量题项

结构维度	题项编号	题项内容	参考文献
支持顾客的服务	SO1	企业设置了独立的客户服务部门且该部门业务较多	Gebauer 等（2007）、张文红和邓宏（2015）
	SO2	企业会注重满足顾客多样化的个性需求	
	SO3	企业会集成各类产品和服务为顾客提供综合解决方案	
支持产品的服务	SO4	企业认为提供与产品相关的服务是必不可少的	
	SO5	企业注重产品和服务交付给顾客的效率	
	SO6	企业提供产品安装、修理和维护服务	
	SO7	企业对已出售或租赁产品的运行状况进行监控和管理	

环境不确定性是指企业所面临环境的复杂性和难以预测性的程度，是企业生存和运营不可避免的组织环境，也是企业战略决策、组织行为和创新管理中必须要考虑的权变因素。环境不确定性来自很多方面，对企业服务创新绩效来说，影响较大的环境不确定性因素包括市场不确定性、技术不确定性和竞争强度。Jaworski 和 Kohli（1993）开发的市场动荡性、技术动荡性和竞争强度测试量表受到普遍认可，被广泛用来测量环境动态性和环境不确定性。结合制造企业服务创新背景，本研究参考 Jaworski 和 Kohli（1993）、张婧和段艳玲（2010）、冯军政（2012）等研究，从市场不确定性、技术不确定性和竞争强度三个维度共 8 个题项来测量环境不确定性，具体的测量题项如表 6-5 所示。

表 6-5　环境不确定性的测量题项

结构维度	题项编号	题项内容	来源
市场不确定性	EU1	顾客对本行业产品或相关服务的偏好变化很快	Jaworski 和 Kohli（1993）、张婧和段艳玲等（2010）、冯军政（2012）
	EU2	新顾客对产品和服务的需求与现有顾客明显不同	
	EU3	顾客总是倾向于寻找新的产品和服务	
技术不确定性	EU4	企业所在行业的技术变化速度很快	
	EU5	技术的突破性发展促进本行业大量新产品和新服务的产生	
竞争强度	EU6	企业所在行业经常发生“促销战”	
	EU7	行业内各企业总是很快地提供竞争对手所提供的产品和服务	
	EU8	企业面临的市场竞争非常激烈	

6.2.5 控制变量

影响企业创新绩效的因素比较多，为使实证研究结果更加可靠，参考已有相关研究并结合制造企业外部组织整合和服务创新实践，选取企业年龄、企业规模、所属行业、合作经验等四个变量作为控制变量。

（1）企业年龄。已有大量研究表明，分析企业创新绩效时需要对企业年龄进行控制（Cohen 和 Levinthal，1990）。因为创办时间长的企业相对有更多的时间来积累资源，从而促进企业有更多的创新产出。本研究中，企业年龄为企业成立至 2018 年 6 月 30 日的经营年份。

（2）企业规模。企业规模对企业创新绩效的影响已得到众多学者的认可，因为规模越大的企业拥有资源和机会也相对越多，对企业创新开发活动也越有利。借鉴 Pertusa-Ortega 等（2010）和赵立龙（2012）研究，本研究通过企业目前的员工人数来体现企业规模的大小。

（3）所属行业。邓宏（2015）、马文甲和高良谋（2016）、黄继生（2017）等研究表明，企业所属行业会影响企业的创新倾向和创新绩效，因此在研究创新绩效时需要对行业变量进行控制。本研究在案例分析时也发现，不同细分行业的制造企业在外部组织整合需求、服务创新驱动力、服务创新能力和所提供的服务类型等方面存在差异。因此，在研究制造企业外部组织整合与服务创新绩效时，需要对企业所属细分行业进行控制。本研究样本可能涉及的行业包括机械、交通运输设备、电子设备、仪器仪表、能源、材料、化工、生物与医药、食品饮料、纺织服装和其他制造行业。因此，本研究将企业所属行业按以上分类作为类别变量处理。

（4）企业合作经验。白鸥（2015）认为企业与外界的合作时间或合作经验程度会影响企业的服务创新网络和服务创新绩效，研究服务创新绩效时需要对其进行控制。本研究在案例研究时也发现，制造企业与顾客和供应商等关键外部组织的合作经验程度不同，服务创新绩效会出现差异。因此，本研究将企业合作经验作为控制变量。将合作经验分为非常欠缺、不丰富、一般、丰富和非常丰富等 5 个类别。

6.3 小样本预测试

问卷填写者会因为时间、环境等外在干扰因素而对测试题项产生不同的理解。因此，即使采用已有的成熟量表，也需要对问卷进行预测试以重新检验其信度和效度。为进一步完善问卷，本研究进行小样本预测试，并根据测试结果再次修改问卷。

6.3.1 小样本数据收集

小样本预测试阶段通过团队成员的社会网络关系，联系比较熟悉的服务型制造企业中高层管理人员（主要集中于珠三角地区和长三角地区的企业），了解其所在制造企业的服务创新现状，向其解释本次问卷调查的内容和目的，并请其填写问卷。共发放 67 份问卷，全部收回，剔除不合格问卷 5 份，最后获取有效问卷 62 份，有效率为 92.5%。

一般认为，预测试阶段的样本量要大于预测试总题项数，而探索性因子分析要求样本量为变量个数的 5～10 倍（吴明隆，2010）。本次预测试问卷共 51 个题项（包括 42 个变量测量题项和 9 个基本信息题项），需要测量的变量数量为 5。因此，62 份样本能较好地满足小样本预测试的样本量要求。

6.3.2 小样本数据分析

按如下步骤进行数小样本数据分析：首先，采用 SPSS 22.0 软件来进行探索性因子分析，对各测量量表进行结构探索和检验。基于探索性因子分析结果，按如下标准来优化各量表的题项：①各题项在对应公因子上的载荷系数在大于 0.5，而在其他公因子上的载荷系数要相对较小；②如果某题项在所有公因子上的载荷系数都小于 0.5，说明该题项所表现的意义不明确，删除该题项；③如果某题项在所有公因子上的载荷系数均大于 0.5，说明该题项存在交叉载荷现象，删除该题项。

然后，采用 SPSS 22.0 软件进行可靠性分析，通过 Cronbach's α 系数来检验问卷的信度。一般而言，总量表的 α 系数大于 0.8，且分量表的 α 系数大于 0.7，则表明量表具有良好的信度。此外，本研究还依据校正后的项总计相关性（corrected item-total correlation，CITC）和删除该题项后的 α 系数来判断单个问题项的可靠性。若测试题项符合以下两个条件：①该题项的 CITC 至少大于 0.35，最好大于 0.5；②删除该题项后的 α 系数与原 α 系数相比无明显提高，则说明该题项与其他题项之间的内部一致性较好，在正式问卷中予以保留。

预测试问卷中题项数量最多的是“服务创新绩效”分量表，其题项数为 10。

本次预测试样本量为 62 个，大于各分量表最大题项数的 5 倍。根据吴明隆（2010）的建议，预测试样本量达到探索性因子分析的要求。下面按变量分别进行预测试数据分析。

（1）外部组织整合探索性样本测试

首先对外部组织整合的小样本数据进行探索性因子分析。如表 6−6 所示，外部组织整合的 KMO 值为 0.842，Bartlett 球体检验统计值显著异于 0，适合探索性因子分析。

表 6−6　外部组织整合的 KMO 与 Bartlett 检验结果

检验项		结果
KMO（Kaiser−Meyer−Olkin）		0.842
Bartlett 球体检验	近似卡方	449.062
	df	78
	Sig.	0.000

注：N=62，表 6−7 至表 6−32 与此同。

对外部组织整合对应的 13 个测量题项进行探索性因子分析，在 SPSS 22.0 中使用因子分析程序，因子抽取方法选择主成分分析法，按特征值大于 1 的标准抽取因子，按最大方差法对因子进行旋转。分析结果见表 6−7 和表 6−8。

表 6−7　外部组织整合因素解释的总方差

成分	初始特征值			提取平方和载入			旋转平方和载入		
	合计	方差的%	累积%	合计	方差的%	累积%	合计	方差的%	累积%
1	6.536	50.273	50.273	6.536	50.273	50.273	4.068	31.290	31.290
2	1.317	10.133	60.407	1.317	10.133	60.407	3.785	29.117	60.407

如表 6−7 所示，外部组织整合的 13 个测量题项旋转后聚成 2 个特征值大于 1 的因子，累积解释方差为 60.407%。通过表 6−8 提供的信息进一步观察各测试题项在两个因子上的载荷系数（表中加粗数字），可以发现，因子载荷系数均大于 0.5。但是，测试题项 CI7 在两个因子上的载荷系数都大于 0.5（分别为 0.520 和 0.530），出现交叉载荷现象。陈晓萍和徐淑英（2012）认为同一题项在不同因子上的载荷值比较接近时，应该考虑删除该题项，以提高量表的整体结构效度。删除测试题项 CI7 后，KMO 值为 0.822，Bartlett 球体检验统计值显著异于0，仍然适合因子分析。对剩下的 12 个测量题项重新进行探索性因子分析，结

果见表 6－9 和表 6－10。

表 6－8　外部组织整合旋转成分矩阵

	成分	
	1	2
SI4	**0.827**	0.096
SI5	**0.767**	0.368
SI6	**0.731**	0.276
SI2	**0.706**	0.156
SI3	**0.701**	0.379
SI1	**0.632**	0.349
CI3	0.189	**0.834**
CI2	0.320	**0.740**
CI1	0.111	**0.736**
CI5	0.250	**0.722**
CI4	0.407	**0.593**
CI6	0.469	**0.580**
CI7	**0.520**	**0.530**

注：提取方法为主成分分析；旋转方法为最大方差法。（下同）

表 6－9　删除题项 CI7 后外部组织整合因素解释的总方差

成分	初始特征值			提取平方和载入			旋转平方和载入		
	合计	方差的％	累积％	合计	方差的％	累积％	合计	方差的％	累积％
1	6.027	50.223	50.223	6.027	50.223	50.223	3.822	31.848	31.848
2	1.317	10.974	61.197	1.317	10.974	61.197	3.522	29.348	61.197

如表 6－9 和表 6－10 所示，删除测试题项 CI7 后，按特征值大于 1 抽出的两个因子累积解释总体方差的 61.197％，各测量题项在对应因子上的载荷系数均大于 0.5，没有出现交叉因子载荷。以上说明经过调整后，外部组织整合测量量表具有较好的结构效度。而且，测量量表中 12 个题项的聚合情况与量表设计一致，SI1 至 SI6 聚合成一个因子，将其命名为“供应商整合”；CI1 至 CI6 聚合成一个因子，将其命名为“顾客整合”。这两个因子相对独立，根据研究需要，将其作为两个独立的变量进行分析。

表 6-10 删除题项 CI7 后外部组织整合旋转成分矩阵

	成分	
	1	2
SI4	**0.830**	0.099
SI5	**0.767**	0.365
SI6	**0.732**	0.273
SI2	**0.708**	0.156
SI3	**0.707**	0.386
SI1	**0.633**	0.348
CI3	0.196	**0.843**
CI1	0.114	**0.739**
CI2	0.319	**0.737**
CI5	0.249	**0.716**
CI4	0.411	**0.598**
CI6	0.473	**0.583**

探索性因子分析之后，对外部组织整合进行信度分析。运用 SPSS 22.0 对小样本中外部组织整合的 12 个测试题项（删除 CI7 后）进行可靠性分析，结果见表 6-11。

表 6-11 外部组织整合的信度检验结果

	题项	校正的项总计相关性（CITC）	删除该题项后的 Cronbach's α 系数	Cronbach's α 系数
供应商整合	SI1	0.618	0.860	0.872
	SI2	0.616	0.861	
	SI3	0.703	0.846	
	SI4	0.682	0.849	
	SI5	0.750	0.838	
	SI6	0.676	0.850	

续表

	题项	校正的项总计相关性（CITC）	删除该题项后的 Cronbach's α 系数	Cronbach's α 系数
顾客整合	CI1	0.570	0.808	0.830
	CI2	0.621	0.798	
	CI3	0.701	0.783	
	CI4	0.596	0.807	
	CI5	0.546	0.822	
	CI6	0.637	0.795	

由表 6−11 可见，供应商整合和顾客整合的 Cronbach's 的 α 系数均大于 0.8，表明两个变量的测试量表具有较好的内部一致性。同时，各测试题项的 CITC 值均大于临界值 0.5，删除该题项后的 Cronbach's 的 α 系数均小于原量表的 Cronbach's 的 α 系数，说明供应商整合、顾客整合各测试题项间具有较好的内部一致性，12 个测试题项的信度指标均符合研究使用标准，故全部予以保留。

（2）服务创新绩效的探索性样本测试

如表 6−12 所示，服务创新绩效的 KMO 值为 0.888，Bartlett 球体检验统计值显著异于 0，适合进行探索性因子分析。

表 6−12　服务创新绩效的 KMO 与 Bartlett 检验结果

检验项		结果
KMO（Kaiser−Meyer−Olkin）		0.888
Bartlett 球体检验	近似卡方	696.367
	df	45
	Sig.	0.000

对服务创新绩效的 10 个测量题项进行探索性因子分析，因子抽取方法选择主成分分析法，按特征值大于 1 的标准抽取因子，并按最大方差法对因子进行旋转，按系数大小排序旋转成分矩阵表。分析结果见表 6−13 和表 6−14。

表 6-13　服务创新绩效因素解释的总方差

成分	初始特征值			提取平方和载入			旋转平方和载入		
	合计	方差的%	累积%	合计	方差的%	累积%	合计	方差的%	累积%
1	7.098	70.984	70.984	7.098	70.984	70.984	4.312	43.119	43.119
2	1.256	12.559	83.542	1.256	12.559	83.542	4.042	40.423	83.542

如表 6-13 所示，服务创新绩效的 10 个测量题项旋转后聚成 2 个特征值大于 1 的因子，累积解释方差为 83.542%。进一步观察各测试题项的载荷系数（具体见表 6-14），可以发现，所有题项的载荷系数均大于 0.5。但是，测试题项 NFP4 在两个因子上的载荷系数都大于 0.5（分别为 0.705 和 0.544），出现交叉载荷现象。因此，删除题项 NFP4，以提高量表的整体结构效度。删除 NFP4 后，KMO 值为 0.876，Bartlett 球体检验统计值显著异于 0，仍然适合因子分析。重新进行因子分析，结果见表 6-15 和表 6-16。

如表 6-15 和表 6-16 所示，删除测试题项 NFP4 后，按特征值大于 1 抽出的两个因子累积解释总体方差的 84.321%，各测量题项在对应因子上的载荷系数均大于 0.5，没有交叉因子载荷现象。以上数据说明调整后的服务创新绩效测量量表具有较好的结构效度。从题项聚合情况来看，测量量表中 9 个题项的聚合情况与量表设计一致，题项 FP1、FP2、FP3 和 FP4 聚合成一个因子，将其命名为“财务绩效”；题项 NFP1、NFP2、NFP3、NFP5 和 NFP6 来聚合成一个因子，将其命名为“非财务绩效”。这两个因子相对独立，根据研究需要，将其作为两个独立的变量进行分析。

表 6-14　服务创新绩效旋转成分矩阵

	成分	
	1	2
NFP5	**0.922**	0.190
NFP6	**0.919**	0.226
NFP1	**0.775**	0.468
NFP3	**0.747**	0.454
NFP2	**0.741**	0.463
NFP4	**0.705**	**0.544**

续表

	成分	
	1	2
FP2	0.315	**0.913**
FP3	0.315	**0.903**
FP1	0.291	**0.876**
FP4	0.360	**0.777**

表 6-15　删除题项 NFP4 后服务创新绩效因素解释的总方差

成分	初始特征值			提取平方和载入			旋转平方和载入		
	合计	方差的%	累积%	合计	方差的%	累积%	合计	方差的%	累积%
1	6.341	70.456	70.456	6.341	70.456	70.456	3.803	42.255	42.255
2	1.248	13.864	84.321	1.248	13.864	84.321	3.786	42.066	84.321

表 6-16　删除题项 NFP4 后服务创新绩效旋转成分矩阵

	成分	
	1	2
NFP6	**0.922**	0.233
NFP5	**0.917**	0.196
NFP1	**0.767**	0.472
NFP3	**0.751**	0.461
NFP2	**0.744**	0.469
FP2	0.309	**0.915**
FP3	0.307	**0.905**
FP1	0.278	**0.878**
FP4	0.371	**0.782**

接下来，对服务创新绩效的测试题项进行信度分析，检验其内部一致性。运用 SPSS 22.0 对小样本中服务创新绩效的 9 个测试题项（删除 NFP4 后）进行可靠性分析，结果见表 6-17。

由表 6-17 可见，服务创新绩效、财务绩效和非财务绩效量表的 Cronbach's

的α系数均大于0.8，表明测试量表具有良好的内部一致性。各测试题项的CITC值均大于临界值0.5，删除该题项后的Cronbach's的α系数均小于原量表的Cronbach's的α系数，说明各测试题项间具有良好的内部一致性。进一步观察可以发现，9个测试题项的信度指标均符合研究使用标准，故全部予以保留。

表6-17　服务创新绩效的信度检验结果

	题项	校正项的总计相关性（CITC）	删除该题项后的Cronbach's α系数	Cronbach's α系数
财务绩效	FP1	0.851	0.936	0.946
	FP2	0.937	0.909	
	FP3	0.913	0.916	
	FP4	0.785	0.945	
非财务绩效	NFP1	0.843	0.923	0.938
	NFP2	0.814	0.928	
	NFP3	0.819	0.927	
	NFP5	0.844	0.922	
	NFP6	0.860	0.919	

（3）复合式能力的探索性样本测试

表6-18所示，复合式能力的KMO值为0.763，Bartlett球体检验统计值显著异于0，适合进行探索性因子分析。

表6-18　复合式能力的KMO与Bartlett检验结果

检验项		结果
KMO（Kaiser-Meyer-Olkin）		0.763
Bartlett球体检验	近似卡方	119.775
	df	6
	Sig.	0.000

对复合式能力的4个测量题项进行探索性因子分析，因子抽取方法选择主成分分析法，按特征值大于1的标准抽取因子，并按最大方差法对因子进行旋转，按系数大小排序旋转成分矩阵表，分析结果见表6-19和表6-20。

如表6-19所示，复合式能力的4个测量题项旋转后聚成1个特征值大于1

的因子，累积解释方差为 70.597%。进一步观察各测试题项的因子载荷系数(具体见表 6-20)，可以发现，所有题项的因子载荷系数均远大于 0.5，说明复合式能力的测量量表具有较好的结构效度。

表 6-19 复合式能力因素解释的总方差

成分	初始特征值			提取平方和载入		
	合计	方差的%	累积%	合计	方差的%	累积%
1	2.824	70.597	70.597	2.824	70.597	70.597
2	0.602	15.055	85.652	—	—	—
3	0.362	9.039	94.691	—	—	—
4	0.212	5.309	100.000	—	—	—

表 6-20 复合式能力旋转成分矩阵

	成分
	1
CC3	**0.915**
CC2	**0.844**
CC1	**0.808**
CC4	**0.788**

接下来，对复合式能力的测试题项进行信度分析，检验其内部一致性。运用 SPSS 22.0 对小样本中复合式能力的 4 个测试题项进行可靠性分析，结果见表 6-21。

表 6-21 复合式能力的信度检验结果

题项	校正的项总计相关性（CITC）	删除该题项后的 Cronbach's α 系数	Cronbach's α 系数
CC1	0.667	0.833	0.857
CC2	0.714	0.815	
CC3	0.821	0.770	
CC4	0.623	0.849	

由表 6-21 可见，复合式能力的 Cronbach's 的 α 系数为 0.857，大于 0.8，表明测试量表具有较好的内部一致性。同时，可以发现，各测试题项的 CITC 值

均大于临界值 0.5，删除该题项后的 Cronbach's 的 α 系数均小于原量表的 Cronbach's 的 α 系数，说明各测试题项间具有较好的内部一致性，4 个测试题项的信度指标均符合研究使用标准，故全部予以保留。

（4）服务导向的探索性样本测试

如表 6－22 所示，服务导向的 KMO 值为 0.809，Bartlett 球体检验统计值显著异于 0，适合进行探索性因子分析。

表 6－22 服务导向的 KMO 与 Bartlett 检验结果

检验项		结果
KMO（Kaiser－Meyer－Olkin）		0.809
Bartlett 球体检验	近似卡方	326.749
	df	21
	Sig.	0.000

对服务导的 7 个测量题项进行探索性因子分析，在 SPSS 22.0 中使用因子分析程序，因子抽取方法选择主成分分析法，按特征值大于 1 的标准抽取因子，并按最大方差法对因子进行旋转，按系数大小排序旋转成分矩阵表。分析结果见表 6－23 和表 6－24。

表 6－23 服务导向因素解释的总方差

成分	初始特征值			提取平方和载入			旋转平方和载入		
	合计	方差的％	累积％	合计	方差的％	累积％	合计	方差的％	累积％
1	4.520	64.574	64.574	4.520	64.574	64.574	2.813	40.186	40.186
2	1.033	14.762	79.336	1.033	14.762	79.336	2.741	39.150	79.336

表 6－24 服务导向旋转成分矩阵

	成分	
	1	2
SO6	**0.889**	0.311
SO7	**0.878**	0.334
SO5	**0.859**	0.216
SO2	0.171	**0.916**

续表

	成分	
	1	2
SO3	0.312	**0.825**
SO1	0.334	**0.780**
SO4	**0.524**	**0.598**

如表 6−23 所示，7 个测量题项旋转后聚成 2 个特征值大于 1 的因子，累积解释方差为 79.336%。进一步观察各测试题项的载荷系数（具体见表 6−24），可以发现，所有题项对应的因子载荷系数均大于 0.5。但是，测试题项 SO4 在两个因子上的载荷系数都大于 0.5（分别为 0.524 和 0.598），出现交叉载荷现象。因此，删除题项 SO4，以提高量表的整体结构效度。

删除测试题项 SO4 后，KMO 值为 0.798，Bartlett 球体检验统计值显著异于 0，仍然适合因子分析。对剩下的 6 个测量题项重新进行因子分析，结果见表 6−25 和表 6−26。

表 6−25　删除题项 SO4 后服务导向因素解释的总方差

成分	初始特征值			提取平方和载入			旋转平方和载入		
	合计	方差的%	累积%	合计	方差的%	累积%	合计	方差的%	累积%
1	3.953	65.878	65.878	3.953	65.878	65.878	2.575	42.920	42.920
2	1.031	17.182	83.060	1.031	17.182	83.060	2.408	40.140	83.060

表 6−26　删除题项 SO4 后服务导向旋转成分矩阵

	成分	
	1	2
SO6	**0.895**	0.315
SO7	**0.888**	0.346
SO5	**0.857**	0.200
SO2	0.181	**0.924**
SO3	0.323	**0.836**
SO1	0.337	**0.772**

如表 6－25 和表 6－26 所示，删除测试题项 SO4 后，按特征值大于 1 抽出的两个因子累积解释总体方差的 83.06%，各测量题项在对应因子上的载荷系数均大于 0.5，没有交叉因子载荷现象。以上说明调整后的服务导向测量量表具有良好的结构效度。而且，调整后的测量量表中 6 个题项的聚合情况与量表设计一致，SO1、SO2 和 SO3 聚合成一个因子，将其命名为“支持顾客的服务导向”；SO5、SO6 和 SO7 聚合成一个因子，将其命名为“支持产品的服务导向”。

接下来，对调整后的服务导向测量题项进行信度分析，检验其内部一致性。运用 SPSS 22.0 对小样本中服务创新绩效的 6 个测试题项（删除 SO4 后）进行可靠性分析，结果见表 6－27。

表 6－27　服务导向的信度检验结果

题项	校正的项总计相关性（CITC）	删除该题项后的 Cronbach's α 系数	Cronbach's α 系数
SO1	0.677	0.883	
SO2	0.670	0.883	
SO3	0.718	0.876	0.894
SO5	0.658	0.886	
SO6	0.787	0.864	
SO7	0.813	0.859	

由表 6－27 可见，服务导向测量量表的 Cronbach's 的 α 系数为 0.894，大于 0.8，表明测试量表具有较好的内部一致性。各测试题项的 CITC 值均大于临界值 0.5，删除该题项后的 Cronbach's 的 α 系数均小于原量表的 Cronbach's 的 α 系数，说明各测试题项间具有较好的内部一致性，6 个测试题项的信度指标均符合研究使用标准，故全部予以保留。

（5）环境不确定性的探索性样本测试

如表 6－28 所示，环境不确定性绩效的 KMO 值为 0.809，Bartlett 球体检验统计值显著异于 0，适合进行探索性因子分析。

表 6-28　环境不确定性的 KMO 与 Bartlett 检验结果

检验项		结果
KMO（Kaiser-Meyer-Olkin）		0.861
Bartlett 球体检验	近似卡方	298.300
	df	28
	Sig.	0.000

对环境不确定性对应的 8 个测量题项进行探索性因子分析，在 SPSS 22.0 中使用因子分析程序，因子抽取方法选择主成分分析法，并按最大方差法对因子进行旋转，分析结果见表 6-29 和表 6-30。

表 6-29　环境不确定性因素解释的总方差

成分	初始特征值			提取平方和载入			旋转平方和载入		
	合计	方差的%	累积%	合计	方差的%	累积%	合计	方差的%	累积%
1	5.033	62.906	62.906	5.033	62.906	62.906	2.287	28.585	28.585
2	0.810	10.121	73.027	0.810	10.121	73.027	2.131	26.632	55.218
3	0.562	7.023	80.050	0.562	7.023	80.050	1.987	24.833	80.050

如表 6-29 所示，8 个测量题项旋转后聚成 3 个特征值大于 1 的因子，累积解释方差为 80.050%。进一步观察各测试题项的载荷系数（具体见表 6-30），可以发现，所有题项对应的因子载荷系数均大于 0.5。但是，测试题项 EU7 没有聚集在理论分析中对应的因子下。根据陈晓萍等（2012）建议，这种情况下应该删除题项 EU7，以提高量表的整体结构效度。

删除测试题项 EU7 后，再次分析发现，KMO 值为 0.839，Bartlett 球体检验统计值显著异于 0，仍然适合因子分析。对剩下的 7 个测量题项重新进行探索性因子分析，抽取的 3 个因子累积解释方差为 82.535%，因子旋转成分矩阵如表 6-31所示。

表 6-30　环境不确定性旋转成分矩阵

	成分		
	1	2	3
EU4	**0.839**	0.312	0.145

续表

	成分		
	1	2	3
EU5	**0.803**	0.274	0.232
EU7	**0.662**	0.297	0.439
EU2	0.304	**0.816**	0.314
EU3	0.419	**0.758**	0.201
EU1	0.258	**0.685**	0.486
EU6	0.150	0.296	**0.877**
EU8	0.378	0.271	**0.758**

表 6-31　删除题项 EU7 后环境不确定性旋转成分矩阵

	成分		
	1	2	3
EU2	**0.798**	0.305	0.326
EU3	**0.782**	0.387	0.196
EU1	**0.696**	0.231	0.484
EU5	0.256	**0.840**	0.266
EU4	0.357	**0.810**	0.145
EU6	0.344	0.092	**0.858**
EU8	0.230	0.423	**0.793**

如表 6-31 所示，各测量题项在对应因子上的载荷系数均大于 0.5，没有交叉因子载荷现象，说明调整后的环境不确定性测量量表具有较好的结构效度。而且，调整后的测量量表中 7 个题项的聚合情况与量表设计一致，EU1、EU2 和 EU3 聚合成一个因子，将其命名为“市场不确定性因子”；EU5 和 EU6 聚合成一个因子，将其命名为“技术不确定性因子”；EU6 和 EU8 聚合成一个因子，将其命名为“竞争强度因子”。

接下来，对调整后的环境不确定性测量题项进行信度分析，检验其内部一致性。运用 SPSS 22.0 对小样本中环境不确定性的 7 个测试题项（删除 EU7 后）

进行可靠性分析，结果见表 6－32。

由表 6－32 可见，环境不确定性的 Cronbach's 的 α 系数为 0.899，大于 0.8，因此测试量表具有较好的内部一致性。各测试题项的 CITC 值均大于临界值 0.5，删除该题项后的 Cronbach's 的 α 系数均小于原量表的 Cronbach's 的 α 系数，说明各测试题项间具有较好的内部一致性，7 个测试题项的信度指标均符合研究使用标准，故全部予以保留。

表 6－32 环境不确定性的信度检验结果

题项	校正的项总计相关性（CITC）	删除该题项后的 Cronbach's α 系数	Cronbach's α 系数
EU1	0.757	0.879	0.899
EU2	0.774	0.876	
EU3	0.736	0.880	
EU4	0.655	0.889	
EU5	0.680	0.886	
EU6	0.633	0.894	
EU8	0.737	0.881	

综合以上分析，经过对预测试问卷中各量表进行探索性因子分析和信度分析，删除了外部组织整合量表中的 CI7 题项、服务创新绩效量表中的 NFP4 题项、服务导向量表中的 SO4 题项、环境不确定性量表中的 EU7 题项。删除上述 4 个题项后，各量表均具备较好的信度和结构效度。删除题项后对各变量剩下的题项进行重新排序。此外，我们还根据预测试中问卷填写人基于管理实践所提的建议，对问卷的语言描述进行了一些修改和完善，形成问卷的最终稿（具体见附录 2），用于正式调研。

6.4 大样本数据收集与数据分析方法

6.4.1 样本选择和数据收集

本研究采用问卷调查的方法收集数据，并通过对数据的统计分析来进行实证检验。总体样本的合理选择和数据的真实有效是实证分析质量的基本保障。为获取高质量数据，本研究严格控制了样本企业类型、问卷填写者、区域和渠道多样性。

在样本企业选择上，考虑到本研究主要探索服务型制造企业外部组织整合对服务创新绩效的影响机理，样本企业选择服务型制造企业，且要求该企业具有一定的服务创新和开发经验。具体在操作上，在问卷“企业及个人基本信息”部分设计第 6 小题，其题项内容为“企业提供的服务有：（可多选）”，后面以服务型制造企业常提供的 9 类服务作为选择项，如有提供其他服务也可以在后面填出相应服务内容。考虑到外部组织整合和服务创新属于企业战略层面的组织行为，问卷填写者选择对企业整体比较熟悉的中高层管理人员或在被调查企业工作时间较长的基层管理人员。

在区域选择上，本研究侧重于选择珠三角地区和长三角地区，主要理由如下：①这两个地区是我国经济改革开放的前沿阵地，不仅服务业发达，而且制造业与服务业的融合发展也走在全国前列，制造企业的服务创新意识相对于其他地区更强，具有较丰富的服务创新经验；②本研究团队在珠三角和长三角具有丰富的社会网络关系，相对而言，在这两个地区发放和收集问卷的效率会更高，问卷填写的质量也会更好。此外，本研究也在其他地区有选择性地发放了部分问卷。

在渠道选择方面，Roy 等（2001）和赵立龙（2012）等学者认为，在新兴经济情境下，收集企业数据难度非常大，而且需要耗费大量时间，因此需要选择适当的渠道并利用相应关系。为提高问卷发放和回收的效率，并确保问卷数据的有效性和可靠性，本研究主要通过以下方法发放问卷：①利用实地调研和访谈的机会，现场发放问卷并当场收回；②利用本人及研究团队的社会关系网络，委托亲戚、朋友和校友帮忙，采用纸质或网络链接的方式发放问卷；③委托政府机构（如长三角地区某市发展和改革委员会）工作人员帮助发放和回收问卷；④通过高校教师给 MBA、EMAB 和工程硕士学员授课的机会，现场培训并发放纸质问卷。

本次问卷调研时间从 2018 年 8 月至 2018 年 11 月，历时约 3 个月，回收问卷共 311 份，其中有效问卷 251 份，问卷回收有效率为 80.71%，具体的问卷回收情况见表 6－33。

表 6-33 正式问卷回收情况

发放渠道	回收问卷/份	有效问卷/份	回收有效率
实地调研和访谈	16	16	100%
委托亲戚、朋友、校友	109	87	79.81%
委托政府机构	67	59	88.60%
MBA、EMAB 和工程硕士课堂	119	89	74.79%
合计	311	251	80.71%

注：回收有效率=有效数量/回收数量。

回收问卷后即对其进行筛查，将以下三类问卷设为无效问卷并予以删除：①被调研企业不符合要求。本次问卷调研对象为服务型制造企业，根据问卷“企业及个人基本信息”部分的第 6 小题的填写情况来确定企业类型。由于纸质问卷均为事先沟通并现场填写，第一类问题主要针对网络问卷。②问卷填写信息不全，由于网络问卷要求信息完整才能提交，信息不全问题主要针对纸质问卷。③非正常性填答，例如有明显规律性答案、网络问卷显示填写时间低于 150 秒等。

6.4.2 数据分析方法

本研究主要采用统计软件 SPSS 22.0 和 Amos21.0 来对大样本数据进行统计分析，分析过程主要包括两个阶段：首先通过描述性统计分析、信度分析、效度分析和共同方差分析来检测数据质量；然后通过相关分析、多元回归分析和结构方程模型分析来检验研究假设。具体的分析方法如下。

（1）描述性统计分析

描述性统计分析是指对样本数据的整体情况进行统计性描述，主要包括数据的频数分析、集中趋势分析和离散程度分析等。本研究主要对以下三方面的信息进行描述性统计分析：①问卷填写人的职务和在该企业工作时间的分布情况；②样本数据来源企业的企业年龄、企业规模、行业类型、地区分布、与外部合作经验等基本特征的分布情况；③概念模型中各变量的均值和标准差。通过对以上三方面的描述性统计分析来判断样本数据是否具有较好的代表性并适合本研究的实证分析。

（2）信度和效度分析

信度和效度分析是对问卷调研数据进行统计分析的必要步骤。本研究对大样本数据信度分析方法与预测试阶段一致，具体内容见“6.3.2　小样本数据分析”。

在效度分析方面，陈晓萍等（2012）、吴明隆（2009，2010）认为在量表测验开发的初期或者小样本预测试阶段，由于对量表的内部结构缺乏确切判断，需要使用探索性因子分析（EFA）来建立量表的建构效度，而在对变量的结构关系有清楚预期后的大样本数据分析阶段，应该使用验证性因子分析（CFA）来检验量表结构效度的适切性，检验变量测试量表的结构是否与预期结构一致。本研究在问卷预测试阶段已经对小样本数据进行了探索性因子分析，并确定了各变量的测量结构。在此基础上，大样本数据分析阶段将使用 Amos 21.0 软件对外部组织整合、复合式能力、服务导向、环境不确定性和服务创新绩效等变量进行验证性因子分析，以检验量表的结构效度。

（3）相关分析

变量间存在的不确定的数量关系为相关关系。相关分析是对两个或两个以上变量的相关关系的统计分析。一般地，通过 Pearson 相关系数来判断两个变量之间线性关系的强度。Pearson 相关系数 r 的取值范围在 -1 到 1 之间，$|r|$ 越接近 1 表示线性相关越强，$|r|<0.3$ 且通过显著性检验时，可视为不相关；$0.3\leqslant|r|<0.5$ 且通过显著性检验时，可视为低度相关；$0.5\leqslant|r|<0.8$ 且通过显著性检验时，可视为中度相关；$|r|>0.8$ 且通过显著性检验时，可视为高度相关。本研究在回归分析之前对模型中的主要变量进行双变量相关性分析，考查 Pearson 相关系数大小及其显著性，初步判断顾客整合、供应商整合、复合式能力、财务绩效和非财务绩效之间直接影响关系的研究假设。

（4）多元回归分析

多元线性回归分析是指确定一个因变量与多个自变量之间的线性统计关系的一种统计分析方法。层次回归分析是在多元线性回归的基础上，分层逐步放入自变量的回归分析方法，其优点是不仅能检验每个回归模型中（每层自变量可对应一个模型）自变量的回归显著性，还能观察每层自变量加入前后对应模型解释力（$Adj-R^2$ 值）的变化，以此分析多个自变量对因变量变化的贡献程度。本研究采用层次回归分析来检验概念模型中的主效应、中介效应，以及服务导向和环境不确定性的调节效应。

（5）结构方程模型分析

结构方程模型是一种综合运用因素分析和路径分析的多变量统计方法（吴明

隆，2009)。作为一种基于协方差矩阵来分析变量间线性结构关系的统计方法，结构方程模型可以同时处理多个自变量和多个因变量的复杂关系，允许各变量存在测量误差和残差项，还可以通过路径系数和拟合指数同时观察变量的因子结构和整个模型的拟合优度（Bollen 和 Long，1993）。本研究在外部组织整合与服务创新绩效关系分析后提出的研究假设和理论模型中，包含了多个自变量和因变量之间的影响路径，适合采用结构方程模型来进行检验理论模型中的变量关系。

结构方程模型分析主要包括初始模型构建、模型拟合与模型修正等过程。首先根据理论模型构建结构方程模型，再根据拟合指标观察模型与实际数据的拟合程度，最后根据修正指数对模型进行修正，通过模型中各变量之间的路径系数及其显著性判断变量之间的影响关系。参考温忠麟等（2004）和吴明隆（2009）建议，选用绝对适配度指数 RMSEA、增值适配度指数 CFI、TLI 和简约适配度指数 CMIN/DF 等拟合指标来评价数据和模型的拟合程度，具体要求 RMSEA<0.08、CFI>0.9、TLI>0.9、CMIN/DF<3。

6.5　本章小结

本章从问卷设计、变量测量、小样本预测、大样本数据收集和数据分析方法等方面详细阐述了本研究的实证研究方法。具体地，首先介绍了问卷的设计过程、问卷的基本内容以及为防止问卷数据偏差而采取的措施；其次，针对上一章所提出概念模型中的各变量，参考已有相关文献中的成熟量表并根据本研究的具体研究情境确定了具体的测量题项；然后，详细描述了小样本测试阶段的数据收集和统计分析过程，根据小样本数据的探索性因子分析和信度分析结果对问卷进行了修正，形成了正式调研问卷；最后，详细说明了正式调研中对样本企业和问卷填写者的选择和要求，描述了问卷发放和回收情况，并介绍了后续数据分析中拟采用的统计分析方法，为下一章的数据统计与分析奠定基础。

第七章　数据分析与假设检验

本章将运用第六章所介绍的统计分析方法对 251 份样本数据进行统计分析，并对第五章提出的研究假设进行检验。

7.1　描述性统计

（1）问卷填写人员的描述性统计

正式问卷填写人员特征的统计结果如表 7－1 所示。从职务上来看，问卷填写人员大部分为中、高层管理人员，两者的总体占比达到 83.67%，另有 16.33%的填写人员为在该企业工作时间超过 3 年的基层管理人员。相对于一般人员，中高层管理人员和在该企业工作多年的基层管理人员对企业服务创新战略和外部组织行为会有更全面的了解，对问卷的回答也会更客观和准确。从问卷填写人员的工作年限来看，在该企业工作 3 年及以上时间的总体占比达到了 76.10%，其中 8 年及以上时间的总体占比高达 42.23%。这一数据表明，问卷填写人员具有较丰富的管理工作经验，能够充分理解问卷中各测试题项所表达的题意，在一定程度上保证了问卷的有效性。另外，这一分布情况也能够与职务分布对应起来，企业中高层管理人员通常已在企业工作较长时间，对企业有较全面的了解并积累了丰富的工作经验。综合以上分析可知，正式问卷的填写人员均符合本研究的设定要求。

表 7−1 正式问卷填写人员特征统计（N=251）

填写人员特征	类别	样本量/份	百分比/%	累计百分比/%
职务	高层管理人员	81	32.27	32.27
	中层管理人员	129	51.39	83.67
	基层管理人员	41	16.33	100
在该企业工作的年限	8 年及以上	106	42.23	42.23
	3～8 年	85	33.86	76.10
	3 年以下	60	23.91	100

（2）样本企业的描述性统计

样本企业主导业务所属行业、成立年限、员工人数、企业所在区域以及与外界合作经验等方面的统计结果见表 7−2。

表 7−2 样本企业基本特征统计（N=251）

企业特征	类别	样本量/份	百分比/%	累计百分比/%
主导业务所属细分行业	机械	65	25.90	25.90
	交通运输设备	45	17.93	43.82
	电子设备、仪器仪表	33	13.15	56.97
	能源与材料	30	11.95	68.92
	生活家居	28	11.16	80.08
	化工	17	6.77	86.85
	生物与医药	9	3.59	90.44
	其他制造业	24	9.56	100
成立年限	3 年以下	14	5.58	5.58
	3～10 年	71	28.29	33.86
	11～25 年	88	35.06	68.92
	25 年以上	78	31.08	100

续表

企业特征	类别	样本量/份	百分比/%	累计百分比/%
企业规模（员工人数）	100 人以下	72	28.69	28.69
	101～500 人	69	27.49	56.18
	501～1000 人	51	20.32	76.49
	1000 人以上	59	23.51	100
企业所在地区	珠三角地区	117	46.61	46.61
	长三角地区	93	37.05	83.66
	其他地区	41	16.34	100
对外合作经验	非常丰富	70	27.89	27.89
	丰富	110	43.82	71.71
	一般	64	25.50	97.21
	不丰富	7	2.79	100
合计		251	100	

从行业分布来看（对于多元化发展的企业以其主导业务所属行业为准），样本企业涵盖的行业范围比较广，其中分布较多（占比超过 10%）的细分行业是机械、交通运输设备、电子设备和仪器仪表、能源与材料、生活家居等，分别占样本总体的 25.90%、17.93%、13.15%、11.95%和 11.16%。行业分布统计数据表明，本研究的样本企业虽然不是通过随机抽样方式获取，但样本企业在制造业的各主要细分行业基本上都有分布，具有较好的行业代表性。

从企业成立年限来看，成立时间在 3 年以内的样本企业相对比较少，只占样本总体的 5.58%；绝大部分样本企业的成立时间超过 3 年，且在各区间的分布比较均匀，其中在 3～10 年的企业有 71 家，11～25 年的企业有 88 家，25 年以上的企业有 78 家，占比分别为 28.29%、35.06%和 31.08%。样本企业年龄的分布情况比较符合服务型制造企业的特点，大部分制造企业经过前 3 年的初创期后，会将服务创新或服务化转型视为构建企业竞争优势的战略手段。

从企业规模来看（本研究用员工人数来测量企业规模），样本企业规模从 100 人以下的小企业到 1000 人以上的大型企业均有涉及，500 人以下的中小型制造企业占比为 56.18%，超过样本企业总体的一半，这一分布与中国企业总体规模分布比较一致。同时也可认为本研究所用样本覆盖了不同规模类型的企业，具有较好的规模代表性。

从分布地区来看，本研究在选择样本时有目的地倾向于珠三角地区和长三角地区，共有 210 份（占比 83.66%）数据来自以上地区，其中珠三角 117 份（占比 46.61%），长三角 93 份（占比 37.05%），另有 16.34%的数据样本来自其他地区。珠三角和长三角地区的服务业相对国内其他地区来说更为发达，制造业服务化也走在全国前列，制造企业服务创新经验相对更丰富。因此，主要从这两个区域收集数据更有利于本研究开展。

从企业与外部合作经验来看，有 180 家样本企业（占比 71.7%）拥有丰富的外部合作经验，其中 70 家企业有非常丰富的外部合作经验；另有 64 家企业（占比 25.50%）有与外部合作行为，但经验一般；仅有 7 家企业（占比 2.79%）显示与外部合作经验不丰富；没有数据显示企业与外部合作经验非常欠缺。这一数据分布表明，样本企业均有与外部组织合作行为，符合本研究的研究主题。

综上所述，样本企业均为服务型制造企业（企业类型通过题项筛查，具体见 6.4.1），具有程度不同的外部合作经验，行业分布基本覆盖了制造业的各细分行业，企业规模和成立年限分布较分散。因此，样本数据符合本研究主题，具有较好的代表性，可用于本研究后续的实证分析。

7.2 信度和效度检验

7.2.1 信度检验

信度检验是指检验量表测量结果的稳定性和内部一致性，信度越高，说明测量结果的内部一致性越好，受误差影响的程度越低。大样本数据分析中的信度分析方法与预测试阶段一样（具体描述见 6.3.2 小样本数据分析），通过 Cronbach's α 系数来判断量表信度，并通过校正题项总计相关性（CITC）和删除该题项后的 Cronbach's α 来优化测试题项。具体的信度检验结果见表 7-3。

表 7-3 正式问卷中各量表的信度检验结果

变量	题项	校正的项总计相关性（CITC）	删除该题项后的 Cronbach's α 系数	Cronbach's α 系数
顾客整合	CI1	0.557	0.813	0.830
	CI2	0.650	0.794	
	CI3	0.705	0.784	
	CI4	0.665	0.797	
	CI5	0.530	0.827	
	CI6	0.592	0.805	
供应商整合	SI1	0.650	0.854	0.872
	SI2	0.649	0.854	
	SI3	0.700	0.845	
	SI4	0.682	0.849	
	SI5	0.731	0.841	
	SI6	0.641	0.857	
复合式能力	CC1	0.704	0.779	0.838
	CC2	0.632	0.812	
	CC3	0.708	0.779	
	CC4	0.638	0.809	
服务导向	SO1	0.662	0.842	0.865
	SO2	0.731	0.829	
	SO3	0.732	0.831	
	SO4	0.584	0.855	
	SO5	0.600	0.854	
	SO6	0.689	0.837	

续表

变量	题项	校正的项总计相关性（CITC）	删除该题项后的 Cronbach's α 系数	Cronbach's α 系数
环境不确定性	EU1	0.696	0.791	0.832
	EU2	0.696	0.790	
	EU3	0.665	0.795	
	EU4	0.568	0.811	
	EU5	0.563	0.813	
	EU6	0.460	0.833	
	EU7	0.465	0.829	
财务绩效	FP1	0.832	0.898	0.924
	FP2	0.899	0.875	
	FP3	0.863	0.887	
	FP4	0.705	0.938	
非财务绩效	NFP1	0.792	0.900	0.919
	NFP2	0.813	0.896	
	NFP3	0.748	0.909	
	NFP4	0.801	0.899	
	NFP5	0.803	0.898	
总量表的 Cronbach's α				0.949

由表 7－3 可知，问卷总量表的 Cronbach's 的 α 系数为 0.949，表明整个量表的总体信度很高，测量结果的总体内部一致性水平非常理想。各变量对应分量表的 Cronbach's α 系数均在 0.8 以上，表明各分量表均具有良好的信度，量表的内部一致性通过检验。观察各题项的 CITC 值和删除该题项后的 Cronbach's α 系数可以发现，环境确定性的题项 EU6 和 EU7 的 CITC 值略低于 0.5，但仍然大于删除题项的临界值 0.35，其他题项的 CITC 值均大于 0.5；各题项对应的删除该题项后的 Cronbach's α 系数与分量表的 Cronbach's α 系数相比无明显提高。综合以上分析，量表信度通过检验，而且各题项无需净化，均予以保留。

7.2.2 效度检验

效度检验是指理论构念与对应测量量表之间的一致性程度，它是基于对测量结果的推论而得出的（陈晓萍等，2012）。在社会科学研究领域中，对量表的效度检验主要考虑内容效度和构念效度。

7.2.2.1 内容效度

内容效度是指量表内容的适切性和代表性，即测量内容能否反映所要测量的构念（吴明隆，2010）。陈晓萍等（2012）认为能够涵盖所测量构念的所有层面及意义时，该量表才具备高内容效度。本研究在问卷设计过程中通过以下方面来确保量表的内容效度：①所有分量表均以已有相关文献采用过的成熟量表为基础，这些成熟量表已被使用且均通过信度和效度检验，其测量内容涵盖了对应变量的各个维度；②考虑到构念在不同情境下具有一些不同的意义，根据制造业服务化的具体情境对各分量表进行适当调整，在听取多位学术界相关领域的教授学者和实践界的企业管理者的意见后，对量表进行了多轮修改，使量表中的各题项能更好地反映所测量的构念的意义；③在正式的问卷调研前组织小样本预测试，并根据预测试数据分析结果修改完善了量表。综上所述，本研究所用量表涵盖了对应构念的关键成分，且反映了特定研究情境下构念的意义。因此，本研究在一定程度上保证了量表具有良好的内容效度。

7.2.2.2 构念效度

本研究在问卷预测试阶段已对小样本数据进行了探索性因子分析（具体见6.3.2），确定了各变量的测量结构。根据陈晓萍等（2012）建议，在大样本数据分析阶段采用 AMOS 21.0 软件进行验证性因子分析，以检验量表的构念效度，构念效度主要包括聚合效度和区分效度。聚合效度反映同一构念下各个测量题项之间的相关程度，即同一构念下各个测量题项的一致性。如果构念与各对应测量指标间的路径系数或因子载荷值大于 0.5、平均方差提取量（AVE）大于 0.5、组合信度（CR）大于 0.7，则说明其具有良好的聚合效度（Fornell 和 Larker，1981）。区分效度反映不同构念之间的区分度。Fornell 和 Larker（1981）认为，若构念的 AVE 值大于该变量与其他所有变量相关系数的平方，则说明其具有良好的区分效度。

验证性因子分析是结构方程模型分析的一种特殊应用，要求所使用的样本数据服从正态分布。一般地，样本数据的偏度绝对值小于 3，同时峰度绝对值小于

10，则可认为数据服从正态分布（Kline，1998）。采用 SPSS 22.0 软件对本研究的样本数据进行偏度和峰度分析发现，各题项的偏度绝对值的最大值为 1.767，峰度绝对值的最大值为 4.533，均小于临界值 3 和 5，表明本研究所用的样本数据服从正态分布，可以进行验证性因子分析。

小样本预测试阶段已通过探索性因子分析发现，外部组织整合包括顾客整合和供应商整合两个公因子，服务创新绩效包括财务和非财务因子，复合式能力、服务导向和环境不确定性都作为单个变量进行分析，以此为基础构建各变量的测量模型，进行验证性因子分析，结果如表 7−4 所示。

从表 7−4 可以看出，所有变量对应各题项的标准化路径系数均大于临界值 0.5，而且在 P<0.01 水平上显著。同时，所有变量在 AVE 值均大于 0.5，CR 值均大于 0.7，表明量表具有良好的聚合效度。

表 7−4 验证性因子分析结果

因子	题项	标准化路径系数	CR	AVE	AVE 的平方根	与其他变量相关系数的最大值
顾客整合	CI1	0.611***	0.860	0.509	0.713	0.622
	CI2	0.733***				
	CI3	0.813***				
	CI4	0.759***				
	CI5	0.685***				
	CI6	0.661***				
供应商整合	SI1	0.684***	0.874	0.538	0.845	0.676
	SI2	0.694***				
	SI3	0.767***				
	SI4	0.754***				
	SI5	0.803***				
	SI6	0.691***				

续表

因子	题项	标准化路径系数	CR	AVE	AVE 的平方根	与其他变量相关系数的最大值
复合式能力	CC1	0.794***	0.839	0.568	0.754	0.676
	CC2	0.701***				
	CC3	0.801***				
	CC4	0.713***				
服务导向	SO1	0.697***	0.896	0.592	0.769	0.518
	SO2	0.849***				
	SO3	0.862***				
	SO4	0.732***				
	SO5	0.662***				
	SO6	0.791***				
环境不确定性	EU1	0.882***	0.931	0.658	0.811	0.520
	EU2	0.873***				
	EU3	0.817***				
	EU4	0.836***				
	EU5	0.819***				
	EU6	0.702***				
	EU7	0.734***				
财务绩效	FP1	0.882***	0.928	0.766	0.875	0.678
	FP2	0.940***				
	FP3	0.921***				
	FP4	0.744***				

续表

因子	题项	标准化路径系数	CR	AVE	AVE 的平方根	与其他变量相关系数的最大值
非财务绩效	NFP1	0.833***	0.919	0.696	0.834	0.678
	NFP2	0.841***				
	NFP3	0.790***				
	NFP4	0.846***				
	NFP5	0.859***				

注：*** 表示 $P<0.01$ 上显著。

从表 7-4 还可以看出，所有变量的 AVE 值平方根均大于与该变量与其他变量的相关系数的最大值，即变量的 AVE 值的平方根均大于该变量与其他变量的相关系数（具体可见表 7-6），表明其量表具有良好的区分效度。

综上所述，本研究所用量表具有良好的内容效度、收敛效度和区分效。

7.3 偏差检验

对于通过问卷调研获得的数据，有可能会出现未回复偏差和共同方法偏差，在使用数据进行假设检验之前，一般需要对其进行检验。

7.3.1 未回复偏差检验

根据 Armstrong 和 Overton（1977）、吴明隆（2010）的建议，参考 Liang 等（2007）、李敏（2018）的具体操作，本研究选择最先收到的 40 份问卷数据和最后收到的 40 份问卷数据进行独立 T 检验，检验两组数据在样本企业年龄、规模和所属行业间是否存在显著差异，以检验未回复偏差的大小。独立 T 检验的统计结果如表 7-5 所示。

由表 7-5 可见，从样本企业的年龄、规模和行业等方面对最先收到的 40 份样本数据和最后收到的 40 份样本数据对比分析结果显示，方差方程 Levene 检验的显著性系数（0.982、0.052、0.842）均大于 0.05，表明前后两组数据的方差是齐次的。在方差齐次情况下，对应 T 检验的所有显著性系数也均大于 0.05，95%置信区间均包含 0。因此，两组数据在企业年龄、规模和行业上没有显著差异，说明本研究问卷调研中的未回复偏差在可接受范围内。

表 7–5　未回复偏差的 T 检验

		方差方程的 Levene 检验		均值方程的 T 检验				
		F	显著性	T	df	显著性	95%置信区间	
							上限	下限
年龄	方差齐次	0.001	0.982	−0.367	78	0.715	−0.803	0.553
	方差非齐次			−0.367	77.862	0.715	−0.803	0.553
规模	方差齐次	3.880	0.052	0.148	78	0.883	−0.622	0.722
	方差非齐次			0.148	75.868	0.883	−0.622	0.722
行业	方差齐次	0.040	0.842	−1.157	78	0.251	−1.428	0.378
	方差非齐次			−1.157	77.749	0.251	−1.428	0.378

7.3.2　共同方法偏差检验

调研问卷采用 Likert 5 级量表来测量各变量，调研时由填写者基于所在企业的实际情况进行主观评价，由受访者一人回答了问卷上的所有题项。考虑到同一受访者回答量表上所有问题时存在自相关性，可能会存在共同方法偏差问题，需要对此进行预防和控制。一般，通过程序控制和统计控制两种方法来控制共同方法偏差（周浩和龙立荣，2004），使其在可接受范围内。程序控制是指在研究设计和变量测量过程中采取相应预防的控制措施。这些措施主要通过控制产生共同方法偏差问题的来源，以减少后续问题。但是，在实际操作过程中，由于条件限制，无法确保从源头上完全消除共同方法偏差。因此，还要在获取数据后，采用统计方法来检验共同方法偏差是否在可接受范围之内。

本研究在问卷设计和数据收集阶段采取程序控制措施，同时还对样本数据进行统计控制措施，以确保共同方法偏差在可接受范围以内。问卷设计和数据收集阶段对共同方法偏差的程序控制措施在前面已详细描述（具体内容见 6.1.3），现对正式调研获取的大样本数据进行共同方法偏差的统计检验。常用的共同方法偏差统计控制方法包括 Harman 单因素检验法、潜在误差变量控制法、偏相关法、多质多法模型法、误差的独特性相关模型法和直接乘积模型法等（周浩和龙立荣，2004），其中最为普遍采用的方法是 Harman 单因素检验法。Harman 单因素检验法的具体做法如下：对总体量表的所有题项数据进行因子分析，观察无旋转的主成分因子分析结果，如果析出了多个因子，且第一个因子解释变异量的比率不超过 40%，则可判定共同方法偏差在可接受范围内（Podsakoff 等，2003；Wong 等，2011；Zhao 等，2011）。另一种较常用的检验方法是潜在误差变量控制法。这种方法是在原有变量组成的结构方程模型基础上，将共同方法偏差作为一个新的潜在变量加入结构方程模型，允许所有观察变量在新潜在变量上负载。如果加入共同方法偏差潜在变量模型的拟合指标优于未加入的模型，则说明各变量之间有严重的共同方法偏差问题（Hu 和 Bentler，1998；熊红星等，2012）。

本研究首先采用 Harman 单因素检验法对大样本数据进行统计检验。检验结果表明，KMO 值为 0.918，卡方值为 6471.312，显著性水平为 0.000，析出了 8 个特征值大于 1 的因子，且第 1 个因子只解释了变异量的 32.762%，没有出现单一因子解释率过大的现象。因此，本研究的共同方法偏差在可接受范围内。部分研究认为尽管 Harman 单因素检验法简单易用，但相对较为粗略，在检验灵敏度方面存在不足（Podsakoff 等，2003；周浩和龙立荣，2004）。因此，本研究在 Harman 单因素检验通过的情况下，还采用潜在误差变量控制法，比较本研究的七因子模型在加入共同方法偏差潜变量前后的拟合情况来判断是否存在共同方法偏差。两个模型的拟合结果表明，加入共同方法偏差潜变量后，模型对数据的拟合度并没有显著提升（$\Delta\chi^2=68.08$，$\Delta\chi^2/df=0.401$，$\Delta TLI=-0.029$，$\Delta CFI=-0.027$，$\Delta RMSEA=0.012$）。因此，本研究中并不存在严重的共同方法偏差问题。

7.4　多元回归分析

为检验第五章提出的研究假设，本研究构建多元线性回归模型，并通过 SPSS 22.0 软件对样本数据进行层次线性回归分析，检验外部组织整合（顾客整合、供应商整合）对服务创新绩效（财务绩效和非财务绩效）的直接影响效应，复合式能力的中介效应，以及服务导向和环境不确定性的调节效应。

7.4.1　相关性分析

变量之间存在线性关系是线性回归分析的基本前提（吴航，2014）。因此，本研究在回归分析之前，先对各变量进行双变量相关性分析，通过 Pearson 相关系数来判断相关关系，分析结果如表 7−6 所示。

由表 7−6 可知，在 Likert 5 级量表下，顾客整合和供应商整合的均值分别为 4.200 和 3.932，表明服务型制造企业已意识到外部组织整合的重要性，并具备较丰富的外部整合经验。总体上来看，顾客整合的平均力度要大于供应商整合。此外，主要变量间均存在显著的线性相关关系，但 Pearson 系数均不超过 0.7，表明各变量间存在一定程度的线性相关关系，但并不是高度相关。

由表 7-6 还可以看出，顾客整合、供应商整合与服务创新财务绩效均存在显著的正相关关系（r 分别为 0.467 和 0.463，$p<0.01$），与服务创新非财务绩效也存在显著的正相关关系（r 分别为 0.599 和 0.540，$p<0.01$）；顾客整合、供应商整合与复合式能力也存在显著的正相关关系（r 分别为 0.524 和 0.676，$p<0.01$）；复合式能力与服务创新财务绩效和非财务绩效分别存在显著的正相关关系（r 分别为 0.467 和 0.532，$p<0.01$）。相关性统计分析结果与第五章对各变量关系的理论分析结果是一致的，为研究假设 H1a、H1b、H1c 和 H1d 提供了初步支持，后续还将采用层次回归分析方法对上述研究假设作进一步验证。

7.4.2 回归分析的三大问题检验

在进行多元线性回归分析时，为确保分析结果的科学性，需要对多重共线性、异方差和序列相关性等三大问题进行分析和检验（马庆国，2002）。因此，本研究在进行层次回归分析之前，先检验以上三大问题。

（1）多重共线性检验

多重共线性问题是指在多元线性回归模型中，2 个或 2 个以上的自变量之间存在线性相关关系，即自变量存在共同的变化趋势。多重共线性问题比较严重时，会造成不良后果。首先，高度相关的自变量会存在重复信息提供现象，使回归结果混乱；其次，自变量之间高度相关会影响参数估计值的正负号，使其与实际不符合。一般地，通过方差膨胀因子（Variance inflation factor，VIF）来判断回归模型中的多重共线性问题，其判断标准如下：当 0<VIF<10 时，表明不存在多重共线性问题；当 VIF>10 时，表明存在较大的多重共线性问题。由表 7-11 可知，本研究主要变量之间有显著的相关性，但没有达到高度相关的程度。而且，数据分析显示，本研究中各主要变量的 VIF 值均在 0 到 3 之间，均小于 10。综合以上，可以判断本研究的多元线性回归模型不存在多重共线性问题。

表 7−6 变量的描述性统计和相关系数

	1	2	3	4	5	6	7	8	9	10	11
1. 企业规模	—										
2. 企业年龄	0.576**										
3. 行业	−0.264*	−0.237*									
4. 合作经验	0.178**	0.209**	−0.140*								
5. 顾客整合	0.200**	0.108	−0.055	0.177**	(0.713)						
6. 供应商整合	0.285**	0.173*	−0.034	0.190**	0.622**	(0.845)					
7. 复合式能力	0.200**	0.053	−0.005	0.249**	0.524**	0.676**	(0.754)				
8. 服务导向	0.245**	0.234**	−0.150*	0.184**	0.402**	0.440**	0.488**	(0.769)			
9. 环境不确定性	0.257**	0.244**	−0.094	0.155*	0.443**	0.407**	0.495**	0.518**	(0.811)		
10. 财务绩效	0.182**	0.162*	0.024	0.162*	0.467**	0.463**	0.467**	0.355**	0.414**	(0.875)	
11. 非财务绩效	0.207**	0.137*	−0.017	0.217**	0.599**	0.540**	0.532**	0.515**	0.520**	0.678**	(0.834)
均值	2.984	4.263	3.470	3.928	4.200	3.932	3.922	4.080	3.747	3.751	4.00
标准差	1.554	1.573	2.270	0.850	0.597	0.697	0.667	0.650	0.682	0.783	0.677

注:(1) ** 表示 $p<0.01$，* 表示 $p<0.05$，均为双尾检验。对角线上括号中数据为变量对应的 AVE 值平方根。

（2）异方差检验

异方差问题是指随着自变量变化，因变量的方差出现明显的增加或减少的变化趋势，表明残差项中可能还存在没有被提取到的自变量。通常用散点图来判断回归模型是否存在异方差问题。以标准化预测值为横轴，标准化残差为纵轴制作散点图，观察图形是否存在明显有规律的变化趋势，如果散点大致在 0 值上下呈水平随机分布，则表明回归模型中不存在异方差问题。本文根据后面将要构建的各个回归模型，以标准化预测值为横轴，标准化残差为纵轴进行残差项的散点图分析，结果显示各散点大致在 0 值上下随机分布，呈现无序状态。因此，可以判断本研究所有的多元回归模型中不存在异方差问题。

（3）序列相关性检验

序列相关性是指不同时期的样本值之间存在的相关关系。序列相关性问题通常用 DW（Durbin－Watson）值来检验，其检验标准如下：DW 值越接近于 2，表明越不存在序列相关性；DW 值越接近于 0，表明正的序列相关性越强；DW 值越接近于 4，表明负的序列相关性越强。本研究实证分析所用数据是通过问卷调研获取的截面数据，从理论上来分析，不存在序列相关性问题。而且，采用 SPSS 22.0 软件进行线性回归时提供的各 DW 值均非常接近 2。因此，可以判断本研究的多元回归模型中不存在序列相关问题。

7.4.3 外部组织整合对服务创新绩效的主效应检验

（1）外部组织整合对服务创新财务绩效的主效应检验

相关性分析结果（表 7－11）已表明，顾客整合和供应商整合与服务创新的财务绩效均存在显著的正相关关系（相关系数分别达到 0.467 和 0.463）。为了进一步检验外部组织整合（具体包括顾客整合和供应商整合）对服务创新财务绩效的直接影响效应，以财务绩效为因变量，构建回归模型 1、模型 2 和模型 3。模型 1 是只分析控制变量对财务绩效影响的基础模型。在模型 1 的基础上增加变量“顾客整合”和“供应商整合”形成模型 2，用来分析顾客整合和供应商整合分别对财务绩效的影响效应。在模型 2 的基础上增加顾客整合和供应商整合的交互项之后形成模型 3，用来分析顾客整合和供应商整合的交互作用对财务绩效的影响。为降低交互项可能带来的多重共线性问题，在构造乘积项时，先将顾客整合和供应商整合分别进行中心化处理，然后再进行乘积。上述模型的层次回归分析结果如表 7－7 所示。

表 7-7　外部组织整合对服务创新财务绩效影响的回归分析结果

变量		财务绩效		
		模型 1	模型 2	模型 3
控制变量	企业规模	0.139**	0.012	0.012
	企业年龄	0.077	0.087	0.088
	行业	0.098*	0.080	0.084
	合作经验	0.135**	0.053	0.055
自变量	顾客整合		0.291***	0.272***
	供应商整合		0.256***	0.260***
交互项	顾客整合×供应商整合			−0.043
模型统计量	R^2	0.062	0.282	0.283
	$Adj-R^2$	0.047	0.264	0.262
	F	4.072***	15.937***	13.706***

注：* 表示 $p<0.1$，** 表示 $p<0.05$，*** 表示 $p<0.01$。

由表 7-7 可见，三个模型的 F 统计量均在 0.01 水平上显著，说明回归模型通过显著性检验。模型 1 的调整 R^2 值为 0.062，即 4 个控制变量对因变量只有 6.2%的解释力。增加 2 个自变量后，调整 R^2 值增加至 0.264，模型的拟合优度得到了提高。模型 1 中，企业规模（$\beta=0.139$，$p<0.05$）、行业（$\beta=0.098$，$p<0.1$）和合作经验（$\beta=0.135$，$p<0.05$）对服务创新财务绩效均有较显著的正向影响，表明企业规模越大、合作经验越丰富，制造企业开展服务创新越有可能带来较高的财务绩效，行业也是影响制造企业服务创新财务绩效的因素。进一步观察模型 2 的回归结果可以看到，顾客整合和供应商整合对服务创新财务绩效均存在显著的正向影响（β 值分别为 0.291 和 0.256，p 值均小于 0.01），假设 H1a 和假设 H1c 均获得支持。观察模型 3 可以发现，顾客整合和供应商整合的交互项对服务创新财务绩效不存在显著影响（$\beta=-0.043$，$p>0.1$），假设 H2a 没有获得支持。

（2）外部组织整合对服务创新非财务绩效的主效应检验

相关性分析结果已表明，顾客整合和供应商整合与服务创新的非财务绩效均存在显著的正相关关系（相关系数分别达到0.599和0.540）。为了进一步检验外部组织整合（具体包括顾客整合和供应商整合）对服务创新非财务绩效的影响效应，以非财务绩效为因变量，构建回归模型4、模型5和模型6。模型4是只引入控制变量的基础模型，分析控制变量对非财务绩效的影响。在模型4的基础上增加变量“顾客整合”和“供应商整合”，形成模型5，用来分析顾客整合和供应商整合分别对非财务绩效的影响效应。在模型5的基础上增加顾客整合和供应商整合的交互项，形成模型6，分析顾客整合和供应商整合的交互作用对非财务绩效的影响。上述模型的层次回归分析结果如表7-8所示。

表7-8 外部组织整合对服务创新非财务绩效影响的回归分析结果

变量		非财务绩效		
		模型4	模型5	模型6
控制变量	企业规模	0.187**	0.037	0.037
	企业年龄	0.004	0.019	0.017
	行业	0.060	0.041	0.032
	合作经验	0.191***	0.090*	0.086
自变量	顾客整合		0.421***	0.460***
	供应商整合		0.249***	0.241***
交互项	顾客整合×供应商整合			0.089*
模型统计量	R^2	0.080	0.415	0.422
	$Adj-R^2$	0.065	0.401	0.405
	F	5.326***	28.898***	25.342***

注：*表示 $p<0.1$，**表示 $p<0.05$，***表示 $p<0.01$。

从表7-8可以看出，两个模型的 F 统计量均在0.01水平上显著，回归模型通过显著性检验。模型4、模型5和模型6的调整 R^2 递增，分别为0.065、0.401和0.405，说明增加“顾客整合”和“供应商整合”两个变量后，模型的拟合优度得到了很大提高。模型4中，企业规模（$\beta=0.187$，$p<0.05$）和合作经验

(β=0.191，p<0.01）对服务创新的非财务绩效均有显著的正向影响，表明企业规模越大、合作经验越丰富，制造企业开展服务创新越有可能获取较高的非财务绩效。进一步观察模型5的回归结果可以看到，顾客整合和供应商整合对非财务绩效均存在显著的正向影响（β值分别为0.421和0.249，p值均小于0.01)，假设H1b和假设H1d均获得支持。观察模型6可以发现，顾客整合和供应商整合的交互项对非财务绩效也存在显著的正向影响（β=0.089，p<0.1)，假设H2b获得支持。

7.4.4 复合式能力的中介效应检验

上述检验已证实制造企业外部组织整合（顾客整合和供应商整合）对服务创新绩效（财务绩效和非财务绩效）有显著的正向影响。本研究在案例研究和理论分析的基础上提出更具体的影响路径“外部组织整合——复合式能力——服务创新绩效”。为验证上述影响路径，本研究采用学术界普遍采用的逐步法来检验复合式能力在外部组织整合与服务创新绩效间的中介效应。

由Baron和Kenny（1986）提出的逐步检验法已成为社会科学研究领域中检验中介效应最普遍采用的方法，其具体操作包括以下三步：第一步，检验自变量对因变量是否存在显著性影响，若不存在则可结束检验并否定中介效应存在，若存在则转入下一步；第二步，检验自变量对中介变量是否存在显著性影响，若不存在则可结束检验并否定中介效应存在，若存在则转入下一步；第三步，控制自变量的情况下，检验中介变量对因变量是否存在显著性影响。此时，若中介变量的回归系数显著不为零，则可判断存在中介效应。其中，若自变量回归系数不显著，则可判断自变量本身不会直接影响因变量，而只能通过中介变量间接影响因变量，即存在完全中介效应；若自变量回归系数显著且小于第一步检验中对应的回归系数，则可判断自变量不仅直接影响因变量，还会通过中介变量间接影响因变量，即存在部分中介效应。

前述分析可知，模型2和模型5已验证了顾客整合、供应商整合对服务创新的财务绩效和非财务绩效均存在显著正向影响，即逐步检验法的第一步已通过检验。为完成第二步检验，以复合式能力为因变量，分层加入控制变量和自变量，构建模型7和模型8。最后，在模型2的基础上增加中介变量“复合式能力”构建模型9，在模型5的基础上增加中介变量“复合式能力”构建模型10，完成检验的第三步。上述模型的层次线性回归分析结果如表7-9所示。

表 7−9　复合式能力中介效应的回归分析结果

变量		复合式能力		财务绩效		非财务绩效	
		模型 7	模型 8	模型 2	模型 9	模型 5	模型 10
控制变量	企业规模	0.246***	0.093	0.012	−0.011	0.037	0.015
	企业年龄	−0.123	−0.114*	0.087	0.116	0.019	0.045
	行业	0.064	0.040	0.080	0.070	0.041	0.032
	合作经验	0.240***	0.145***	0.053	0.017	0.090*	0.057
自变量	顾客整合		0.266***	0.291***	0.225***	0.421***	0.359***
	供应商整合		0.366***	0.256***	0.165***	0.249***	0.164**
中介变量	复合式能力				0.259***		0.232***
模型统计量	R^2	0.102	0.396	0.282	0.319	0.415	0.448
	$Adj-R^2$	0.088	0.381	0.264	0.299	0.401	0.432
	F	7.005**	26.609***	15.937***	16.245***	28.898***	28.165***

注：* 表示 $p<0.1$，** 表示 $p<0.05$，*** 表示 $p<0.01$。

从表 7−9 中的模型 8 可知，顾客整合和供应商整合对复合式能力均有显著的正向影响（β 值分别为 0.266 和 0.366，p 值均小于 0.01）。从模型 9 可以看出，加入中介变量“复合式能力”后，复合式能力对财务绩效存在显著的正向影响（$\beta=0.259$，$p<0.01$）。进一步比较模型 9 和模型 2 可以发现，加入中介变量“复合式能力”后，顾客整合和供应商整合对财务绩效仍然存在显著的正向影响，但其回归系数 β 值均出现明显下降，分别从 0.291 和 0.256 下降到 0.225 和 0.165，p 值仍然小于 0.01。这一情况说明，顾客整合和供应商整合对服务创新的财务绩效不仅存在直接影响，还存在间接影响，即复合式能力分别在顾客整合、供应商整合与服务创新财务绩效间起着部分中介作用，假设 H3a 和假设 H3c 均得到支持。

从表 7−9 还可以发现，模型 10 中的复合式能力对非财务绩效存在显著的正向影响（$\beta=0.232$，$p<0.01$）。进一步比较模型 10 和模型 5 可以发现，加入中介变量“复合式能力”后，顾客整合和供应商整合对非财务绩效仍然存在显著的正向影响，但其回归系数 β 值均出现明显下降，分别从 0.421 和 0.249 下降到

0.359 和 0.164，p 值分别小于 0.01 和 0.05。这一情况说明，顾客整合和供应商整合对服务创新的非财务绩效不仅存在直接影响，还存在间接影响，即，复合式能力分别在顾客整合、供应商整合与服务创新非财务绩效间起着部分中介作用，假设 H3b 和假设 H3d 均得到支持。

7.4.5　服务导向的调节效应检验

在上述分析基础上，本研究继续采用层次回归分析法来检验服务导向对外部组织整合（顾客整合和供应商整合）与服务创新绩效（财务绩效与非财务绩效）关系的调节作用。首先，以财务绩效为因变量，逐步分层加入控制变量、自变量、调节变量、自变量与调节变量的乘积项，构建模型 1、模型 2、模型 11 和模型 12。模型 1 和模型 2 与前述检验中对应序号模型相同，模型 11 是在模型 2 的基础上加入了调节变量"服务导向"，在模型 11 的基础上再加入两个乘积项"顾客整合×服务导向""顾客整合×服务导向"之后构成模型 12。在构造两个乘积项时，先将顾客整合、供应商整合和服务导向分别进行中心化处理，以降低多重共线性问题带来的不利影响。

然后，以非财务绩效为因变量，逐步分层加入控制变量、自变量、调节变量、自变量与调节变量的乘积项，分别构建模型 2、模型 5、模型 13 和模型 14。模型 2 和模型 5 与前述检验中对应序号模型相同。在模型 2 的基础上加入了调节变量"服务导向"后形成模型 13。在模型 13 基础上再加入两个乘积项"顾客整合×服务导向""顾客整合×服务导向"之后构成模型 14。各模型具体的回归分析结果见表 7－10。

从表 7－10 可见，以财务绩效为因变量的三个模型的整体显著性检验 F 值均在 0.01 水平上显著。此外，三个模型的调整 R^2 值依次递增，说明引入调节变量"服务导向"和对应乘积项后，模型的拟合优度得到了逐步提高。进一步可以发现模型 12 中，顾客整合与服务导向的乘积项对财务绩效有显著的正向影响（$\beta=0.158$，$p<0.01$）；而供应商整合与服务导向的乘积项对财务绩效不存在显著影响（$\beta=-0.040$，$p>0.1$）。由此可以得出，服务导向对顾客整合与服务创新财务绩效关系起到显著的正向调节作用，假设 H4a 得到支持。同时，服务导向对供应商整合与服务创新财务绩效关系不存在显著调节作用，假设 H4c 没有得到支持。

我们再观察以非财务绩效为因变量的三个模型可以发现，各模型整体显著性检验的 F 值均在 0.01 水平上显著。而且，三个模型的调整 R^2 值依次递增，说明引入调节变量"服务导向"和对应乘积项后，模型的拟合优度得到了逐步提高。进一步观察模型 14 可以发现，顾客整合与服务导向的乘积项对非财务绩效存在显著的正向影响（β=0.128，p<0.05），而供应商整合与服务导向的乘积项对非财务绩效不存在显著的正向影响（β=0.031，p>0.1）。由此可以得出，服务导向对顾客整合与非财务绩效的关系起到显著的正向调节作用，假设 H4b 得到支持。同时，服务导向对供应商整合与服务创新非财务绩效的关系不存在显著调节作用，假设 H4d 没有得到支持。

表 7－10　服务导向调节效应的回归分析

变量		财务绩效			非财务绩效		
		模型 2	模型 11	模型 12	模型 5	模型 13	模型 14
控制变量	企业规模	0.012	0.008	0.010	0.037	0.029	0.028
	企业年龄	0.087	0.071	0.066	0.019	−0.015	−0.020
	行业	0.080	0.092	0.082	0.041	0.066	0.064
	合作经验	0.053	0.045	0.046	0.090*	0.074	0.076
自变量	顾客整合	0.291***	0.263***	0.266***	0.421***	0.364***	0.357***
	供应商整合	0.256***	0.218***	0.193***	0.249***	0.170***	0.154**
调节变量	服务导向		0.140**	0.128***		0.287***	0.273**
交互项	顾客整合×服务导向			0.158***			0.128**
	供应商整合×服务导向			−0.040			0.031
模型统计量	R^2	0.282	0.296	0.316	0.415	0.476	0.497
	$Adj-R^2$	0.264	0.276	0.290	0.401	0.461	0.478
	F	15.937***	14.598***	12.347***	28.898***	31.583***	26.422***

注：* 表示 p<0.1，** 表示 p<0.05，*** 表示 p<0.01。

为了更直观地呈现服务导向对顾客整合与服务创新绩效（财务绩效和非财务绩效）关系的调节效应，本研究将服务导向分为高、低两个水平组，在此两个水平下绘出顾客整合对服务创新财务绩效的影响关系图（见图 7－1），以及顾客整合对服务创新非财务绩效的影响关系图（图 7－2）并采用简单斜率法对图形进行分析。

由图 7－1 可以看到，不同服务导向水平下，顾客整合对财务绩效回归线均为右上方向，但斜率大小不同。在高服务导向水平时，直线相对更陡，即直线斜率更大，说明此时顾客整合对财务绩效的促进作用更强，即服务导向对顾客整合与服务创新财务绩效关系有正向调节作用，假设 H4a 再次得到支持。

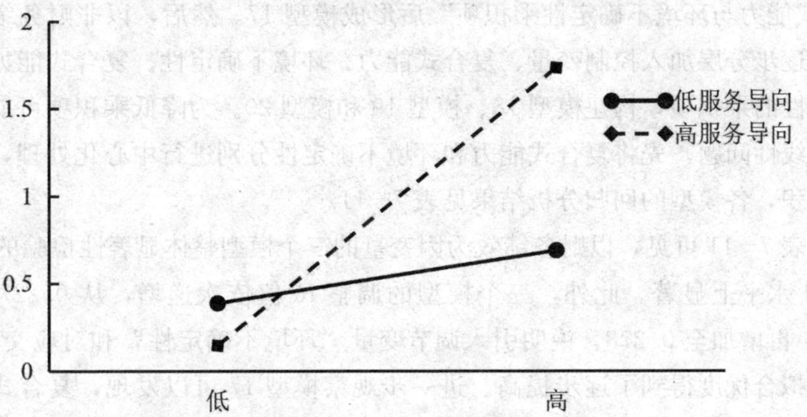

图 7－1　服务导向对顾客整合与服务创新财务绩效关系的调节效应图

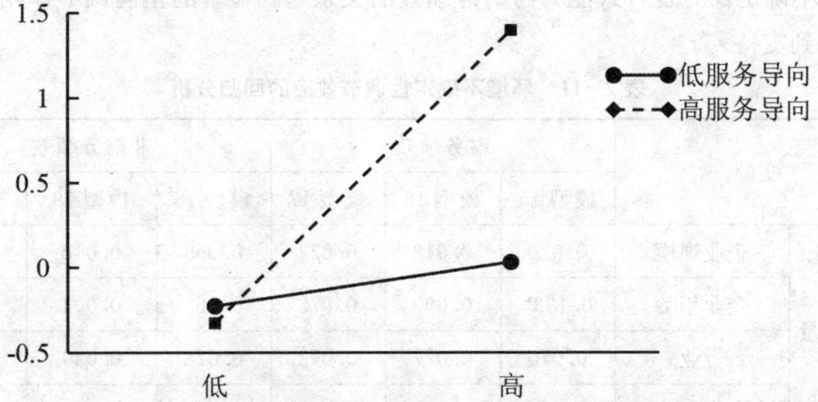

图 7－2　服务导向对顾客整合与服务创新非财务绩效关系的调节效应图

同样地，由图 7－2 可以看到，在高服务导向水平时，直线相对更陡，即直线斜率更大，说明此时顾客整合对服务创新非财务绩效的促进作用更强，即服务导向对顾客整合与服务创新非财务绩效关系有正向调节作用，假设 H4c 也再次得到支持。

7.4.6 环境不确定性的调节效应检验

(1) 环境不确定性对复合式能力与服务创新绩效关系的调节效应检验

首先，以财务绩效为因变量，逐步分层加入控制变量、复合式能力、环境不确定性、复合式能力与环境不确定性的乘积项，构建模型 15、模型 16 和模型 17。模型 15 是包含控制变量和复合式能力的多元线性回归模型；在模型 15 的基础上加入调节变量"环境不确定性"后形成模型 16；在模型 16 的基础上再加入"复合式能力与环境不确定性乘积项"后形成模型 17。然后，以非财务绩效为因变量，逐步分层加入控制变量、复合式能力、环境不确定性、复合式能力与环境不确定性的乘积项，构建模型 18、模型 19 和模型 20。为降低乘积项可能带来的多重共线性问题，先将复合式能力和环境不确定性分别进行中心化处理，然后再进行乘积，各模型的回归分析结果见表 7－11。

从表 7－11 可见，以财务绩效为因变量的三个模型整体显著性检验的 F 值均在 0.01 水平上显著。此外，三个模型的调整 R^2 值依次递增，从 0.227 增加至 0.269，再增加至 0.278，说明引入调节变量"环境不确定性"和对应交乘积后，模型的拟合优度得到了逐步提高。进一步观察模型 17 可以发现，复合式能力与环境不确定性的乘积项对财务绩效有显著的正向影响（$\beta=0.106$，$p<0.1$），说明环境不确定性对复合式能力与财务绩效的关系起到显著的正向调节作用，假设 H5a 得到支持。

表 7－11 环境不确定性调节效应的回归分析

变量		财务绩效			非财务绩效		
		模型 15	模型 16	模型 17	模型 18	模型 19	模型 20
控制变量	企业规模	0.029	0.013	0.022	0.065	0.042	0.051
	企业年龄	0.132*	0.090	0.075	0.066	0.004	−0.011
	行业	0.070	0.077	0.072	0.028	0.039	0.033
	合作经验	0.028	0.027	0.015	0.071	0.071	0.058
中介变量	复合式能力	0.448***	0.350***	0.346***	0.498***	0.357***	0.353***
调节变量	环境不确定性		0.242***	0.244***		0.348***	0.350***
交互项	复合式能力×环境不确定性			0.106*			0.110**

续表

变量		财务绩效			非财务绩效		
		模型 15	模型 16	模型 17	模型 18	模型 19	模型 20
模型统计量	R^2	0.242	0.287	0.298	0.302	0.395	0.407
	$Adj-R^2$	0.227	0.269	0.278	0.288	0.380	0.390
	F	15.663***	16.361***	14.722***	21.248***	26.547***	23.799***

注：* 表示 $p<0.1$，** 表示 $p<0.05$，*** 表示 $p<0.01$。

我们再观察以非财务绩效为因变量的三个模型可以发现，各模型整体显著性检验的 F 值均在 0.01 水平上显著。而且，三个模型的调整 R^2 值依次递增，说明引入调节变量“环境不确定性”和对应的乘积项后，模型的拟合优度得到了逐步提高。进一步观察模型 20 可以发现，复合式能力与环境不确定性的乘积项对非财务绩效有显著的正向影响（$\beta=0.110$，$p<0.05$）。由此可以得出，环境不确定性对复合式能力与非财务绩效的关系起到显著的正向调节作用，假设 H5b 得到支持。

为了更直观地呈现环境不确定性对复合式能力与服务创新绩效（财务绩效和非财务绩效）关系的调节作用，将环境不确定性分为高、低两个水平组，分别在此两个水平下绘出复合式能力对服务创新财务绩效和非财务绩效的影响关系图（见图 7−3 和图 7−4），并采用简单斜率法对图形进行分析。

由图 7−3 可以看到，不同环境不确定性水平下，复合式能力对财务绩效的回归线虽然都是右上方向，但斜率大小不同。在高环境不确定性水平时，直线相对更陡，即直线斜率更大，说明此时复合式能力对财务绩效的促进作用更强，即环境不确定性对复合式能力与服务创新财务绩效的关系有正向调节作用，假设 H5a 再次得到支持。

同样地，由图 7−4 可以看到，在高环境不确定性水平时，直线相对更陡，即直线斜率更大，说明此时复合式能力对非财务绩效的促进作用更强，即环境不确定性对复合式能力与服务创新非财务绩效关系有正向调节作用，假设 H5b 也再次得到支持。

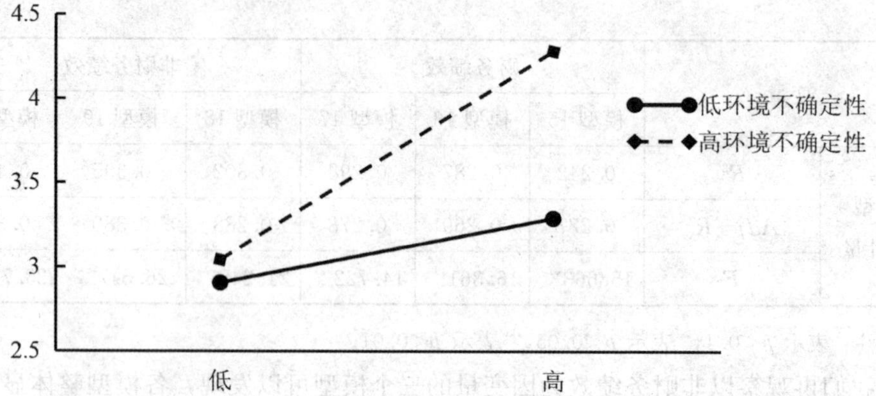

图 7-3 环境不确定性对复合式能力与服务创新财务绩效关系的调节效应图

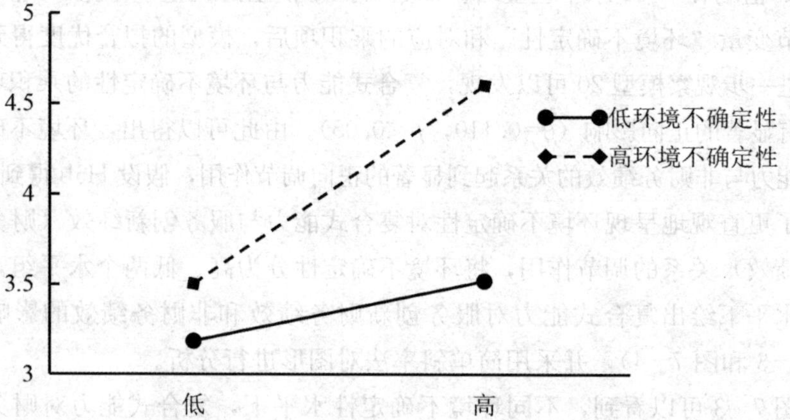

图 7-4 环境不确定性对复合式能力与服务创新非财务绩效关系的调节效应

（2）环境不确定性对复合式能力中介作用的调节效应检验

本研究在理论分析中提出环境不确定性不仅对“复合式能力——服务创新绩效（财务绩效、非财务绩效）”关系存在调节作用，还对“外部组织整合（顾客整合、供应商整合）——复合式能力——服务创新绩效（财务绩效、非财务绩效）”这一影响路径中复合式能力的中介效应存在调节作用，即存在被调节的中介效应。为检验被调节的中介效应，本研究参考 Preacher 等（2007）和 Hayes（2015）研究，采用 Bootstrap 法，将中介效应和调节效应纳入同一个模型进行整合分析。在 SPSS 22.0 中运用 Process 插件对样本数据进行 Bootstrap 分析，模型序号选择 14，重复抽样次数设置为 5000，偏差校正的置信区间设置为 95%或 90%，运行结果如表 7-12 所示。

表 7—12　复合式能力在环境不确定性不同水平上的中介效应

因变量	自变量	调节变量	间接效应指数	标准误	95%置信区间	
					下限	上限
财务绩效	顾客整合	低环境不确定性	0.054	0.079	−0.088	0.221
		中环境不确定性	0.164**	0.059	0.060	0.295
		高环境不确定性	0.274**	0.071	0.151	0.423
		被调节的中介效应指数	0.162**	0.067	0.042	0.307
	供应商整合	低环境不确定性	0.059	0.075	−0.073	0.218
		中环境不确定性	0.147**	0.058	0.046	0.276
		高环境不确定性	0.236**	0.071	0.111	0.390
		被调节的中介效应指数	0.131**	0.065	0.020	0.276
非财务绩效	顾客整合	低环境不确定性	0.026	0.054	−0.077	0.138
		中环境不确定性	0.127**	0.039	0.057	0.210
		高环境不确定性	0.228**	0.053	0.132	0.341
		被调节的中介效应指数	0.149**	0.055	0.052	0.269
	供应商整合	低环境不确定性	0.053	0.058	−0.055	0.171
		中环境不确定性	0.130**	0.040	0.061	0.219
		高环境不确定性	0.207**	0.056	0.111	0.330
		被调节的中介效应指数	0.113**	0.060	0.009	0.244

注：**表示 $p<0.05$，*表示 $p<0.1$；环境不确定性的低、中、高值分别指均值减一个标准差、均值、均值加一个标准差。

首先，观察以财务绩效为因变量的模型。由表 7−12 可见，环境不确定性对复合式能力分别在顾客整合、供应商整合与财务绩效之间中介的调节效应显著（调节指数分别为 0.162 和 0.131，$p<0.05$，95%置信区间不包含 0）。具体来看，低环境不确定性时，95%置信区间（−0.088，0.221）包含了零，表明此时复合式能力的中介效应不显著；在中、高两种环境不确定性水平下，对应的 95%置信区间（0.060，0.295）和（0.151，0.423）均未包含 0，表明这两种情况下复合式能力的中介效应均显著。而且，相对于低环境不确定性水平，高环境

不确定性水平对应的间接效应值（0.274）更大一些，表明环境不确定性越大，复合式能力在顾客整合与财务绩效间的中介作用越强，假设 H6a 得到支持。同上分析可以得出，环境不确定性越大，复合式能力在供应商整合与非财务绩效间的中介作用越强，假设 H6c 也得到支持。

再观察以非财务绩效为因变量的模型。由表 7－12 可见，环境不确定性对复合式能力分别在顾客整合、供应商整合与非财务绩效之间中介的调节效应显著（调节指数分别为 0.149 和 0.113，$p<0.05$，95％置信区间不包含 0）。具体三种环境不确定性情况下的分析过程与上述因变量为财务绩效的模型分析相同，不再详细展开。上述分析表明，环境不确定性越大，复合式能力分别在顾客整合、供应商整合与非财务绩效间的中介作用越强，假设 H6b 和假设 H6d 均得到支持。

7.5 结构方程分析

本研究理论模型中涉及了 2 个自变量和 2 个因变量之间的影响关系，自变量和因变量间还涉及 1 个中介变量。针对自变量与因变量之间的影响关系，前文用层次回归分析法分别对每个因变量进行了模型构建和回归分析，缺少将每个自变量和因变量同时放入一个模型进行的综合分析。结构方程模型（SEM）能够同时分析多个自变量和因变量之间的复杂关系。为更清晰地综合分析顾客整合、供应商整合、复合式能力、财务绩效和非财务绩效之间的直接影响关系，本研究选用结构方程模型方法对上述变量间的关系进行综合分析。

7.5.1 初步数据分析

在用极大似然法（maximum likelihood）进行结构方程模型分析之前，需要先检验样本数据的合理性和有效性。使用极大似然法进行结构方程模型分析对样本量及数据分布主要有以下要求：①样本量要大于 150，最好在 200 以上；②样本数据服从正态分布；③测量指标变量呈现线性关系（吴明隆，2009）。本研究样本容量为 251，满足样本容量要求。在“6.2.2　效度检验”中进行验证性因子分析之前已对样本的正态性进行过检验，结果偏度绝对值均小于 3，峰度绝对值均小于 5，满足数据服从正态分布的要求。此外，本研究在之前已对各潜在变量和对应的观察变量（测量指标变量）进行过验证性因子分析，通过信度和效度检验。双变量相关性分析结果（具体见表 7－11）也表明，结构方程模型所涉及的所有变量之间存在显著的相关性。综合上述，本研究所用样本数据符合结构方程模型分析的要求，可以进行结构方程模型分析。

7.5.2　初始模型构建

根据本文第五章所提出的研究假设、理论模型及其可操作性框架，构建初始结构方程模型（图 7−5）。如图 7−5 所示，初始结构方程模型包括 5 个测量模型和 1 个结构模型。5 个测量模型中，有 2 个外因潜在变量“顾客整合”和“供应商整合”，通过 CI1、CI2、CI3、CI4、CI5 和 CI6 等 6 个观察变量对“顾客整合”进行测量，通过 SI1、SI2、SI3、SI4、SI5 和 SI6 等 6 个观察变量对“供应商整合”进行测量。另外还有 3 个内因潜在变量“复合式能力”“财务绩效”“非财务绩效”，通过 CC1、CC2、CC3 和 CC4 等 4 个观察变量对“复合式能力”进行测量，通过 FP1、FP2、FP3 和 FP4 等 4 个观察变量对“财务绩效”进行测量，通过 HFP1、HFP2、HFP3、HFP4 和 NFP5 等 5 个观察变量对“非财务绩效”进行测量。1 个结构模型表现了 5 个潜在变量之间的因果关系。

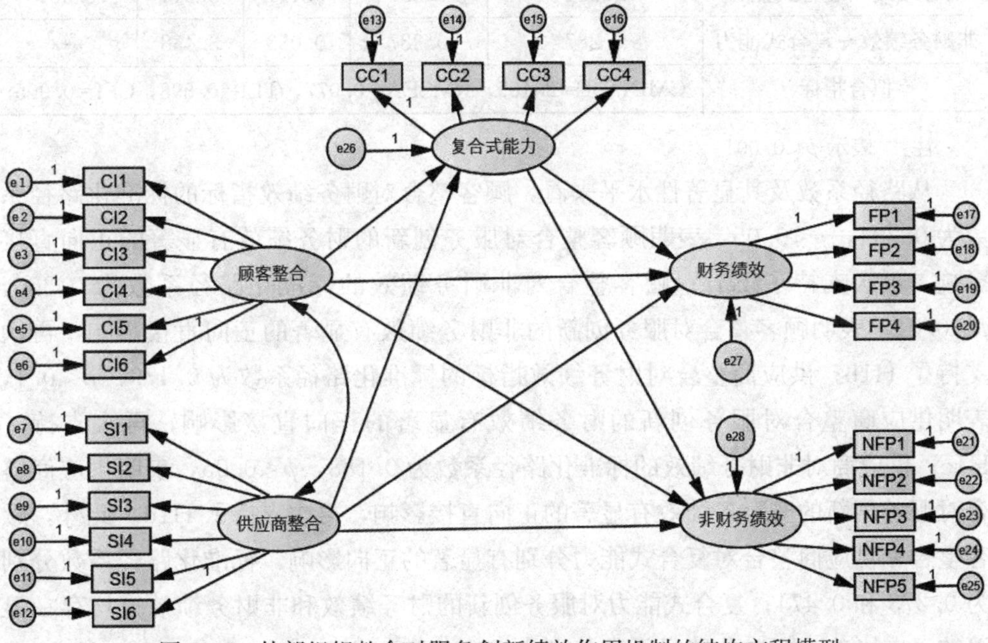

图 7−5　外部组织整合对服务创新绩效作用机制的结构方程模型

7.5.3　模型拟合

在 AMOS 21.0 软件中绘制结构方程模型并导入 251 份样本数据进行拟合，如表 7−13 所示，模型的 CMIN/DF 值为 2.465，小于 3；RMSEA 值为 0.077，小于 0.08；TLI 值为 0.898，非常接近 0.9；CFI 值为 0.907，大于 0.9。以上数据说明，模型的绝对适配度指数和简约适配度指数在可接受范围内，增值适配度指数 TLI 值非常接近 0.9，模型拟合效果比较理想，不需要对模型进行局部修正。

表 7-13　初始结构方程模型拟合结果

路径	标准化路径系数	路径系数	S.E.	C.R.	P
复合式能力←顾客整合	0.273	0.335	0.114	3.926	0.003
财务绩效←顾客整合	0.204	0.303	0.138	2.190	0.029
非财务绩效←顾客整合	0.360	0.441	0.108	4.070	***
复合式能力←供应商整合	0.474	0.450	0.093	4.832	***
财务绩效←供应商整合	0.179	0.206	0.115	1.793	0.073
非财务绩效←供应商整合	0.188	0.178	0.086	2.069	0.039
财务绩效←复合式能力	0.294	0.357	0.111	3.214	0.001
非财务绩效←复合式能力	0.287	0.287	0.083	3.458	***
拟合指标	CMIN/DF=2.465，RMSEA=0.077，TLI=0.898，CFI=0.905				

注：*** 表示 $p<0.001$。

从路径系数及其显著性水平来看，顾客整合对财务绩效指标的标准化路径系数为 0.204，$p<0.05$，表明顾客整合对服务创新的财务绩效有显著的正向直接影响，再次支持了 H1a；顾客整合对非财务绩效的标准化路径系数为 0.360，$p<0.01$，表明顾客整合对服务创新的非财务绩效有显著的正向直接影响，再次支持了 H1b；供应商整合对财务绩效指标的标准化路径系数为 0.179，$p<0.1$，表明供应商整合对服务创新的财务绩效有显著的正向直接影响，再次支持了 H1c；供应商对非财务绩效的标准化路径系数为 0.188，$p<0.05$，表明供应商整合对服务创新的非财务绩效有显著的正向直接影响，再次支持了 H1d。此外，顾客整合和供应商整合对复合式能力分别有显著的正向影响，标准化路径系数分别为 0.273 和 0.474；复合式能力对服务创新的财务绩效和非财务绩效也均存在显著的正向影响，标准化路径系数分别为 0.294 和 0.287。

7.6　实证结果的稳健性分析

通过不同方法得到相同的结论，可以说明研究结论比较稳健。前述内容已分别通过多元回归分析和结构方程模型验证了外部组织整合（顾客整合和供应商整合）对复合式能力和服务创新绩效（财务绩效和非财务绩效）的主效应，即两种方法的分析结果均支持了研究假设 H1a、H1b、H1c、H1d，一定程度上说明了该部分实证结果的可靠性。为进一步验证本研究实证分析结论的稳健性，本研究参考胡海青等（2017）、简兆权等（2018）研究，采用其他的方法对中介效应和调节效应进行再次检验。

参考 Zhao 等（2010）、温忠麟和叶宝娟（2014）、Hayes（2009）研究，采用 Bootstrap 法对复合式能力在外部组织整合（顾客整合、供应商整合）与服务创新绩效（财务绩效、非财务绩效）关系的中介效应进行检验。样本量设置为 5000，偏差校正的置信区间设置为 95%，Bootstrap 分析结果如表 7-13 所示。结果表明，顾客整合和供应商整合通过复合式能力的中介作用间接影响服务创新财务绩效和非财务绩效的效应值均大于零，95%的置信区间均不包含 0，表明复合式能力分别在顾客整合、供应商整合与服务创新财务绩效和非财务绩效之间起到显著的中介作用，假设 H3a、H3b、H3c、H3d 均得到再次验证。

表 7-14 外部组织整合间接影响服务创新绩效的 Bootstrap 分析

因变量	自变量	通过复合式能力的间接影响效应	
		系数	95%置信区间
财务绩效	顾客整合	0.211**	(0.104, 0.350)
	供应商整合	0.192**	(0.086, 0.325)
非财务绩效	顾客整合	0.179**	(0.102, 0.270)
	供应商整合	0.183**	(0.107, 0.284)

注：** 表示 $p<0.05$。

采用 Bootstrap 分析法再次检验服务导向在外部组织整合（顾客整合和供应商整合）与服务创新绩效（财务绩效和非财务绩效）关系中的调节效应，在 Process 程序中选择模型 1，样本量设置为 5000，置信区间设置为 95%，分析结果见表 7-15。在顾客整合与财务绩效及非财务绩效的关系中，服务导向调节效应的 95%置信区间均不包含 0，即调节效应显著；而在供应商整合与财务绩效及非财务绩效的关系中，服务导向调节效应的 95%置信区间均包含 0，即不存在显著的调节效应。因此，假设 H4a 和假设 H4b 得到支持，而假设 H4c 和假设 H4d 没有得到支持，这一验证结果与层次回归分析的结果一致。

表 7-15 服务导向调节效应的 Bootstrap 分析

因变量	自变量	调节效应系数	95%置信区间	
财务绩效	顾客整合	0.441**	0.146	0.737
	供应商整合	0.090	−0.107	0.286
非财务绩效	顾客整合	0.374**	0.156	0.592
	供应商整合	0.177	−0.025	0.329

注：**表示 $p<0.05$。

同样地，如表 7 16 所示，通过 Bootstrap 分析发现，环境不确定性在复合式能力与财务绩效及非财务绩效关系调节效应的 95%置信区间均不包含 0，即调节效应显著。因此，假设 H5a 和假设 H5b 也再次得到支持。

表 7-16 环境不确定性调节效应的 Bootstrap 分析

因变量	自变量	调节效应系数	95%置信区间	
财务绩效	复合式能力	0.236**	0.023	0.449
非财务绩效	复合式能力	0.203**	0.034	0.372

注：**表示 $p<0.05$。

参考温忠麟和叶宝娟（2014）、胡海青等（2017）关于有调节的中介模型检验方法，采用回归分析法再次检验环境不确定性对复合式能力中介作用的调节效应。首先，以财务绩效为因变量，引入 4 个控制变量、顾客整合、复合式能力、环境不确定性、复合式能力与环境不确定性的乘积项，构建模型 21；将模型 21 中的顾客整合换成供应商整合，构建模型 22。然后，将模型 21 和模型 22 的因变量均换成非财务绩效，分别构建模型 23 和模型 24。以上模型的回归分析结果如表 7-17 所示。顾客整合和供应商整合通过复合式能力对财务绩效和非财务绩效的中介效应受到环境不确定性的正向调节作用（β 值分别为 0.127、0.111、0.140 和 0.115，p 值均小于 0.01），假设 H6a、假设 H6b、假设 H6c 和假设 H6d 再次得到验证。

综合以上分析，本研究采用不同的检验方法对研究假设进行检验，得出了相同的检验结果，说明本研究实证分析结果具有较好的稳定性。

表 7-17 被调节的中介效应检验

变量		财务绩效		非财务绩效	
		模型 21	模型 22	模型 23	模型 24
控制变量	企业规模	0.009	−0.010	0.033	0.014
	企业年龄	0.076	0.066	−0.010	−0.021
	行业	0.074	0.064	0.037	0.024
	合作经验	0.004	0.009	0.043	0.051
自变量	顾客整合	0.264***		0.378***	
	供应商整合		0.237**		0.281**
中介变量	复合式能力	0.239***	0.236***	0.200***	0.223***
调节变量	环境不确定性	0.180***	0.206***	0.259***	0.305***
交互项	复合式能力×环境不确定性	0.127**	0.111**	0.140***	0.115**
模型统计量	R^2	0.344	0.333	0.501	0.456
	$Adj-R^2$	0.322	0.311	0.485	0.438
	F	15.848***	15.094***	30.410***	25.365***

注：*表示 $p<0.1$，**表示 $p<0.05$，***表示 $p<0.01$。

7.7 结果与讨论

7.7.1 实证研究结果汇总

针对外部组织整合（顾客整合和供应商整合）、复合式能力、服务导向、环境不确定性与服务创新绩效（财务绩效和非财务绩效）等变量关系的 20 个子研究假设，本研究运用层次回归分析法、Bootstrap 法和结构方程模型分析法对回收的 251 个样本数据进行统计分析和实证检验，检验结果汇总见表 7-18。第五章通过理论分析和推导提出的 6 个主研究假设合计 20 个子研究假设中，除了“H2a：顾客整合和供应商整合的交互对服务创新财务绩效有正向影响”“H4c：服务导向正向调节供应商整合与服务创新财务绩效之间的关系。”和“H4d：服务导向正向调节供应商整合与服务创新非财务绩效之间的关系。”3 个子研究假设外，其他 17 个研究假设均获得实证支持。

表 7－18　假设检验结果汇总

假设序号	假设具体描述	检验结果
H1a	顾客整合对服务创新财务绩效有正向影响。	支持
H1b	顾客整合对服务创新非财务绩效有正向影响。	支持
H1c	供应商整合对服务创新财务绩效有正向影响。	支持
H1d	供应商整合对服务创新非财务绩效有正向影响。	支持
H2a	顾客整合和供应商整合的交互对服务创新财务绩效有正向影响。	不支持
H2b	顾客整合和供应商整合的交互对服务创新非财务绩效有正向影响。	支持
H3a	复合式能力在顾客幣合与服务创新财务绩效间起到中介作用。	支持
H3b	复合式能力在顾客整合与服务创新非财务绩效间起到中介作用。	支持
H3c	复合式能力在供应商整合与服务创新财务绩效间起到中介作用。	支持
H3d	复合式能力在供应商整合与服务创新非财务绩效间起到中介作用。	支持
H4a	服务导向正向调节顾客整合与服务创新财务绩效之间的关系。	支持
H4b	服务导向正向调节顾客整合与服务创新非财务绩效之间的关系。	支持
H4c	服务导向正向调节供应商整合与服务创新财务绩效之间的关系。	不支持
H4d	服务导向正向调节供应商整合与服务创新非财务绩效之间的关系。	不支持
H5a	环境不确定性正向调节复合式能力与服务新创财务绩效的关系。	支持
H5b	环境不确定性正向调节复合式能力与服务创新非财务绩效的关系。	支持
H6a	环境不确定性正向调节复合式能力在顾客整合与服务创新财务绩效之间的中介效应。	支持
H6b	环境不确定性正向调节复合式能力在顾客整合与服务创新非财务绩效之间的中介效应。	支持
H6c	环境不确定性正向调节复合式能力在供应商整合与服务创新财务绩效之间的中介效应。	支持
H6d	环境不确定性正向调节复合式能力在供应商整合与服务创新非财务绩效之间的中介效应。	支持

7.7.2　服务型制造企业外部组织整合与服务创新绩效关系的讨论

本研究实证分析结果表明，服务型制造企业外部组织整合的两个维度，即顾客整合和供应商整合，对服务创新绩效的两个维度，即财务绩效和非财务绩效，均有显著的正向影响。此结论符合资源依赖理论和开放式创新理论的基本观点。资源依赖理论认为，任何组织在日常经营和创新开发中无法实现资源完全自给（Pfeffer 和 Salancik，1978），这种资源约束会促使企业对外部相关组织采取某些策略行为以保障企业的生存和发展（Drees 和 Heugens，2013）。相对于发达经济体中的跨国企业，新兴经济体中大部分企业属于后发企业，面临技术和市场的资源双依赖性（杜义飞等，2018），对外部供应商和顾客的资源依赖程度更大。本研究中的外部组织整合是指企业与顾客、供应商等关键的外部组织进行信息分享、关系协调和共同参与，也属于 Drees 和 Heugens（2013）所提出的企业生存发展与资源约束驱动下的组织外部策略和行为。本研究结论表明，企业对外部组织整合的策略和行为能够有效促进企业服务创新绩效，再次验证和支持了 Drees 和 Heugens（2013）的研究观点。根据开放式创新理论，企业在创新过程中需要与外部组织协作，在外向型开放和内向型开放模式中使资源在企业与外部组织之间持续流动，能够促使创新来源多样化以及创新扩散多样化，获得范围经济和规模经济，从而促进创新绩效的提升（Chesbrough，2003，2011）。本研究也为这一观点提供了实证支持。服务型制造企业构建包括顾客和供应商在内的开放型创新网络，通过顾客整合和供应商整合能够获取企业服务创新所需要的互补性知识，构建良好的外部组织关系，有助于提升服务创新质量，提高服务创新效率，降低服务创新风险，减少服务创新成本，从而促进服务创新财务绩效和非财务绩效的提升。

国内外学者对外部组织整合与企业创新绩效的关系进行过众多理论分析和实证研究。本研究结论整体上与已有相关研究基本吻合，但在具体细节上仍存在区别。首先，众多学者从制造情境或服务情境下研究外部组织整合与创新绩效的关系，普遍认可外部组织整合整体上对创新绩效有积极的促进作用（Millson 和 Wilemon，2002；吴家喜和吴贵生，2008；Ordanini 和 Parasuraman，2011；张红琪和鲁若愚，2014；Homburg 和 Kuehnl，2014；简兆权等，2018；陈昀等，2018），但在具体的影响机制上存在不同观点。吴家喜和吴贵生（2008）以制造企业为研究对象，分析外部组织整合对新产品开发绩效的影响机制，其实证分析结果表明，企业与外部组织的信息分享和关系协调对新产品开发绩效的影响效应显著，但外部组织的共同参与对新产品开发绩效的影响并不显著。这一对比说明在产品创新情境和服务创新情境下，外部组织参与对创新绩效存在不同的影响机制。究其原因，服务具有明显不同于实体产品的特征，它无形、异质且生产与消费同步，提供给顾客的是个体性的感知效应。因此，相对于技术创新和新产品开发，顾客和供应商等关键外部组织在服务创新和新服务开发中的共同参与起到更重要的影响作用。

其次，现有的外部组织整合相关研究中，部分学者关注了顾客整合与供应商整合的相互影响，或者两者交互对企业绩效的影响。例如，Devaraj 等（2007）和 Zhang 等（2016）分别通过实证研究和案例研究表明，企业需要同时组织顾客整合和供应商整合，在顾客整合和供应商整合的各类组合中，两者都处于高水平时，对企业绩效的促进作用最强。张红琪和鲁若愚（2014）研究表明，服务创新过程中，顾客参与对供应商参与存在显著的正向影响。Flynn 等（2010）也通过实证研究表明，顾客整合和供应商整合的交互对企业运营绩效有显著影响，然而对商业绩效却不存在显著影响。以上研究主要将企业绩效作为单维度变量进行分析，或者从企业层面考虑运营绩效和商业绩效。与已有相关研究不同的是，本研究重点关注了顾客整合和供应商整合在服务创新过程中的交互作用，并从财务绩效和非财务绩效两个方面来进一步细化服务创新绩效，分别分析顾客整合和供应商整合的交互对其影响作用。实证研究表明，顾客整合和供应商整合的交互对非财务绩效存在显著的正向影响。然而，与理论分析不同的是，两者交互对财务绩效的影响并不显著。可能的原因在于，顾客整合和供应商整合交互情形下，可以减少信息不对称，促进资源在供应链上的跨组织流动，有助于企业获取更多的创新资源，提高服务创新能力，也能够更高效地解决顾客反馈的问题，从而使服务创新的非财务绩效得到提高。然而，顾客整合和供应商整合都处于高水平状态时，跨组织关系管理更加复杂，企业需要付出大量的人力和物力，带来管理成本的增加，从而限制了服务创新财务绩效的进一步提升。

与已有研究不同的是，本研究在更细分的维度上探讨外部组织整合与服务创新绩效的关系。一方面，从外部组织整合的两个维度对比来看，回归分析结果显示（具体见表 7-7 和表 7-8），无论是以财务绩效为因变量的回归模型，还是以非财务绩效为因变量的回归模型，在同一模型中，顾客整合的标准化回归系数（0.291 和 0.421）均大于供应商整合的标准化回归系数（0.256 和 0.249）。这一数据对比说明，相对于供应商整合，顾客商整合对制造企业服务创新财务绩效和非财务绩效的促进作用更大。制造业服务化转型要求企业由产品导向转向顾客导向，其服务化战略的目标之一是满足顾客多元的个性化需求，服务创新成果通常体现在“产品+服务”组合或综合解决方案中。顾客的消费体验和经验知识、对企业品牌的认同以及对创新成果的认知在企业获取卓越服务创新绩效过程中都起到关键作用（Vargo 和 Lusch，2010；Ordanini 和 Parasuraman，2011；简兆权等，2018）。顾客整合不仅通过提升复合式能力进而提升服务创新绩效，还有利于顾客更好地接受新的服务和产品，提升顾客满意度和顾客忠诚度，从而直接提升服务创新绩效。因此，相对于供应商整合，顾客整合在制造企业服务创新过程中发挥更加重要的作用。另一方面，从服务创新绩效的两个维度对比来看，结构方程模型分析结果显示（具体见表 7—13），在同一个结构方程模型中，顾客整合和供应商整合对制造企业服务创新财务绩效的标准化路径系数（0.204 和 0.179）均小于对非财务绩效的标准化路径系数（0.360 和 0.188）。同时，回归分析结果还表明，顾客整合和供应商整合的交互对服务创新非财务绩效有显著的正向影响，而对财务绩效却没有显著影响。这一数据对比说明，相对于财务绩效，顾客整合和供应商整合对制造企业服务创新非财务绩效的促进作用更大。综合以上两方面的分析可见，整体上非常显著的影响作用在细分维度上可能会存在不同的影响机制，对外部组织整合和服务创新绩效进行维度细分是非常有必要的。从更细维度上进行变量关系研究，不仅可以更清楚地辨析不同类型的外部组织整合对不同类型服务创新绩效的影响关系，也能够为制造企业服务创新实践提供更加具体的理论参考和操作建议。

7.7.3　复合式能力中介效应的讨论

外部协作在服务创新中的重要作用已得到理论界和实践界的普遍认可。已有众多研究表明，从企业外部协作到服务创新绩效的推演过程，会有第三个变量在两者之间起着连接和转化作用（卢俊义和王永贵，2011；范钧和高孟立，2015；王琳等，2015；简兆权等，2018；Mennens 等，2018）。但是，纵观已有相关研究，大部分学者从知识管理视角来探索外部协作与服务创新绩效的中介机制。例如，卢俊义和王永贵（2011）在研究顾客参与对服务创新绩效的影响机理时认为，顾客参与服务创新丰富了知识转移的内容，提升了知识转移的效果，进一步提高服务创新绩效。范钧和高孟立（2015）、简兆权等（2018）研究表明，知识获取在外部组织整合与服务创新或新服务开发绩效之间存在部分中介作用；王琳等（2015）以知识密集型企业的服务创新项目为研究对象，从知识整合的视角分析顾企交互在服务创新活动中的重要作用，其实证研究结果表明，知识整合中介了顾企互动对服务创新绩效的关系。Mennens 等（2018）则强调了企业吸收能力在外部整合与服务创新之间的重要作用，认为外部知识在制造企业服务创新过程中能否发挥关键作用还取决于组织内部对知识的吸收能力。外部组织整合和供应商整合是开放式创新的具体体现形式，而开放式创新是特定政治、经济和文化等环境情境下的实践（West 和 Gallagher，2006；Chesbrough，2011）。然而，已有研究却较少考虑这一因素。与以往相关研究的知识基础观视角不同，本研究充分考虑了中国现阶段的新兴经济市场情境和制造业服务化发展情境，尝试从复合基础观视角来探索服务型制造企业的外部组织整合对服务创新绩效具体的影响机制，提出并验证了复合式能力在“外部组织整合——服务创新绩效”关系中的中介效应。实证分析结果表明，复合式能力在外部组织整合和服务创新绩效间起着显著的部分中介作用。虽然研究视角不同，但该结论同样验证和支持了 Mennens 等（2018）、王琳等（2015）、简兆权等（2018）关于外部组织协作对服务创新绩效的影响需要借助于第三个变量的中介作用这一观点。

从外部组织整合和服务创新绩效的细分维度来看，本研究结论表明，顾客整合和供应商整合均在复合式能力的中介下正向影响服务创新的财务绩效和非财务绩效。具体来看，首先，顾客整合对制造企业服务创新财务绩效和非财务绩效具有显著的直接正向影响。这一结论验证和支持了 Yu 等（2013）和张红琪和鲁若愚（2014）的部分理论观点，他们的实证研究均表明顾客整合或顾客参与对顾客满意度有显著的直接正向影响。顾客满意度体现了服务创新的非财务绩效。Yu 等（2013）的研究还表明，顾客整合对企业财务绩效并没有显著的直接影响。与上述研究不同的是，本研究认为顾客整合不仅可以直接提升顾客满意度，通过信息分享和顾客参与，顾客对企业品牌会有更多认知和认可，还能够直接提高创新成果的市场扩展和市场销售，从而直接提高服务创新的财务绩效。其次，顾客整合还通过复合式能力间接影响服务创新的财务绩效和非财务绩效。已有研究表明，顾客经验和知识是企业重要的操作性资源（Vargo 和 Lusch，2004，2008），是企业服务创新的重要来源（Ordanini 和 Parasuraman，2011）。但是这些信息和知识不会直接作用于创新绩效，还要对其进行有效挖掘和整合（王琳等，2015；Mennens 等，2018）。对制造企业而言，通过与顾客的信息分享、关系协调和共同参与，能够获取顾客知识，掌握顾客需求和偏好，并将这些知识和资源与企业已有资源进行创造性复合，通过复合式提供快速且低成本地响应顾客需求。最后，供应商整合不仅在复合式能力的中介作用下间接影响服务创新绩效，还对服务创新绩效有直接正向影响。李敏等（2017）研究认为供应商关系管理可以促进企业和供应商之间的共同认知和知识整合，进而会促进企业的流程创新和产品创新。杨洋等（2016）研究认为供应商参与在员工创新行为的中介作用下间接影响服务创新绩效。本研究结论验证和支持了上述学者的研究观点。与此不同的是，李随成和姜银浩（2009）对制造企业产品创新中的供应商参与和企业自主创新能力提升关系的实证研究表明，供应商参与新产品开发并不能直接提升企业的自主创新能力。本研究结论则表明，除了通过复合式能力的间接影响外，供应商在服务创新过程中的信息共享和共同参与还可以直接提升服务创新效率，减少资源浪费，降低服务创新成本，从而可以直接影响服务创新的财务和非财务绩效。

在分析“外部组织整合——复合式能力——服务创新绩效”这一影响路径时，需要确定外部组织整合对复合式能力存在显著的直接影响，同时还要确定复合式能力对服务创新绩效也存在显著的直接影响。本研究通过实证分析表明，顾客整合和供应商整合均显著正向影响复合式能力，复合式能力对服务创新的财务绩效和非财务绩效均存在显著的正向影响。这一结论表明，复合式能力是影响中国企业绩效的重要因素，验证和支持了陆亚东和孙金云（2013，2014）、Luo 和 Child（2015）、李云健（2017）、许强等（2018）等学者有关复合基础观和复合式能力的理论观点。复合基础观是指资源基础观、知识基础观和动态能力等根植于西方哲学和发达经济市场的传统理论在东方文化背景和新兴市场的发展和延伸。它强调吸收外部普通资源并与内部资源进行创造性复合，通过内生性和外生性相结合的逻辑构建创新所需资源，在复合能力的支撑下为顾客提供复合式的产品服务组合，追求相对于竞争对手更快的市场响应、更高的性价比以及更广的市场覆盖面，最终带来组织绩效的提升（Luo 和 Child，2015）。尽管提出时间不长，复合基础观却已得到不少学者的关注（具体参见第三章 研究综述与理论基础）。然而，已有相关研究主要聚焦于复合式战略、复合式能力、复合式提供等对中国企业竞争优势（陆亚东和孙金云，2014）、战略变革（许强等，2018）和创新绩效（李云健，2017）等方面的积极促进作用，对影响复合式战略和复合式能力的前置变量的研究却十分有限，对复合式能力在制造企业服务创新中所起作用的研究更是缺乏。本研究在此基础上，对已有研究进行扩展和深化，强调复合式能力作为中介机制在制造企业服务创新中的重要作用，进一步探讨了制造企业服务创新情境下复合式能力的前因和后果。可以看到，相对于服务型企业，制造型企业更缺少服务创新所需资源，对顾客和供应商等关键外部组织的资源依赖性更大。因此，顾客整合和供应商整合是服务型制造企业复合式能力的重要前置因素。另一方面，服务型制造企业为顾客提供的是复合式的产品服务组合或集成产品和服务的综合解决方案，其服务创新成果往往也体现“产品+服务”的复合特征。复合式能力强的企业不仅能准确判断和快速获取外部关键资源，对已有资源进行创造性复合，并能及时察觉市场需求进行快速有效的响应式创新。因此，服务型制造企业的复合式能力会积极促进服务创新绩效的提升。

7.7.4 服务导向的调节效应讨论

随着服务经济的快速发展和服务主导逻辑的兴起，服务导向引起了制造企业管理人员的重视，也成为制造业服务化研究领域的关注点之一。本研究基于制造业服务化情境，在理论模型中引入“服务导向”作为调节变量，对外部组织整合与服务创新绩效的关系进行了情境性研究，提出服务导向会分别正向调节顾客整合、供应商整合与服务创新财务绩效和非财务绩效的关系。实证分析结果表明，服务导向在外部组织整合的两个维度（即顾客整合和供应商整合）与服务创新绩效两个维度（即财务绩效和非财务绩效）关系中的调节效应是不同的。

首先，服务导向对顾客整合与服务创新的财务绩效和非财务绩效关系均有显著的正向调节作用。这一观点验证和支持了 Homburg 等（2002）、Gebauer（2009）、薛佳奇等（2013）、张文红和邓宏（2015）、Kohtamaki 等（2015）学者的研究观点，即服务导向是服务型制造企业绩效的重要影响因素。另外，本研究与上述学者的研究也存在不同之处。上述学者大都将服务导向作为服务型制造企业的企业绩效或创新绩效重要的前置变量来分析，例如，Gebauer（2009）实证研究表明，制造企业的服务导向战略对企业盈利有显著的正向影响；薛佳奇等（2013）认为制造企业的服务导向会通过影响企业与顾客间的互动来间接影响创新绩效。Kohtamaki 等（2015）认为服务创新和服务供应成功的前提是要有相应的服务导向支持，例如具有服务导向的组织制度、结构和文化等，服务导向在服务提供和企业绩效间起到中介作用。本研究在认同服务导向对制造企业服务创新起到重要作用的基础上，进一步探索服务导向与外部组织整合对服务创新绩效的共同影响，具体分析服务导向在外部组织整合与服务创新绩效关系中的调节效应。张文红和邓宏（2015）实证研究结果也表明了服务导向在企业绩效影响关系中的重要调节作用，但具体的调节机制与本研究存在不同之处。张文红和邓宏（2015）的实证分析结果表明，服务导向会负向调节产品创新对企业绩效的影响，并由此认为服务型制造企业应该要考虑“去服务化”，将资源重新集中于产品创新和开发，以产品为中心更有利于企业绩效的提升。与此观点不同的是，本研究认为制造企业的价值增值点和竞争优势的形成并不仅仅来源于实体产品，服务业务已逐渐成为制造企业新的利润增长点。而且，随着服务经济成为世界主导经济，制造业服务化发展已经成为制造企业转型升级的重要发展战略。本研究在案例研究中也发现，服务创新和服务业务不仅提高了制造企业的差异化竞争优势，还带来了企业财务绩效的提升。例如，本文案例研究中的A企业，不断增强服务导向，在发展高端制造业的同时也大力开展服务创新实践，服务业务不仅助推了产品销售，其本身也已成为企业新的利润增长点，从2013年至2018年，A企业的总营业收入和服务业务收入年均增长率分别为16.76%和54.85%，服务业务收入占总营业收入比重从14.22%增加至58.34%。本研究以制造企业的服务创新作为切入点，实证分析结果表明，服务导向会正向调节顾客整合对服务创新绩效的影响，即服务导向越强，企业与顾客之间的信息共享、关系协调和共同参与等行为越能提高服务创新效率和效果，降低企业创新风险，进而提高服务创新绩效。

其次，本研究实证分析结果显示，服务导向对供应商整合与服务创新财务绩效关系不存在显著的调节作用，对供应商整合与服务创新非财务绩效关系也不存在显著的调节作用。这一实证结论与本研究之前的理论分析结果不太一致，可能的原因在于，高服务导向下，制造企业通常更关注顾客需求，实现顾客价值最大化，其服务化程度一般也处于高水平，通常会提供支持顾客类型的服务，例如综合解决方案和交钥匙工程等。在此情形下，制造企业在战略制定和执行过程中会非常重视服务业务，组织内部资源和能力也会更多地聚焦于生产性服务的创新、开发和传递，将产品生产制造视为企业非核心环节而选择外购或直接外包，使产品供应商在企业供应商总体中占据较大比例。此时，供应商整合较多表现为对产品供应商的整合，虽然产品供应商整合也会有助于服务创新和开发，但其对服务创新绩效的促进作用相对于低服务导向情景并不会出现明显的增强。

7.7.5 环境不确定性调节效应的讨论

本研究对外部组织整合影响服务创新绩效的另一个情境性研究是考虑企业外部环境的不确定性，即引入“环境不确定性”作为另一个调节变量，探索其对“外部组织整合——复合式能力——服务创新绩效”这一影响路径的调节机制，实证研究结果也证实存在两类不同调节效应。这一结论在一定程度上验证和支持了 Donaldson（2001）、Peteraf 和 Barney（2003）、Teece（2007）、张婧和段艳玲等（2010）、Wong 等（2011）、Gimenez 等（2012）、瞿孙平等（2016）、孟伟（2016）、Ataseven 和 Nair（2017）等学者的研究观点，同时又在他们的研究基础上做了进一步的拓展和延伸。上述学者们认为环境不确定性是企业战略决策和创新管理中必须要考虑的权变因素，组织内部资源和能力的作用效果在很大程度上受到外部环境的影响，环境的复杂动态性在组织行为和创新绩效关系间起着显著调节作用。

首先，环境不确定性正向调节复合式能力与两类服务创新绩效的关系。该研究结论说明，在市场需求变化大、技术更新快、竞争激烈的环境下，协同整合企业内外部资源的复合式能力对服务创新财务绩效和非财务绩效的促进作用更大。瞿孙平等（2016）研究表明，知识搜索和吸收能力对创新绩效的影响受到环境不确定性的正向调节。孟伟（2016）通过实证研究表明，企业动态能力对创新绩效的影响也受到环境不确定性的正向调节。以上研究表明环境不确定性会影响知识管理或组织能力与创新绩效的关系。本研究则进一步细化创新绩效，证实复合式能力与财务绩效和非财务绩效等两类服务创新绩效的关系都会受到环境不确定性的影响。同时，这一研究结论还验证和支持了 Luo 和 Child（2015）、陆亚东和孙金云（2013，2014）、李云健（2017）等关于复合式能力会促进企业绩效的理论观点。而且，不同于上述研究对“复合式能力——企业绩效/创新绩效”这一关系的静态描述，本研究进一步探讨了影响两者关系的边界条件，阐述了在环境不确定性调节下两者关系的动态复杂性。在市场需求变化大、技术更新快、竞争激烈的环境下，外部环境中会存在更多的新技术、新知识和新产品，企业也更需要及时掌握顾客需求变化和竞争对手的信息。此时，能获取外部资源并将其与内部已有资源进行创造性复合的复合式能力，以及在复合式能力作用下形成的快速市场响应和高性价比优势就更加明显，能更快地推动服务创新绩效的提升。

其次，本研究实证分析结果还表明，环境不确定性对复合式能力的中介作用也存在正向调节效应。这一研究结论验证和支持了 Lilien 等（2002）、Wong 等（2011）、Gimenez 等（2012）的理论观点，他们认为“外部组织整合——绩效”关系会受到环境不确定性的影响。Lilien 等（2002）通过实证研究表明，相对于普通顾客，能把握市场前沿趋势、提前洞察到市场新需求并能较早从新产品或服务中获益的领先顾客更具创新性特征，其原因在于领先顾客需求变化快，对新的产品或需求的反应速度也更快，他们通常能提出比普通顾客更有价值的创新思想和创新理念并能更清楚地表达出来，也更愿意参与企业的创新开发，有助于企业获取并更好地吸收这些有价值的知识，从而促进服务创新绩效的提高。Gimenez等（2012）也提出企业应该集中更多的精力整合需求变化快、个性化要求高、对服务质量期望值高的顾客，因为整合这些需求不确定性高的顾客往往能获取更高的收益。本研究结论在一定程度上验证和支持了上述研究。而且，本研究对上述研究进行了扩展和深化，详细阐述了环境不确定性对外部组织整合与服务创新绩效关系具体的调节机制。研究发现，环境不确定性调节了“外部组织整合（顾客整合和供应商整合）——复合式能力——服务创新绩效（财务绩效和非财务绩效）”这一影响路径的第二阶段，同时还调节了复合式能力的中介效应，即存在被调节的中介效应。外部环境不确定性水平较高时，即市场需求变化大、技术更新快、竞争激烈的环境下，企业通过顾客整合和供应商整合能够获取更多的市场需求、行业技术变化和市场竞争等有价值的信息和资源，有助于夯实复合式能力的资源基础，而顾客和供应商的参与也能够提升企业对资源进行创造性复合的效率和效果，促使企业形成快速市场响应和高性价比的优势，进而推动服务创新财务绩效和非财务绩效的提升。

7.8　本章小结

本章在第五章提出的研究假设和理论模型基础上，通过问卷调研获取了251份样本数据，并对数据进行统计分析，以检验前面所提出的研究假设。首先，对样本数据质量进行检验，具体包括描述性统计分析、信度检验、效度检验、未回复偏差和共同方法偏差检验。分析结果表明，样本数据符合本研究主题，具有较好的代表性，具有良好的信度和效度，未回复偏差和共同方法偏差也在可接受范围内；然后，通过多元回归分析、Bootstrap分析、结构方程模型分析对所有研究假设进行实证检验，除了假设H2a、假设H4c和假设H4d没有获取实证支持外，其他研究假设均获得支持，检验结果具有较好的稳健性；最后，对实证分析所得出的研究结果进行讨论，与相关理论和研究文献进行对话，分析本研究与相关理论和已有研究文献的联系，并对本研究结论与第四章的理论分析以及已有研究不一致的地方进行了深入探讨和分析。

第八章 结论与展望

通过前六章的研究现状综述、探索性案例分析、研究假设提出及其实证检验等过程，本研究已对服务型制造企业外部组织整合对服务创新绩效的影响机制进行了较为系统和深入的分析和探讨。本章将对本研究的整体内容进行归纳和总结，明确主要研究结论、理论贡献和实践启示，指出可能存在的研究局限和不足并在此基础上提出未来的研究方向。

8.1 主要研究结论

本研究在制造业服务化发展背景下，基于资源依赖理论、开放式创新理论和复合基础观理论，深入探讨了“服务型制造企业如何通过外部组织整合来提升服务创新绩效”这一核心议题。根据“行为——能力——绩效”研究范式，首先采用多案例研究初步探索了外部组织整合对复合式能力和服务创新绩效的影响机理，在此基础上对外部组织整合、复合式能力、服务导向、环境不确定性和服务创新绩效等变量间关系进行了理论探讨，提出研究假设并构建理论模型，最后通过实证分析对研究假设进行检验。通过上述案例探索、理论探讨和实证检验，主要得出以下研究结论。

（1）服务型制造企业外部组织整合对服务创新绩效整体上有积极的影响作用，但在具体的细分维度上存在不同的影响关系。

本研究从顾客整合和供应商整合两个维度来分析外部组织整合，从财务绩效和非财务绩效两个细分维度来分析服务创新绩效，通过探索性案例分析和理论推导提出顾客整合和供应商整合会分别正向影响服务创新的财务绩效和非财务绩效，同时，顾客整合和供应商整合的交互对服务创新的财务绩效和非财务绩效均有正向影响。进一步的实证分析支持了上述研究假设，结果表明，顾客整合和供应商整合对服务创新财务绩效和非财务绩效均有显著的正向影响作用，顾客整合和供应商整合的交互对非财务绩效有显著正向影响，对财务绩效却没有显著影响。任何企业都无法独自拥有自身发展所需的全部资源，这种资源约束促使企业对外部的资源拥有者产生依赖（Pfeffer 和 Salancik，1978），这种资源依赖性在垂直网络关系的组织间（如企业与上下游的供应商和顾客间）更加明显。传统制造企业的资源和能力长期聚焦于产品创新，缺少服务创新和开发经验，服务创新所需资源也相对不足。因此，服务型制造企业与供应商和顾客进行信息共享、关系协调和共同参与能够获取互补性资源、优化服务创新流程、提高服务质量、减少创新成本、降低创新风险，从而有助于提高服务创新绩效。

具体而言，第一，企业与顾客，特别是能够提前察觉市场需求的领先顾客，建立并维持良好的顾企关系，持续分享信息并共同参与服务创新过程。一方面可以促进新服务销售增长，降低服务创新成本，缩短创新研发周期，从而增加财务收益；另一方面，还可以降低服务创新的市场风险，提高顾客满意度、增加顾客黏性，加快服务创新速度等，从而促进非财务绩效的提高。第二，企业与供应商协调合作、彼此分享信息并共同参与服务创新。一方面可以降低交易成本，减少服务创新成本，缩短创新研发周期，从而提高新服务和已有产品和服务的收益；另一方面，供应商整合能够提高企业自主创新能力，促使企业能够更好地处理顾客问题，提高顾客满意度和顾客黏性，从而提高服务创新的非财务绩效。第三，顾客整合和供应商整合交互作用下，企业和供应商在合作创新过程中能更及时地掌握顾客需求信息和市场需求变动，同时，企业在整合和运用顾客需求信息、创新理念并将其转化为创新成果方面具有更强的能力保障，也能更好地解决顾客问题，从而对服务创新的非财务绩效有更强的促进作用。然而，顾客整合和供应商整合都处于高水平状态时，企业需要付出大量的人力和物力，这些成本的增加限制了企业服务利润的持续提升。第四，从外部组织整合的细分维度来看，相对于供应商整合，顾客商整合对制造企业服务创新财务绩效和非财务绩效的促进作用更大。第五，从服务创新绩的细分维度来看，相对于财务绩效，顾客整合和供应商整合对制造企业服务创新非财务绩效的促进作用更大。

（2）复合式能力在外部组织整合和服务创新绩效间起到部分中介作用。

本研究通过探索性案例分析和理论探讨，提出复合式能力中和了外部组织整合（顾客整合、供应商整合）和服务创新绩效（财务绩效和非财务绩效）的关系。之后的实证分析支持了这一研究假设，并进一步得出具体的中介类型。复合式能力部分中介了顾客整合和服务创新绩效（财务绩效和非财务绩效）的关系。与此同时，复合式能力也部分中介了供应商整合和服务创新绩效（财务绩效和非财务绩效）的关系。

复合式能力及其支撑下的复合式创新是新兴市场背景下的中国企业构建并维持竞争优势的重要战略手段（孙金云和陆亚东，2017）。制造企业服务创新与单独的产品创新不同，与服务企业开展的服务创新也存在较大差异。制造企业服务创新是以产品为基础来开展的，创新成果体现在“产品+服务”组合或综合解决方案中，其实质就是一种复合式提供。企业对顾客和供应商等关键外部组织的整合不仅能够拓展跨界搜索的广度和深度，夯实复合式能力的资源基础，还能够提升资源创造性复合的效率和效果，从而使复合式能力得到提升，而复合式能力的提升不仅有利于企业获取并运用性价比高的资源，降低服务创新成本，还有利于企业及时洞察市场供应与需求未对接的点，并以此为方向进行创新聚焦和快速迭代，从而降低创新风险并保持创新在一定时间内的领先性。此外，复合式能力的提升还有利于企业的复合式创新和复合式战略的实施，为顾客提供多样化的、具有复合功能的产品服务组合，更好地满足顾客多样化的个性需求，进一步获取卓越的服务创新绩效。

（3）服务导向会强化顾客整合对服务创新绩效的影响作用。

本研究从服务导向视角探讨了制造企业外部组织整合影响服务创新绩效的内部边界条件。在理论探讨的基础上提出研究假设，认为服务导向会分别正向调节顾客整合、供应商整合与服务创新财务绩效和非财务绩效的关系。进一步的实证分析结果证实了服务导向在顾客整合与服务创新绩效（财务绩效和非财务绩效）关系中存在显著的正向调节效应，但对供应商整合与服务创新绩效（财务绩效和非财务绩效）关系并没有显著的影响。也就是说，在制造业服务创新情境下，高服务导向会促使顾客整合对服务创新绩效有更强的促进作用，但是，服务导向的变化并不会显著改变供应商整合与服务创新绩效的影响关系。

服务导向是服务主导逻辑的体现。对制造企业而言，服务导向表现为企业在价值理念和经营管理实践中对服务的重视程度。在高服务导向下，制造企业服务化程度相对较高，通常会构建以人为本的企业文化、以顾客为中心的经营理念，以及更符合服务创新的组织流程和组织架构。在此情境下，企业在外部组织整合中更加注重顾客整合，在顾客整合中会围绕“顾客价值创造”来识别和获取外部资源，而在资源配置过程中也更倾向于以产品为媒介的新服务或以顾客需求为中心的综合解决方案，从而能更好地促进企业服务创新。

（4）环境不确定性在外部组织整合对服务创新绩效的作用机制中起到重要的调节作用。

本研究还从环境动态性视角探讨了制造企业外部组织整合对服务创新绩效作用机制的外部边界条件。通过理论探讨和实证研究发现，环境不确定性在“外部组织整合——复合式能力——服务创新绩效”影响机制中起到重要的调节作用。具体而言，环境不确定性正向调节了复合式能力与服务创新绩效（财务绩效和非财务绩效）的关系，还正向调节了复合式能力在外部组织整合与服务创新绩效关系中的中介作用，即存在被调节的中介效应。

环境不确定性的增加会给制造企业服务创新带来高风险，但同时也有可能会带来高收益。在高环境不确定性情境下，快速变化的市场和更新不断加速的技术使外部环境中新知识和新技术的供应量大大增加，具有较强复合式能力的企业能够从外部获取更多有价值的资源。而且，通过复合式能力形成的快速市场响应和高性价比在需求变化大、技术更新快、竞争激烈的环境中也能够更好地体现其优势。也就是说，在市场不确定性和技术不确定性较大，竞争比较激烈的环境中，制造企业服务创新更能从复合能力的运用中获利。

从更深层的影响机制来看，面对市场需求变化大、技术更新快或竞争激烈的外部环境，企业已有的信息和资源会快速过时，而企业通过顾客整合和供应商整合能获得更多有价值的顾客需求信息、新的技术和材料信息、先进的服务方式和管理流程信息、行业竞争信息等。这些外部资源的获取，夯实了复合式能力的资源基础，也提高了企业进行创造性复合和响应式创新的效率和效果，进而提升服务创新绩效。也就是说，在市场不确定性和技术不确定性较大，或者竞争比较激烈的环境中，顾客整合和供应商整合能更好地通过提升复合式能力及其应用效果来间接影响服务创新绩效。

8.2　理论贡献和实践启示

8.2.1　理论贡献

本研究根据“行为——能力——绩效”研究逻辑，基于资源依赖理论、开放式服务创新理论和复合基础观，从复合式能力视角深入剖析了制造企业外部组织整合（具体包括顾客整合和供应商整合）对服务创新绩效（具体包括财务绩效和非财务绩效）的作用机制，同时还从企业内部的服务导向和外部的环境不确定性两方面探讨了上述作用机制的边界条件，具有一定的理论前沿探索性，主要有以下三方面的理论贡献。

(1) 基于制造业服务化背景，探索外部组织整合与服务创新绩效不同细分维度间的具体关系，拓展了制造业服务创新绩效的前因研究，也丰富了开放式服务创新理论。

首先，从制造企业服务创新研究来看，学术界已从服务创新或服务化战略对企业绩效的影响结果研究转向服务创新的前因探索。但是，制造企业服务创新前置变量的研究还处于初始阶段，主要从组织内部的服务创新过程（许晖和张海军，2015，2016；冯永春等，2016）和组织能力（许晖和张海军，2015，2016；Gebauer 等，2017；Story 等，2017；Mennens 等，2018）等方面展开，且大都以案例探索研究为主，关于组织外部协作对制造企业服务创新作用机制的研究很少，相关的实证研究更是缺乏。本研究通过案例探索、理论探讨和实证检验等过程，从跨界整合层面探索制造企业服务创新绩效的前因。研究发现，顾客整合和供应商整合是制造企业服务创新绩效的重要前因变量。这一研究丰富和补充了制造业服务创新的前因研究。

其次，学术界对外部组织整合与创新绩效的关系进行过众多研究。但是，已有研究尚存在以下不足：第一，已有研究大多研究制造企业外部组织整合对技术创新和新产品开发的影响（吴家喜和吴贵生，2008），或者研究服务企业外部组织整合对服务创新或新服务开发的影响（Ordanini 和 Parasuraman，2011；简兆权等，2018），较少以制造企业为研究对象来研究其服务创新过程，以及在此过程中顾客和供应商等关键外部组织的整合对服务创新绩效的影响；第二，已有组织整合研究较多关注组织内部协作，或者重点关注顾客、供应商等某一类外部组织的协作创新及其对企业创新绩效的影响，特别是顾客整合的研究成果非常多，而缺乏对整体外部组织整合的综合性分析框架；第三，已有关于组织整合内部相互影响或交互的研究较多以组织为边界，关注组织内部整合和组织外部整合之间的相互影响，少量学者也开始关注顾客整合与供应商整合的相互影响，对顾客整合和供应商整合的交互及其对服务创新绩效的影响机制缺少足够的研究。本研究将外部组织整合与创新绩效关系的研究拓展至制造企业服务创新情境下，以服务型制造企业为研究对象，从跨界整合的角度，探索企业顾客整合、供应商整合及其交互作用对服务创新绩效的影响机理，既拓展了“外部组织整合——创新绩效”关系研究的情境，也丰富了开放式服务创新理论。而且，本研究还基于外部组织整合的两个细分维度和服务创新绩效的两个细分维度，更细致地研究了外部组织整合对制造企业服务创新绩效的影响关系，更清楚地辨析了外部组织整合不同维度与服务创新绩效不同维度之间不同的影响作用及其作用大小。

（2）本研究不仅从新的理论视角剖析了外部组织整合影响服务创新绩效的微观机理，同时也拓宽了复合基础观的研究领域。

首先，跨界协作对创新绩效的重要作用已得到学术界的普遍认可，但大多研究只涉及两者之间的二元关系，对顾客整合和供应商整合对服务创新绩效具体的作用机制研究较少，已有为数不多的相关研究也是从知识管理视角来展开分析（卢俊义和王永贵，2011；王琳等，2015；简兆权等，2018；Mennens 等，2018）。总体上来看，缺少一种更合适的视角来解释资源优势不明显的中国制造企业的服务创新过程，局限了理论研究对中国制造企业服务创新实践的充分理解和理论指导。本研究发现，从复合式能力视角来阐述服务型制造企业外部组织整合影响服务创新绩效的机理，更符合中国制造业发展的东方文化背景，能够更加完整地诠释新兴市场背景下中国制造企业的服务化发展和服务创新过程。因此，本研究引入复合式能力，建立并验证"外部组织整合（顾客整合和供应商整合）——复合式能力——服务创新绩效（财务绩效和非财务绩效）"这一清晰的影响路径，阐述了制造企业外部组织整合通过提升复合式能力及其运用效果，进而促进服务创新绩效的作用机制，有效打开了中国制造业服务化背景下外部组织整合影响服务创新绩效的过程"黑箱"。上述研究从复合式能力这一新的理论视角展开研究，丰富和深化了外部组织整合对服务创新绩效影响机制的理论研究。

其次，复合基础观是战略管理领域中基于东方文化背景提出并发展的前沿理论之一，其正式提出时间至今不足 10 年，从理论发展过程来看还处于初期阶段。已有相关研究成果主要集中在中国背景下的企业成长与竞争优势构建研究（陆亚东和孙金云，2013，2014；Luo 和 Child，2015）、企业战略变革研究（许强等，2018）、企业开放式创新研究（李云健，2017）等，对复合式能力的前因影响因素以及复合式能力在企业创新中的具体作用机制研究较少。本研究以中国制造企业服务创新为研究背景，探索复合式能力在外部组织整合对服务创新绩效作用机制中所起的作用。研究发现，企业通过顾客整合和供应商整合不仅可以夯实复合式能力的资源基础，还可以促进复合式能力的作用效率和效果。同时，具有较高复合式能力的制造企业，在控制创新成本、提高创新速度、降低创新风险等方面更具优势，即能获得更高的服务创新绩效。综上所述，将复合式能力引入制造企业服务创新研究中，丰富了企业复合式能力的前因和后果研究，拓宽了复合基础观的研究领域。

(3) 深入分析服务导向和环境不确定性的调节作用，进一步拓展了外部组织整合影响服务创新绩效的内外部边界条件。

首先，外部组织整合能够有效促进服务创新绩效这一观点已获得普遍认可，但大多研究只针对企业外部组织整合（或者单独分析顾客整合和供应商整合）与服务创新绩效的二元关系进行分析和论证，得出两者之间静态的正向影响关系(Ordanini 和 Parasuraman，2011；张红琪和鲁若愚，2014；Homburg 和 Kuehnl，2014；王琳等，2015)，难以全面刻画两者之间的复杂动态关系。本研究在已有相关研究基础上进行扩展和深化，充分考虑服务型制造企业同时面对服务业务和产品业务的实践特征，在制造业服务化理论和开放式服务创新理论的基础上，通过理论探讨和实证分析，明确了服务导向在外部组织整合（具体包括顾客整合和供应商整合）与服务创新绩效关系中的调节机制。研究发现，服务导向对顾客整合与服务创新绩效的关系存在显著的正向调节作用，而供应商整合对服务创新绩效的影响作用却不受服务导向影响。这一研究成果丰富和拓展了顾客整合影响服务创新绩效的内部边界条件的研究。

其次，学术界已普遍认为环境不确定性是影响服务创新绩效的重要权变因素。然而，已有相关研究只揭示了环境不确定性对“外部整合——创新绩效”直接关系的调节作用，未对两者之间复杂作用路径的调节机制进行清晰阐述，也缺少对中介效应和调节效应的综合考虑。本研究不仅深入分析了环境不确定性在“外部组织整合——复合式能力——服务创新绩效”路径中的重要调节机制，还综合分析了中介效应和调节效应，考察外部环境不确定性对复合式能力中介作用的调节。研究发现，环境不确定性正向调节了“外部组织整合（顾客整合、供应商整合）——复合式能力——服务创新绩效”这一影响路径的后半段，而且，复合式能力在上述路径的中介作用也受到环境不确定性的调节，即存在被调节的中介效应。这一研究对环境不确定性在外部组织整合与服务创新绩效作用机制的具体调节机制作了更详细的阐述，丰富和拓展了外部组织整合影响服务创新绩效的外部边界条件的研究。

8.2.2 实践启示

服务创新和服务化发展是制造企业在需求快速变化、竞争日益激烈的当前市场环境中构建竞争优势的重要战略手段。本研究以制造业服务化发展中面临的服务创新落后困境为切入点，以提升制造企业服务创新绩效为导向，深入探讨了“服务型制造企业如何通过外部组织整合来提升服务创新绩效”这一核心议题。研究成果对中国制造企业如何开展服务创新实践并提升服务创新绩效具有一定的理论参考和实践启示。

(1) 涵盖更大范围的创新网络和有效的外部组织整合对企业服务创新绩效具有重要影响。

企业外界环境的复杂性和动态性不断增强，技术更新速度加快，服务产品周期日益缩短，而顾客需求也在快速变化，促使服务创新成为跨组织资源集成、多主体参与并持续价值互动的复杂动态过程。相对于发达经济体中的跨国企业，处于新兴市场中的大部分中国企业属于后发企业，面临技术和市场资源的双依赖性，外部资源识别和获取在创新过程起到关键作用。而与服务型企业的服务创新相比，服务型制造企业同时面对产品创新和服务创新，创新所需资源更加复杂，外部资源整合和跨界协作也更加重要。本研究发现，顾客整合和供应商整合能够均会显著正向影响服务创新的财务绩效和非财务绩效。因此，制造企业在服务创新过程中，需要营造共同创造价值的开放式创新环境，构建包括顾客和供应商在内的服务创新网络，建立网络成员互动机制，持续地与外部关键组织保持协调合作关系，并彼此分享信息，提高资源在组织间流动的效率，以便及时地广泛获取有关服务开发技术、营销和市场等信息和资源。而外部资源的广泛获取不仅可以扩展创新来源，还可以使企业在更大范围内进行资源配置，推动企业内部创新，降低服务创新的市场风险，提高服务创新绩效。此外，本研究在对外部组织整合和服务创新绩效维度细分基础的研究发现，从影响作用大小来看，顾客整合对服务创新财务绩效和非财务绩效的促进作用均大于供应商整合的促进作用，顾客整合和供应商整合对服务创新非财务绩效的促进作用要大于对财务绩效的促进作用，顾客整合和供应商整合对服务创新非财务绩效的促进作用方面存在协同效应。因此，制造企业可根据企业的具体情况有所侧重地进行顾客整合和供应商整合，在条件允许的情况下同时注重顾客整合和供应商整合，以实现整合的协同效果。

(2) 中国制造企业应该充分重视复合式能力和复合的创新方式。

本研究发现，复合式能力不仅能提升企业的服务创新绩效，还能够在外部组织整合与服务创新绩效间起到中介桥梁作用。因此，对于那些构建开放式服务创新网络，与顾客和供应商建立紧密联系并持续互动的制造企业来说，提高企业复合式能力，才能更有效地发挥顾客整合和供应商整合在服务创新过程中的作用。另外，本研究在案例探索和理论探讨中也发现，制造企业的服务创新与企业提供的产品紧密相关，服务创新成果也是以“产品+服务”组合，或者是集成产品和服务的综合解决方案等形式呈现给顾客。因此，制造企业需要注意其服务创新与纯粹的产品创新或纯服务型企业的服务创新存在不同之处，在服务理念形成、服务设计与开发、服务传递等创新周期中以顾客为核心，对产品资源和服务资源进行创造性的复合。

（3）为更高效地促使服务创新从外部组织整合中获益，制造企业还需要重点关注内部的服务导向和外部的环境动态性。

对制造企业而言，服务导向表明企业在价值理念和经营管理实践中对服务的重视程度，也表明其对顾客价值的重视程度。本研究发现，高服务导向更有利于服务创新从顾客整合中获益。因此，开放式服务创新环境下，为提升服务创新绩效，制造企业提高服务导向，以顾客为核心，构建以人为本的企业文化，以及更符合服务创新和开发的组织流程和组织架构。

外部组织整合的确会有助于企业识别和广泛获取外部资源，与顾客、供应商等关键外部组织建立长期互信的关系，最终能提升服务创新绩效。但是，经济全球化不断深入的环境下，广泛的顾客整合和供应商整合不仅实施难度很大，而且成本相对也很高，收益往往难以达到企业预期。本研究表明，环境不确定性较高的情境下，复合式能力对服务创新绩效的促进作用更大，顾客整合和供应商整合也更能通过复合式能力来提升服务创新绩效。因此，处于顾客需求变化大、技术更新速度快、市场竞争强度大等外部环境不确定性较高行业里的制造企业，应更广泛而深入地与顾客和供应商进行信息共享、关系协调和共同参与。同时，为提高整合效益的同时减少成本，制造企业不需要整合所有的顾客和供应商，而应该聚焦于需求变化快的顾客，例如领先顾客，以及新技术、新材料更新快的供应商。选择合适的整合对象，不仅可以大量获取有利于服务创新的信息和资源，还可以提高资源创造性复合的效率，从而对服务创新起到更大的促进作用。

8.3 研究局限与未来展望

本研究通过案例探索、理论探讨和实证分析，得到了一些对制造企业服务创新理论与实践有一定参考价值的结论，基本达到了预期的研究目标。但是，由于研究条件和能力的限制，仍然存在一些不足和局限，为后续研究提供进一步拓展和深入的方向。

（1）实证研究部分的样本数据方面。首先，在数据来源上，本研究的问卷数据较多来源于珠三角地区和长三角地区，存在区域选择方面的局限，不利于研究结论的推广；其次，由于问卷发放和收集难度大，本研究样本数据的数量和质量虽然已达到实证研究要求，但数量规模不大；最后，本研究所有数据均为通过问卷调查获取的一手数据，同一被调查者完成问卷上的所有题项，虽然在问卷设计、填写和数据统计阶段均进行过同源方差控制和检验，但在数据在同源方面仍存在不足。为增强研究结论的普适性，未来研究可以采用随机抽样方式，进一步扩大样本企业的地域范围，以便于对不同区域进行对比研究。同时，未来研究也可采用不同的数据获取方式，例如一手数据与二手数据结合的方式。

（2）本研究重点研究了组织外部的顾客整合、供应商整合对复合式能力和服务创新绩效的影响机理。未来研究还可扩大组织整合的范围，同时考虑外部组织整合和内部组织整合，进一步探讨服务型制造企业顾客整合、供应商整合和内部整合之间的相互影响以及对服务创新绩效的具体影响机理。

（3）本研究将服务导向和环境不确定性作为单变量进行考察，削弱了顾客整合、供应商整合对复合式能力和服务创新绩效的逻辑路径和影响机理。未来研究可进一步对这些变量进行细化考察，例如，从市场不确定性、技术不确定性和竞争强度三方面来细化环境不确定性，分别探索企业外部的市场不确定性、技术不确定性和竞争强度等变量的分别调节下，外部组织整合（顾客整合和供应商整合）、复合式能力、服务创新绩效（财务绩效和市场绩效）等变量间不同的影响路径和微观机理。

参考文献

[1] Agarwal R., Selen W. Dynamic capability building in service value networks for achieving service innovation [J]. Decision Sciences, 2009, 40 (3): 431−475.

[2] Ahujs G. Collaboration networks, structural holes and innovation: a longitudinal study [J]. Administrative Science Quarterly, 2000, 45 (3): 425−457.

[3] Åkesson M., Skålén P., Edvardsson B., et al. Value proposition test-driving for service innovation: how frontline employees innovate value propositions [J]. Journal of Service Theory and Practice, 2016, 26 (3): 338−362.

[4] Amit R., Schoemaker P. J. H. Strategic assets and organizational rent [J]. Strategic Management Journal, 1993, 14 (1): 33−46.

[5] Armstrong J. S., Overton T. S. Estimating nonresponse bias in mail surveys [J]. Journal of Marketing Research, 1977, 14 (3): 396−402.

[6] Ataseven C., Nair A. Assessment of supply chain integration and performance relationships: a meta-analytic investigation of the literature [J]. International Journal of Production Economics, 2017, 185 (1): 252−265.

[7] Avlonitis G. J., Papastathopoulou P. G., Gounaris S. P. An empirically-based typology of product innovativeness for new financial services: success and failure scenarios [J]. Journal of Product Innovation Management, 2001, 18 (5): 324−342.

[8] Baines T. S., Lightfoot H. W., Evans S., et al. State-of-the-art in product-service systems [J]. Proceedings of the Institution of Mechanical Engineers Part B: Journal of Engineering Manufacture, 2007, 221 (10): 1543−1552.

[9] Barki H., Pinsonneault A. A model of organizational integration, implementation effort, and performance [J]. Organization Science, 2005, 16 (2): 165−179.

[10] Barney J. Firm resources and sustained competitive advantage [J]. Journal of Management, 1991, 17 (1): 99−120.

[11] Baron R. M., Kenny D. A. The moderator - mediator variable distinction in social psy-

chological research: conceptual, strategic, and statistical considerations [J]. Journal of Personality and Social Psychology, 1986, 51 (6): 1173—1182.

[12] Barras R. Towards a theory of innovation in services [J]. Research policy, 1986, 15: 161—173.

[13] Berry L. L., Shankar V., Parish J. T., et al. Creating new markets through service innovation [J]. MIT Sloan Management Review, 2006, 42 (2): 56—63.

[14] Birkinshaw J., Hamel G., Mol M. J. Management innovation [J]. Academy of Management Review, 2008, 33 (4): 825—845.

[15] Bodlaj M., Coenders G., Zabkar V. Responsive and proactive market orientation and innovation success under market and technological turbulence [J]. Journal of Business Economics and Management, 2012, 13 (4): 666—687.

[16] Bogers M., Chesbrough H., Moedas C. Open innovation: research, practices, and policies [J]. California Management Review, 2018, 60 (2): 5—16.

[17] Bollen K. A., Long J. S. Testing Structural Equation Models [M]. Newbury Park, CA: Sage, 1993.

[18] Brentani U. D. Success and failure in new industrial services [J]. Journal of Product Innovation Management, 1989, 6 (4): 239—258.

[19] Burton R. M. Extraordinary survival from ordinary resources - how so? [J]. Management and Organization Review, 2015, 11 (3): 413—417.

[20] Bustinza O. F., Gomes E., Vendrell - Herrero F., et al. Product - service innovation and performance: the role of collaborative partnerships and R&D intensity [J]. R&D Management, 2019, 49 (1): 33—45.

[21] Carlborg P., Kindströma D., Kowalkowski C. The evolution of service innovation research: a critical review and synthesis [J]. The Service Industries Journal, 2014, 34 (5): 373—398.

[22] Chan K. W., Yim C. K., Lam S. S. K. Is customer participation in value creation a double-edged sword? evidence from professional financial services across cultures [J]. Journal of Marketing, 2010, 74 (3): 48—64.

[23] Chang W., Ellinger A. E., Kim K. K., et al. Supply chain integration and firm financial performance: a meta-analysis of positional advantage mediation and moderating factors [J]. European Management Journal, 2016, 34 (3): 282—295.

[24] Chavez R., Yu W., Gimenez C., et al. Customer integration and operational performance: the mediating role of information quality [J]. Decision Support Systems, 2015, 80 (1): 83—95.

[25] Chen H., Daugherty P. J., Landry T. D. Supply chain process integration: a theoretical framework [J]. Journal of Business Logistics, 2009, 30 (2): 27−46.

[26] Chesbrough H. W. Open Innovation: The New Imperative for Creating and Profiting from Technology [M]. Boston: Harvard Business School Press, 2003.

[27] Chesbrough H., Crowther A. K. Beyond high tech: early adopters of open innovation in other industries [J]. R&D Management, 2006, 36 (3): 229−236.

[28] Chesbrough H. W. Open Services Innovation: Rethinking Your Business to Grow and Compete in A New Era [M]. San Francisco, CA: Jossey-Bass, 2011.

[29] Chesbrough H. The Future of open innovation: the future of open innovation is more extensive, more collaborative, and more engaged with a wider variety of participants [J]. Research-Technology Management, 2017, 60 (1): 35−38.

[30] Cohen W. M., Levinthal D. A. Absorptive capacity: a new perspective on learning and innovation [J]. Administrative Science Quarterly, 1990, 35 (1): 128−152.

[31] Cooper R. G., Kleinschmidt E. J. New products: what separates winners from losers? [J]. Journal of Product Innovation Management, 1987, 4 (3): 169−184.

[32] Cooper R. G., De Brentani U. New industrial financial services: what distinguishes the winners [J]. Journal of Product Innovation Management, 1991, 8 (2): 75−90.

[33] Cui A. S., Wu F. Utilizing customer knowledge in innovation: antecedents and impact of customer involvement on new product performance [J]. Journal of The Academy of Marketing Science, 2016, 44 (4): 516−538.

[34] Dabholkar P. A., Sheng X. Consumer participation in using online recommendation agents: effects on satisfaction, trust, and purchase intentions [J]. The Service Industries Journal, 2012, 32 (9): 1433−1449.

[35] Devaraj S., Krajewski L., Wei J. C. Impact of eBusiness technologies on operational performance: the role of production information integration in the supply chain [J]. Journal of Operations Management, 2007, 25 (6): 1199−1216.

[36] Donaldson L. The Contingency Theory of Organizations [M]. Thousand Oaks, CA: Sage, 2001.

[37] Drees J. M., Heugens P. P. Synthesizing and extending resource dependence theory: a meta-analysis [J]. Journal of Management, 2013, 39 (6): 1666−1698.

[38] Droge C., Jayaram J., Vickery S. K. The effects of internal versus external integration practices on time-based performance and overall firm performance [J]. Journal of Operations Management, 2004, 22 (6): 557−573.

[39] Edvardsson B., Tronvoll B. A new conceptualization of service innovation grounded in SD

logic and service systems [J]. International Journal of Quality and Service Sciences, 2013, 5 (1): 19-31.

[40] Eisenhardt K. M. Building theories from case study research [J]. Academy of management review, 1989, 14 (4): 532-550.

[41] Eisenhardt K. M., Martin J. A. Dynamic capabilities: what are they? [J] Strategic Management Journal, 2000, 21 (7): 1105-1121.

[42] Eisenhardt K. M. Theory building from case study research [C]. 第十届“中国企业管理案例与质性研究论坛，2016.

[43] Etgar M. A descriptive model of the consumer co-production process [J]. Journal of the Academy of Marketing Science, 2008, 36 (1): 97-108.

[44] Fang E., Palmatier R., Steenkamp J. Effect of service transition strategies on firm value [J]. Journal of Marketing, 2008, 72 (5): 1-14.

[45] Feng C., Sivakumar. The role of collaboration in service innovation across manufacturing and service sectors [J]. Service Science, 2016, 8 (3): 263-281.

[46] Finne M., Turunen T., Eloranta V. Striving for network power: the perspective of solution integrators and suppliers [J]. Journal of Purchasing and Supply Management, 2015, 21 (1): 9-24.

[47] Fitzsimmons J. A., Fitzsimmons M. J. New Service Development: Creating Memorable Experiences [M]. Thousand Oaks: Sage Publications Ltd., 2000.

[48] Flynn B. B., Huo B., Zhao X. The impact of supply chain integration on performance: a contingency and configuration approach [J]. Journal of Operations Management, 2010, 28 (1): 58-71.

[49] Fornell C., Larcker D. F. Evaluating structural equation models with unobservable variables and measurement error [J]. Journal of Marketing Research, 1981, 18 (1): 39-50.

[50] Fowler Jr F. J. Survey Research Methods (the 5th edition) [M]. CA: Sage publications, 2013.

[51] Gallouj F. Innovation in reverse: services and the reverse product cycle [J]. European Journal of Innovation Management, 1998, 1 (3): 123-138.

[52] Ge B., Dong B. Resource integration process and venture performance: Based on the contingency model of resource integration capability [C] //Management Science and Engineering, 2008. ICMSE 2008. 15th Annual Conference Proceedings., International Conference on. IEEE, 2008: 291-297.

[53] Gebauer H., Fleisch E., Friedli T. Overcoming the service paradox in manufacturing companies [J]. European Management Journal, 2005, 23 (1): 14-26.

[54] Gebauer H. Antecedents for the transition from products to services [J]. Journal of Applied Management and Entrepreneurship, 2008, 13 (3): 4−19.

[55] Gebauer H. An attention-based view on service orientation in the business strategy of manufacturing companies [J]. Journal of Managerial Psychology, 2009, 24 (1): 79−98.

[56] Gebauer H. Service business in manufacturing companies: identifying misconceptions and directing further research [J]. Journal of Applied Management and Entrepreneurship, 2010, 15 (3): 50−61.

[57] Gebauer H., Ren G. J., Valtakoski A. Service-driven manufacturing provision, evolution and financial impact of services in industrial firms [J]. Journal of Service Management, 2012, 23 (1): 120−136.

[58] Gebauer H., Jennings C., Haldinann M., et al. Organizational capabilities for pay-per-use services in product-oriented companies [J]. International Journal of Production Economics, 2017, 19 (10): 157−168.

[59] Gebert H., Geib M., Kolbe L., et al. Knowledge-enabled customer relationship management: integrating customer relationship management and knowledge management concepts [J]. Journal of Knowledge Management, 2003, 7 (5): 107−123.

[60] Gimenez C., van der Vaart T., Pieter van Donk D. Supply chain integration and performance: the moderating effect of supply complexity [J]. International Journal of Operations & Production Management, 2012, 32 (5): 583−610.

[61] Greenwood R., Suddaby R. Institutional entrepreneurship in mature fields: the big five accounting firms [J]. Academy of Management Journal, 2006, 49 (1): 27−48.

[62] Gremyr I., Witell L., Löfberg N., et al. Understanding new service development and service innovation through innovation modes [J]. Journal of Business & Industrial Marketing, 2014, 29 (2): 123−131.

[63] Gulati R. Social structure and alliance formation patterns: a longitudinal analysis [J]. Administrative Science Quarterly, 1995, 40 (4): 619−652.

[64] Hayes, A. F. Beyond Baron and Kenny: statistical mediation analysis in the new millennium [J]. Communication Monographs, 2009, 76 (4): 408−420.

[65] Hayes A. F. An index and test of linear moderated mediation [J]. Multivariate Behavioral Research, 2015, 50 (1): 1−22.

[66] Helkkula A., Kowalkowski C., Tronvoll B. Archetypes of service innovation: implications for value cocreation [J]. Journal of Service Research, 2018, 21 (3): 284−301.

[67] Hillman A. J., Withers M. C., Collins B. J. Resource dependence theory: a review [J]. Journal of Management, 2009, 35 (6): 1404−1427.

［68］ Holbrook M. B. Consumption experience, customer value, and subjective personal introspection: an illustrative photographic essay ［J］. Journal of Business Research, 2006, 59 (6): 714—725.

［69］ Homburg C., Hoyer W. D., Fassnacht M. Service orientation of a retailer's business strategy: dimensions, antecedents, and performance outcomes ［J］. Journal of Marketing, 2002, 66 (4): 86—101.

［70］ Homburg C., Kuehnl C. Is the more always better? a comparative study of internal and external integration practices in new product and new service development ［J］. Journal of Business Research, 2014, 67 (7): 1360—1367.

［71］ Horn P., Scheffler P., Schiele H. Internal integration as a pre-condition for external integration in global sourcing: a social capital perspective ［J］. International Journal of Production Economics, 2014, 153: 54—65.

［72］ Hsieh A. T., Yen C. H. The effect of customer participation on service providers' job stress ［J］. The Service Industries Journal, 2005, 25 (7): 891—905.

［73］ Hu L., Bentler P. M. Fit indices in covariance structure modeling: sensitivity to underparameterized model misspecification ［J］. Psychological Methods, 1998, 3 (4): 424—453.

［74］ Jaakkola E., Meiren T., Witell L., et al. Does one size fit all? new service development across different types of services ［J］. Journal of Service Management, 2017, 28 (2): 329—347.

［75］ Jap S. D. Pie-expansion efforts: collaboration processes in buyer-supplier relationships ［J］. Journal of Marketing Research, 1999, 36 (11): 461—475.

［76］ Jaworski B. J., Kohli A. K. Market orientation: antecedents and consequences ［J］. The Journal of marketing, 1993, 57 (3): 53—70.

［77］ Kastalli I. V., Van Looy B. Servitization: disentangling the impact of service business model innovation on manufacturing firm performance ［J］. Journal of Operations Management, 2013, 31 (4): 169—180.

［78］ Kahn K. B, McDonough Ⅲ. E. F. An empirical study of the relationships among co-location, integration, performance, and satisfaction ［J］. Journal of Product Innovation Management, 1997, 14 (3): 161—178.

［79］ Kilduff M., Brass D. J. Organizational social network research: core ideas and key debates ［J］. The Academy of Management annals, 2010, 4 (1): 317—357.

［80］ Kline R. B. Principles and Practice of Structural Equation Modeling ［M］. New York: The Guilford Press, 1998.

［81］ Kogut B., Zander U. Knowledge of the firm, combinative capabilities, and the replication of technology [J]. Organization Science, 1992, 3 (3): 383—397.

[82] Kohtamaki M., Hakala H., Partanen J., et al. The performance impact of industrial services and service orientation on manufacturing companies [J]. Journal of Service Theory and Practice, 2015, 25 (4): 463—485.

[83] Koufteros X. A., Rawski G. E., Rupak R. Organizational integration for product development: the effects on glitches, on-time execution of engineering change orders, and market success [J]. Decision Sciences, 2010, 41 (1): 49—80.

[84] Kowalkowski C., Gebauer H., Oliva R. Service growth in product firms: past, present, and future [J]. Industrial Marketing Management, 2017, 60 (1): 82—88.

[85] Kristensson P., Magnusson P. R., Matthing J. Users as a hidden resource for creativity: findings from an experimental study on user involvement [J]. Innovation Management, 2002, 11 (1): 20—39.

[86] Levitt T. Innovative imitation [J]. Harvard Business Review, 1966, 44 (5): 63—70.

[87] Levitt T. Production-line approach to service [J]. Harvard Business Review, 1972, 50 (5): 41—52.

[88] Li D., Liu J. Dynamic capabilities, environmental dynamism, and competitive advantage: evidence from China [J]. Journal of Business Research, 2014, 67 (1): 2793—2799.

[89] Li J., Chen D., Shapiro D. M. Product innovations in emerging economies: the role of foreign knowledge access channels and internal efforts in Chinese firms [J]. Management and Organization Review, 2010, 6 (2): 243—266.

[90] Li S., Lin B. Accessing information sharing and information quality in supply chain management [J]. Decision Support Systems, 2006, 42 (3): 1641—1656.

[91] Liang H., Saraf N., Hu Q., et al. Assimilation of enterprise systems: the effect of institutional pressures and the mediating role of top management [J]. Mis Quarterly, 2007.

[92] Lieberman M. B., Asaba S. Why do firms imitate each other? [J]. Academy of Management Review, 2006, 31 (2): 366—385.

[93] Lieberman M. B., Montgomery D. B. First-mover (dis) advantages: retrospective and link with the resource-based view [J]. Strategic Management Journal, 1998, 19 (12): 1111—1125.

[94] Lilien G. L., Morrison P. D., Searls K., et al. Performance assessment of the lead user idea-generation process for new product development [J]. Management Science, 2002, 48 (8): 1042—1059.

[95] Luzzini D., Amann M., Caniato F., et al. The path of innovation: purchasing and supplier involvement into new product development [J]. Industrial Marketing Management,

2015, 47: 109－120.
[96] Luo Y. Dynamic capabilities in international expansion [J]. Journal of World Business, 2001, 35 (4): 355－378.
[97] Luo Y., Child J. A composition-based view of firm growth [J]. Management and Organization Review, 2015, 11 (3): 379－411.
[98] Luo Y., Bu J. Contextualizing international strategy by emerging market firms: a composition-based approach [J]. Journal of World Business, 2018, 53 (3): 337－355.
[99] Lusch R. F., Nambisan S. Service innovation: a service-dominant logic perspective [J]. Management Information Systems Quarterly, 2015, 39 (1): 155－175.
[100] Lytle R. S., Timmerman J. E. Service orientation and performance: an organizational perspective [J]. Journal of Services Marketing, 2006, 20 (2): 136－147.
[101] Martin Z. Services, innovation and the new economy [J]. Structural Change and Economic Dynamics, 2002, 13 (3): 337－355.
[102] Mathieu V. Service strategies within the manufacturing sector: benefits, costs and partnership [J]. International Journal of Service Industry Management, 2001, 12 (5): 451－475.
[103] Matthing J., Sande'n B., Edvardsson B. New service development: learning from and with customers [J] International Journal of Service Industry Management, 2004, 15 (5): 479－498.
[104] McDermott C. M., O'Connor G. C. Managing radical innovation: an overview of emergent strategy issues [J]. Journal of Product Innovation Management, 2002, 19 (6): 424－438.
[105] Mennens K., Van Gils A., Odekerken-Schröder G., et al. Exploring antecedents of service innovation performance in manufacturing SMEs [J]. International Small Business Journal, 2018, 36 (5): 500－520.
[106] Mentzer J. T., DeWitt W., Keebler J. S., et al. Defining supply chain management [J]. Journal of Business logistics, 2001, 22 (2): 1－25.
[107] Millson M. R, Wilemon D. The impact of organizational integration and product development proficiency on market success [J]. Industrial Marketing Management, 2002, 31 (1): 1－23.
[108] Mikkola J. H, Skjoett-Larsen T. Early supplier involvement: implications for new product development outsourcing and supplier-buyer interdependence [J]. Global Journal of Flexible Systems Management, 2003, 4 (4): 31－41.
[109] Myhren P., Witell L., Gustafsson A., et al. Incremental and radical open service inno-

vation [J]. Journal of Services Marketing, 2018, 32 (2): 101−112.

[110] Mustak M., Jaakkola E., Halinen A. Customer participation and value creation: a systematic review and research implications [J]. Managing Service Quality: An International Journal, 2013, 23 (4): 341−359.

[111] Nambisan S. Designing virtual customer environments for new product development: toward a theory [J]. Academy of Management Review, 2002, 27 (3): 392−413.

[112] Neely A. Exploring the financial consequences of the servitization of manufacturing [J]. Operations Management Research, 2008, 1 (2): 103−118.

[113] Neely A., Benedetinni O., Visnjic I. The servitization of manufacturing: further evidence [R]. Cambridge: 18th European Operations Management Association Conference, 2011.

[114] Nijssen E. J., Hillebrand B., Vermeulen P. A. M, et al. Exploring product and service innovation similarities and differences [J]. International Journal of Research in Marketing, 2006, 23 (3): 241−251.

[115] Nisbett R. E. The Geography of Thought: How Asians and Westerners Think Differently and Why [M]. New York: Free Press, 2003.

[116] Oliva R., Kallenberg R. Managing the transition from products to services [J]. International Journal of Service Industry Management, 2003, 14 (2): 160−172.

[117] Ordanini A., Parasuraman A. Service innovation viewed through a service-dominant logic lens: a conceptual framework and empirical analysis [J]. Journal of Service Research, 2011, 14 (1): 3−23.

[118] Ostrom A. L., Bitner M. J., Brown S. W., et al. Moving forward and making a difference: research priorities for the science of service [J]. Journal of Service Research, 2010, 13 (1): 4−36.

[119] Ostrom A. L., Parasuraman A., Bowen D. E, et al. Service research priorities in a rapidly changing context [J]. Journal of Service Research, 2015, 18 (2): 127−159.

[120] Penttinen E., Palmer J. Improving firm positioning through enhanced offerings and buyer - seller relationships [J]. Industrial Marketing Management, 2007, 36 (5): 552−564.

[121] Pertusa-Ortega E. M., Molina-Azorín J. F., Claver-Cortés E. Competitive strategy, structure and firm performance: a comparison of the resource-based view and the contingency approach [J]. Management Decision, 2010, 48 (8): 1282−1303.

[122] Peteraf M. A., Barney J. B. Unraveling the resource-based tangle [J]. Managerial and Decision Economics, 2003, 24 (4): 309−323.

[123] Petersen K. J., Handfield R. B., Ragatz G. L. Supplier integration into new product development: coordinating product, process and supply chain design [J]. Journal of Opera-

tions Management, 2005, 23 (3−4): 371−388.

[124] Pfeffer J., Salancik G. R. The External Control of Organization: A Resource Dependence Perspective [M]. New York: Harper and Row, 1978.

[125] Podsakoff P. M., MacKenzie S. B., Lee J. Y., et al. Common method biases in behavioral research: a critical review of the literature and recommended remedies [J]. Journal of Applied Psychology, 2003, 88 (5): 879−903.

[126] Porter M. Competitive Strategy: Techniques for Analyzing Industries and Competitors [M]. NewYork: Free Press, 1980.

[127] Porter M. E. Competitive Advantage [M]. New York: Free Press, 1985.

[128] Prahalad C. K. H., Hamel G. G. The core competence of the corporation [J]. Harvard Business Review, 1990, 68 (3): 295−336.

[129] Preacher K. J., Rucker D. D., Hayes A. F. Addressing moderated mediation hypotheses: theory, methods, and prescriptions [J]. Multivariate Behavioral Research, 2007, 42 (1): 185−227.

[130] Roy A., Walters P. G. P., Luk S. T. K. Chinese puzzles and paradoxes: conducting business research in China [J]. Journal of Business Research, 2001, 52 (2): 203−210.

[131] Rusanen H., Halinen A., Jaakkola E. Accessing resources for service innovation - the critical role of network relationships [J]. Journal of Service Management, 2014, 25 (1): 2−29.

[132] Schoenherr T., Swink M. Revisiting the arcs of integration: cross-validations and extensions [J]. Journal of Operations Management, 2012, 30 (1−2): 99−115.

[133] Skålén P., Gummerus J., von Koskull C., et al. Exploring value propositions and service innovation: a service-dominant logic study [J]. Journal of the Academy of Marketing Science, 2015, 43 (2): 137−158.

[134] Storey C., Kelly D. Measuring the performance of new service development activities [J]. The Service Industries Journal, 2001, 21 (2): 71−90.

[135] Storey C., Larbig C. Absorbing customer knowledge: how customer involvement enables service design success [J]. Journal of Service Research, 2018, 21 (1): 101−118.

[136] Story V. M., Raddats C., Burton J., et al. Capabilities for advanced services: a multi-actor perspective [J]. Industrial Marketing Management, 2017, 60 (1): 54−68.

[137] Takeishi A. Bridging inter-and intra-firm boundaries: management of supplier involvement in automobile product development [J]. Strategic Management Journal, 2001, 22 (5): 403−433.

[138] Teece D. J., Pisana G., Shuen A. Dynamic capabilities and strategic management [J].

Strategic Management Journal, 1997, 18 (7): 509—533.

[139] Teece D. J. Explicating dynamic capabilities: the nature and microfoundations of (sustainable) enterprise performance [J]. Strategic Management Journal, 2007, 28 (13): 1319—1350.

[140] Tsui A. S. Contextualization in Chinese management research [J]. Management and Organization Review, 2006, 2 (1): 1—13.

[141] Ulaga W., Loveland J. M. Transitioning from product to service-led growth in manufacturing firms: Emergent challenges in selecting and managing the industrial sales force [J]. Industrial Marketing Management, 2014, 43 (1): 113—125.

[142] Uzzi B. The sources and consequences of embeddedness for the economic performance of organizations: the network effect [J]. American Sociological Review, 1996, 61 (4): 674—698.

[143] Vandermerwe S., Rada J. Servitization of business: adding value by adding services [J]. European Management Journal, 1988, 6 (4): 314—324.

[144] Vanpoucke E., Vereecke A., Muylle S. Leveraging the impact of supply chain integration through information technology [J]. International Journal of Operations & Production Management, 2017, 37 (4): 510—530.

[145] Vargo S. L., Lusch R. F. Evolving to a new dominant logic for marketing [J]. Journal of Marketing, 2004, 68 (1): 1—17.

[146] Vargo S. L., Lusch R. F., Morgan F. W. Historical perspectives on service-dominant logic [A]. in Lusch R. F., Vargo S L (eds.), the Service-Dominant Logic of Marketing: Dialog, Debate and Directions [M]. 2006, New York: Sharpe.

[147] Vargo S. L., Lusch R. F. Service-dominant logic: continuing the evolution [J]. Journal of the Academy of Marketing Science, 2008, 36 (1): 1—10.

[148] Vargo S. L., Lusch R. F. From repeat patronage to value co-creation in service ecosystems: a transcending conceptualization of relationship [J]. Journal of Business Market Management, 2010, 4 (4): 169—179.

[149] Vargo S. L., Lusch R. F. It's all B2B… and beyond: toward a systems perspective of the market [J]. Industrial marketing management, 2011, 40 (2): 181—187.

[150] Verworn B., Lüthje C., Herstatt C. Innovations management in Kleinen und mittleren Unternehmen [R]. Hamburg University of Technology (TUHH), Institute for Technology and Innovation Management, 2000.

[151] Volberda H. W., Karali E. Reframing the compositional capability: a resource-based view on "a composition-based view of firm growth" [J]. Management and Organization

Review, 2015, 11 (3): 419—426.

[152] Voss C. A. Measurement of INNOVATION and DesignPerformance IN SERVICES [J]. Design Management Journal, 1992, 3 (1): 40—46.

[153] Wang C. L., Ahmed P. K. Dynamic capabilities: aa review and research agenda [J]. International Journal of Management Reviews, 2007, 9 (1): 31—51.

[154] Wernerfelt B. A resource - based view of the firm [J]. Strategic management journal, 1984, 5 (2): 171—180.

[155] West J., Gallagher S., Challenges of open innovation: the paradox of firm investment in open-source software [J]. R&d Management, 2006, 36 (3): 319—331.

[156] White A. L., Stoughton M., Feng L. Servicizing: the quiet transition to extended product responsibility [R]. Boston: Tellus Institute, 1999.

[157] Wilhelm H., Schlömer M., Maurer I. How dynamic capabilities affect the effectiveness and efficiency of operating routines under high and low levels of environmental dynamism [J]. British Journal of Management, 2015, 26 (2): 327—345.

[158] Wise R., Baumgartener P. Go downstream-the new profit imperative in manufacturing [J]. Harvard Business Review, 1999, 77 (5): 133—141.

[159] Wong C. Y., Boon-Itt S., Wong C. W. Y. The contingency effects of environmental uncertainty on the relationship between supply chain integration and operational performance [J]. Journal of Operations Management, 2011, 29 (6): 604—615.

[160] Wu L. Y. Entrepreneurial resources, dynamic capabilities and start-up performance of Taiwan's high-tech firms [J]. Journal of Business Research, 2007, 60 (5): 549—555.

[161] Yan A., Gray B. Bargaining power, management control, and performance in United States-China joint ventures: a comparative case study [J]. Academy of Management Journal, 1994, 37 (6): 1478—1517.

[162] Yin R. K. Case Study Research: Design and Methods (5rd edition) [M]. London and Singapore: Sage, 2014.

[163] Yu W., Jacobs M. A., Salisbury W. D., et al. The effects of supply chain integration on customer satisfaction and financial performance: An organizational learning perspective [J]. International Journal of Production Economics, 2013, 146 (1): 346—358.

[164] Yuen K. F., Thai V. V. The influence of supply chain integration on operational performance: a comparison between product and service supply chains [J]. International Journal of Logistics Management, 2017, 28 (2): 444—463.

[165] Zhang M., Zhao X., Voss C., et al. Innovating through services, co-creation and supplier integration: cases from China [J]. International Journal of Production Economics,

2016，171：289－300.

[166] Zhao X.，Huo B.，Flynn B. B.，et al. The impact of power and relationship commitment on the integration between manufacturers and customers in a supply chain [J]. Journal of Operations Management，2008，26（3）：368－388.

[167] Zhao X.，Lynch Jr.，J. G.，Chen Q. Reconsidering Baron and Kenny：Myths and truths about mediation analysis [J]. Journal of Consumer Research，2010，37：197－206.

[168] Zhao X.，Huo B.，Selen W.，et al. The impact of internal integration and relationship commitment on external integration [J]. Journal of Operations Management，2011，29（1－2）：17－32.

[169] Zhao L.，Huo B.，Sun L.，et al. The impact of supply chain risk on supply chain integration and company performance：a global investigation [J]. Supply Chain Management：An International Journal，2013，18（2）：115－131.

[170] 白鸥，魏江，斯碧霞. 关系还是契约：服务创新网络治理和知识获取困境 [J]. 科学学研究，2015，33（9）：1432－1440.

[171] 陈昀，贺远琼，周琪. 基于用户需求链的制造企业服务创新研究 [J]. 管理世界，2018，34（12）：184－185.

[172] 陈晓萍，徐淑英，樊景立. 组织与管理研究的实证方法（第二版）[M]. 北京：北京大学出版社，2012.

[173] 邓宏. 制造企业从产品创新中获利的实证研究 [D]. 北京：对外经济贸易大学，2015.

[174] 杜义飞，王建刚，杨振华. 资源双依赖背景下后发企业技术获取行为：购买还是模仿？[J]. 管理工程学报，2018，32（4）：9－19.

[175] 董保宝，葛宝山，王侃. 资源整合过程、动态能力与竞争优势：机理与路径 [J]. 管理世界，2011，（3）：92－101.

[176] 董洁林，陈娟. 无缝开放式创新：基于小米案例探讨互联网生态中的产品创新模式 [J]. 科研管理，2014，35（12）：76－84.

[177] 董海林，陈菊红. 大数据分析能力、知识动态能力与制造企业服务创新——环境不确定性的调节效应 [J]. 科技管理研究，2023，43（15）：133－140.

[178] 范钧，高孟立. 知识获取与服务创新 [M]. 杭州：浙江大学出版社，2015.

[179] 范秀成，杜琰琰. 顾客参与是一把“双刃剑”——顾客参与影响价值创造的研究述评 [J]. 管理评论，2012，24（12）：64－71.

[180] 冯军政. 环境动荡性、动态能力对企业不连续创新的影响作用 [D]. 杭州：浙江大学，2012.

[181] 冯永春，崔连广，张海军，等. 制造商如何开发有效的客户解决方案？[J]. 管理世界，2016，（10）：150－173.

[182] 高良谋，马文甲. 开放式创新：内涵、框架与中国情景 [J]. 管理世界，2014，(6)：157－169.

[183] 郭惠玲，许杭军，董保宝，等. 垂直与水平网络对企业创新绩效的影响差异研究 [J]. 科研管理，2018，39 (7)：59－68.

[184] 胡海青，王兆群，张琅. 孵化器控制力对创新孵化绩效的影响：一个有调节的中介效应 [J]. 南开管理评论，2017，20 (6)：150－162.

[185] 胡林辉. 基于知识整合的供应商参与制造企业新产品开发研究 [D]. 长沙：湖南大学，2012.

[186] 胡有林，韩庆兰. 顾客参与对产品服务系统创新绩效的影响研究：基于产品与服务组合的调节分析 [J]. 管理评论，2018，30 (12)：76－88.

[187] 黄继生. 网络嵌入与突破性创新绩效关系研究：创新合法性和创新资源获取的影响 [D]. 杭州：浙江工商大学，2017.

[188] 吉峰，巫凡，张雨蒙，等. 群体性顾客参与创新对产品创新性感知的影响 [J]. 统计与决策，2016，(7)：114－116.

[189] 简兆权，李雷，柳仪. 服务供应链整合及其对服务创新影响研究述评与展望 [J]. 外国经济与管理，2013，35 (1)：37－46.

[190] 简兆权，陈键宏，郑雪云. 网络能力、关系学习对服务创新绩效的影响研究 [J]. 管理工程学报，2014，28 (3)：91－99.

[191] 简兆权，刘晓彦，令狐克睿，等. 制造业服务化理论与广东实践研究 [M]. 北京：科学出版社，2017.

[192] 简兆权，曾经莲，柳仪. 基于吸收能力调节中介作用的外部组织整合与新服务开发绩效研究 [J]. 管理学报，2018，15 (9)：1327－1336.

[193] 姜骞，唐震. 组织间网络、资源整合与 SMEs 战略适应能力 [J]. 技术经济与管理研究，2016，(9)：62－66.

[194] 姜铸，李宁. 服务创新、制造业服务化对企业绩效的影响 [J]. 科研管理，2015，36 (5)：29－37.

[195] 蒋楠，赵嵩正，吴楠. 服务型制造企业服务提供、知识共创与服务创新绩效 [J]. 科研管理，2016，37 (6)：57－64.

[196] 解学梅，王宏伟. 网络嵌入对企业创新绩效的影响机理：一个基于非研发创新的有调节中介模型 [J]. 管理工程学报，2020，34 (6)：13－28.

[197] 李海刚，孙臣臣，曲振斌. 顾客参与对新服务开发影响机制研究：基于组织学习的视角 [J]. 工业工程与管理，2014，19 (4)：15－21.

[198] 李海舰，田跃新，李文杰. 互联网思维与传统企业再造 [J]. 中国工业经济，2014，(10)：135－146.

[199] 李怀祖. 管理研究方法论（第二版）[M]. 西安：西安交通大学出版社，2004.

[200] 李靖华，林莉，闫威涛. 制造业服务化的价值共创机制：基于价值网络的探索性案例研究 [J]. 科学学与科学技术管理，2017，38（5）：85—100.

[201] 李敏，王志强，赵先德. 供应商关系管理对知识整合与企业创新的影响——共同认知的中介作用 [J]. 科学学与科学技术管理，2017，38（8）：85—96.

[202] 李敏. 基于供应链的绿色创新及其对企业绩效和竞争优势的影响 [D]. 广州：华南理工大学，2018.

[203] 李娜，李随成，崔贺理. 供应商创新性的利用机制：企业网络化行为的作用 [J]. 南开管理评论，2018，21（1）：39—53.

[204] 李庆雪，綦天熠，王莉静，等. 先进制造企业服务创新转型演进逻辑及驱动机制研究：基于企业资源与能力视角 [J]. 科研管理，2023，44（08）：47—56.

[205] 李随成，姜银浩. 供应商参与新产品开发对企业自主创新能力的影响研究 [J]. 南开管理评论，2009，12（6）：11—18.

[206] 李随成，黄聿舟，裴旭东. 供应商参与新产品开发的治理机制前置因素研究 [J]. 管理评论，2014，26（4）：166—176.

[207] 李云健. 制度视角下企业开放式创新机理研究 [D]. 广州：华南理工大学，2017.

[208] 刘保平，张冰，曾经莲. 冗余资源对制造企业服务创新绩效影响机理研究：基于复合基础观视角 [J]. 当代经济，2023，40（07）：40—50.

[209] 刘超，刘新梅，李彩凤. 吸收能力、组织整合、创新力与创新绩效的关系研究 [J]. 科研管理，2017，38（10）：76—84.

[210] 刘德文，高维和. 顾客参与对员工创新意愿的影响机制研究 [J]. 管理学报，2019，16（1）：96—103.

[211] 刘继国，李江帆. 国外制造业服务化问题研究综述 [J]. 经济学家，2007.（3）：119—126.

[212] 刘吉超. 我国制造业服务化发展机理与转型模式研究 [J]. 价格理论与实践，2022（05）：57—60,176.

[213] 刘洋，魏江，江诗松. 后发企业如何进行创新追赶？研发网络边界拓展的视角 [J]. 管理世界，2013，(3)：96—110,188.

[214] 蔺雷，吴贵生. 服务创新 [M]. 北京：清华大学出版社，2007.

[215] 蔺雷，吴贵生. 服务创新：研究现状、概念界定及特征描述 [J]. 科研管理，2005，(2)：1—6.

[216] 蔺雷，吴贵生. 制造业的服务增强研究：起源、现状与发展 [J]. 科研管理，2006，(1)：91—99.

[217] 卢俊义，王永贵. 顾客参与服务创新与创新绩效的关系研究：基于顾客知识转移视角的

理论综述与模型构建 [J]. 管理学报，2011，8 (10)：1566－1574.

[218] 陆亚东，孙金云. 中国企业成长战略新视角：复合基础观的概念，内涵与方法 [J]. 管理世界，2013，(10)：106－117,141.

[219] 陆亚东，孙金云. 复合基础观的动因及其对竞争优势的影响研究 [J]. 管理世界，2014，(7)：93－106.

[220] 陆亚东. 中国管理学理论研究的窘境与未来 [J]. 外国经济与管理，2015，37 (3)：3－15.

[221] 陆亚东，孙金云，武亚军."合理论"：基于东方文化背景的战略理论新范式 [J]. 外国经济与管理，2015，37 (6)：3－38.

[222] 陆亚东，孙金云. 合则成体：引领东方企业致胜的"合理论" [J]. 清华管理评论，2016，(10)：53－59.

[223] 吕迪伟，蓝海林，曾萍. 基于类型学视角的开放式创新研究进展评析 [J]. 科学学研究，2017，35 (1)：26－33,100.

[224] 马庆国. 管理统计：数据获取，统计原理，SPSS 工具与应用研究 [M]. 北京：科学出版社，2002.

[225] 马文甲，高良谋. 开放度与创新绩效的关系研究：动态能力的调节作用 [J]. 科研管理，2016，37 (2)：47－53.

[226] 毛基业，陈诚. 案例研究的理论构建：艾森哈特的新洞见：第十届"中国企业管理案例与质性研究论坛 (2016)"会议综述 [J]. 管理世界，2017，(2)：135－141.

[227] 孟伟. 跨界搜寻对科技型中小企业创新绩效影响研究 [D]. 沈阳：辽宁大学，2016.

[228] 盘和林. 企业服务创新及其绩效研究：以制造企业为例 [M]. 广州：华南理工大学出版社，2015.

[229] 彭本红，武柏宇. 制造企业开放式服务创新生成机理研究 [J]. 研究与发展管理，2016，28 (6)：114－125.

[230] 瞿孙平，石宏伟，俞林，等. 知识搜索、吸收能力与企业创新绩效——环境不确定性的调节作用 [J]. 情报杂志，2016，35 (8)：185－191.

[231] 孙金云，陆亚东. 中国企业的崛起之道：复合创新 [J]. 清华管理评论，2017，(6)：81－87.

[232] 谭云清. 关系机制、契约机制对提供商知识获取的影响 [J]. 科研管理，2017，38 (2)：35－43.

[233] 王辉，张慧颖，吴红翠. 供应链间关系质量对知识吸收能力和企业合作创新绩效的影响研究 [J]. 统计与信息论坛，2012，27 (11)：99－105.

[234] 王琳，魏江. 顾客互动对新服务开发绩效的影响：基于知识密集型服务企业的实证研究 [J]. 重庆大学学报：社会科学版，2009，15 (1)：35－41.

［235］王琳. KIBS企业-顾客互动对服务创新绩效的作用机制研究［D］. 杭州：浙江大学，2012.

［236］王琳，魏江，周丹. 顾企交互对KIBS企业服务创新绩效的作用机制研究［J］. 研究与发展管理，2015，27（3）：126－136.

［237］王琳，张锐，陈潇洋，等. 制造企业服务创新困境突破：技术——市场均衡搜索及其与战略柔性的匹配［J］. 科技与管理，2022，24（02）：40－49.

［238］王鹏程，刘善仕，刘念. 组织模块化能否提高制造企业服务创新绩效：基于组织信息处理理论的视角［J］. 管理评论，2021，33（11）：157－169.

［239］王绒. 制造企业服务化战略、组织植入对服务创新绩效的影响研究［D］. 西安：西安理工大学，2018.

［240］王涛，黄兰兰，周正. 外部创新源对企业创新绩效影响的实证研究：以吸收能力为中介变量［J］. 软科学，2016，30（5）：50－53,73.

［241］魏江，王琳，胡胜蓉，等. 知识密集型服务创新分类研究［J］. 科学学研究，2008，26（S1）：195－241.

［242］韦铁，鲁若愚. 多主体参与的开放式创新模式研究［J］. 管理工程学报，2011，25（3）：133－138.

［243］温忠麟，叶宝娟. 中介效应分析：方法和模型发展［J］. 心理科学进展，2014，22（5）：731－745.

［244］温忠麟，侯杰泰，马什赫伯特. 结构方程模型检验：拟合指数与卡方准则［J］. 心理学报，2004（2）：186－194.

［245］吴家喜，吴贵生. 外部组织整合与新产品开发绩效关系实证研究：以产品创新程度为调节变量［J］. 科学学与科学技术管理，2008，29（12）：58－62.

［246］吴明隆. 结构方程模型：AMOS的操作与应用［M］. 重庆：重庆大学出版社，2009.

［247］吴明隆. 问卷统计分析实务：SPSS操作与应用［M］. 重庆：重庆大学出版社，2010.

［248］肖德云，田雨. 组织整合视角下情景双元动态收敛过程研究［J］. 科技进步与对策，2018，35（11）：27－35.

［249］肖挺 a，刘华，叶芃. 制造业企业服务创新的影响因素研究［J］. 管理学报，2014，11（4）：591－598.

［250］肖挺 b，聂群华，刘华. 制造业服务化对企业绩效的影响研究：基于我国制造企业的经验证据［J］. 科学学与科学技术管理，2014，35（4）：154－162.

［251］肖挺. 高管团队特征、制造企业服务创新与绩效［J］. 科研管理，2016，37（11）：142－149.

［252］熊红星，张璟，叶宝娟，等. 共同方法变异的影响及其统计控制途径的模型分析［J］. 心理科学进展，2012，20（5）：757－769.

[253] 许晖，张海军. 产品—服务离散性与动态匹配视角下的制造业企业服务创新能力构建机制研究 [J]. 管理学报，2015，12 (3)：380-392.

[254] 许晖，张海军. 制造业企业服务创新能力构建机制与演化路径研究 [J]. 科学学研究，2016，34 (2)：298-311.

[255] 许强，张力维，杨静. 复合基础观视角下后发企业战略变革的过程：基于纳爱斯集团的案例分析 [J]. 外国经济与管理，2018，40 (7)：19-31.

[256] 许庆瑞，吕飞. 服务创新初探 [J]. 科学学与科学技术管理，2003，27 (3)：34-37.

[257] 徐建中，付静雯. 可拓资源对制造企业服务创新的影响研究 [J]. 科学学研究，2018，36 (9)：1668-1607.

[258] 薛佳奇，刘婷，张磊楠. 制造企业服务导向与创新绩效：一个基于顾客互动视角的理论模型 [J]. 华东经济管理，2013，27 (8)：78-82.

[259] 杨学成，陶晓波. 社会化商务背景下的价值共创研究—柔性价值网的视角 [J]. 管理世界，2015，(8)：170-171.

[260] 杨洋，耿洁，徐忠建. 供应商参与服务创新：员工行为与组织氛围的影响 [J]. 系统工程，2016，34 (8)：84-92.

[261] 曾经莲，简兆权. 互联网环境下产品服务系统研究：企业—顾客—环境价值共创视角 [J]. 中国科技论坛，2017，(8)：87-93.

[262] 曾经莲，简兆权. 制造企业商业模式演进及其创新启示 [J]. 科学管理研究，2018，36 (3)：60-63.

[263] 赵立龙，魏江，郑小勇. 制造企业服务创新战略的内涵界定、类型划分与研究框架构建 [J]. 外国经济与管理，2012，34 (9)：59-65.

[264] 赵立龙. 制造企业服务创新战略对竞争优势的影响机制研究 [D]. 杭州：浙江大学，2012.

[265] 张红琪，鲁若愚. 供应商参与服务创新的过程及影响研究 [J]. 科学学研究，2010，28 (9)：1422-1427.

[266] 张红琪，鲁若愚. 多主体参与的服务创新影响机制实证研究 [J]. 科研管理，2014，35 (4)：103-110.

[267] 张婧，段艳玲. 市场导向均衡对制造型企业产品创新绩效影响的实证研究 [J]. 管理世界，2010，(12)：119-130.

[268] 张克英，吴晓曼，李仰东. 顾企互动对服务创新及企业绩效的影响研究 [J]. 科研管理，2018，39 (11)：69-78.

[269] 张培，李楠. 核心企业开放式服务创新平台构建过程机理：基于扎根理论 [J]. 科研管理，2022，43 (06)：132-141.

[270] 张若勇，刘新梅，王海珍，等. 顾客—企业交互对服务创新的影响：基于组织学习的视

角［J］. 管理学报，2010，7（2）：218－224.

［271］张文红，邓宏. 服务导向对制造企业从产品创新中获利的影响［J］. 科技进步与对策，2015，32（22）：72－79.

［272］张文红，陈斯蕾，赵亚普. 如何解决制造企业服务创新的困境：跨界搜索的作用［J］. 经济管理，2013，35（3）：139－151.

［273］周浩，龙立荣. 共同方法偏差的统计检验与控制方法［J］. 心理科学进展，2004，12（6）：942－950.

［274］周键，王庆金，周雪. 国外开放式服务创新研究的学术群类：基于作者共被引分析［J］. 中国科技论坛，2018（1）：150－157.

［275］朱丽叶，袁登华，张红明. 顾客参与品牌共创如何提升品牌忠诚?：共创行为类型对品牌忠诚的影响与作用机制研究［J］. 外国经济与管理，2018，40（5）：84－98.

［276］朱卫平，高志军，刘伟. 中国物流企业成长的战略思路研究：基于复合基础观的新视角［J］. 当代经济管理，2016，（5）：13－18.

附录1　访谈提纲

制造企业外部组织整合与服务创新访谈提纲

一、访谈目的

了解服务型制造企业的外部组织整合、复合式能力提升和服务创新绩效现状。

二、访谈内容

1. 企业发展和服务创新现状

（1）贵公司主营业务包含哪些？

（2）贵公司目前向顾客提供的服务具体包含哪些内容（安装、维修、日常检查和维护、技术咨询、基础培训、流程优化、融资服务、整体解决方案、业务外包）？这些服务与贵公司的实体产品之间有什么联系？

（3）请问您是如何理解制造企业开展服务创新的？有哪些因素促进企业开展服务创新？

（4）请介绍服务创新为贵公司带来了哪些影响？（财务、市场、竞争力）

（5）贵公司近三年的经营业绩如何？服务收入所占比例有多少？

2. 企业与外部组织的合作情况

（1）请问贵公司提供的服务/产品是由企业自身开发还是与其他企业合作开发，或者外包给其他企业？具体有哪些合作企业（主要供应商、顾客）？

（2）请介绍贵公司与顾客的互动/合作方式（战略联盟、共同开发新产品/服务、联合培养人才、合资建厂等）？建立联系的时间长短、交往频率如何？顾企互动为企业服务创新带来哪些收获？

（3）请介绍贵公司与供应商之间的互动/合作方式（战略联盟、共同开发新产品/服务、联合培养人才、合资建厂等）？建立联系的时间长短、交往频率如何？这些合作为企业服务创新带来哪些收获？

3. 企业资源整合和应用情况

（1）贵公司是否能够快速地发现市场新机会，是否能快速察觉顾客需求和偏好的变化，是否能很快地发现技术和产业的重大变化？请您举例说明。

（2）贵公司能否准确判断外部的关键资源、设备和技术，对其获取能力如何？

（3）贵公司的主要竞争优势来自于自身拥有的资源和能力（这些资源和能力在行业内处于什么水平?），还是及时、广泛获取外部资源，并将这些资源与内部资源进行创新性地整合运用？与竞争对手相比，哪些是贵企业比较独特的能力？请您举例说明。

4. 企业外部环境情况

请您从市场需求变化、技术发展速度和市场竞争状况等方面介绍您企业所在行业的外部环境情况。

附录 2　调查问卷

制造企业外部组织整合与服务创新调查问卷

尊敬的女士/先生：

您好！我们是华南理工大学管理学院从事制造企业服务创新的研究人员。本次调查旨在了解制造企业外部组织整合对服务创新绩效的作用机制。本问卷采用匿名填写，对于您填写的信息，我们会严格保密。调研数据仅用于科学研究，不会用于任何商业用途，问卷数据也只作集体大样本分析，不会进行个案分析。请您放心填写。您的参与对我们的研究非常重要，非常感谢您的支持！

如果您对研究结果感兴趣，请您提供联系方式，我们会将研究报告反馈给您。

填表说明：

制造企业服务提供是指制造企业在产品销售前、销售中和销售后为顾客提供各类服务，或者以产品为媒介只为顾客提供服务（如租赁、共享、业务外包等服务），或者整合各种产品和服务为顾客提供综合解决方案（即交钥匙工程）。

一、外部组织整合

外部组织整合（顾客整合和供应商整合）是指企业为获取利益而与顾客、供应商等外部关键合作者进行信息分享、组织间关系协调和共同参与的行为。

请您根据贵企业的实际情况，勾选相应选项。（1：非常不符合，2：比较不符合，3：不确定，4：比较符合，5：非常符合）

顾客整合	非常不符合——非常符合				
1. 贵企业会经常调查顾客需求。	1	2	3	4	5
2. 贵企业会经常向顾客分享产品和服务信息。	1	2	3	4	5
3. 贵企业与顾客保持密切的联系。	1	2	3	4	5
4. 贵企业会以友善和积极的态度主动与顾客沟通交流。	1	2	3	4	5
5. 顾客会主动参与贵企业产品或服务的设计与开发过程。	1	2	3	4	5
6. 顾客会经常向贵企业反馈相关信息。	1	2	3	4	5

续表

供应商整合	非常不符合——非常符合				
1. 贵企业能够通过信息网络与供应商进行信息共享。	1	2	3	4	5
2. 主要供应商会与贵企业分享他们的生产计划和生产能力。	1	2	3	4	5
3. 贵企业与主要供应商分享产品和服务的消费反馈和市场需求预测。	1	2	3	4	5
4. 贵企业与主要供应商建立了战略伙伴关系。	1	2	3	4	5
5. 贵企业会帮助主要供应商提高产品和服务的质量。	1	2	3	4	5
6. 供应商会积极参与贵企业产品和服务的设计开发过程。	1	2	3	4	5

二、复合式能力

复合式能力是指企业能够协同整合来自于其内外部现有资源的独特能力。请您根据贵企业的实际情况，勾选相应选项。（1：非常不符合，2：比较不符合，3：不确定，4：比较符合，5：非常符合）

	非常不符合——非常符合				
1. 贵企业具有对外部关键资源、设备和技术的准确判断和获取的能力。	1	2	3	4	5
2. 贵企业在外购零部件的基础上能够整合开发出新的功能和应用。	1	2	3	4	5
3. 贵企业擅长将外部获得的资源加入不断变化的现有资源组合中。	1	2	3	4	5
4. 贵企业擅长用性价比高的资源代替原有资源，提高效率，降低成本。	1	2	3	4	5

三、服务创新绩效

制造企业服务创新是指制造企业通过增加新的服务、扩展现有服务或改进服务提供的方式等来满足顾客对服务的不同需求。请您根据贵企业近三年的实际情况，勾选相应选项。（1：非常不符合，2：比较不符合，3：不确定，4：比较符合，5：非常符合）